HISTÓRIAS TRIBUTÁRIAS
Do Segundo Milênio

FERDINAND H.M. GRAPPERHAUS

Tradução

André Mendes Moreira

Prefácio

Frans Vanistendael

HISTÓRIAS TRIBUTÁRIAS
Do Segundo Milênio

Tributação na Europa (1000 a 2000), nos Estados Unidos da América (1765 a 1801) e na Índia (1526 a 1709)

Belo Horizonte

2019

© 2009 Ferdinand H.M. Grapperhaus
© 2019 Editora Fórum Ltda.

É proibida a reprodução total ou parcial desta obra, por qualquer meio eletrônico, inclusive por processos xerográficos, sem autorização expressa do Editor.

Conselho Editorial

Adilson Abreu Dallari	Floriano de Azevedo Marques Neto
Alécia Paolucci Nogueira Bicalho	Gustavo Justino de Oliveira
Alexandre Coutinho Pagliarini	Inês Virgínia Prado Soares
André Ramos Tavares	Jorge Ulisses Jacoby Fernandes
Carlos Ayres Britto	Juarez Freitas
Carlos Mário da Silva Velloso	Luciano Ferraz
Cármen Lúcia Antunes Rocha	Lúcio Delfino
Cesar Augusto Guimarães Pereira	Marcia Carla Pereira Ribeiro
Clovis Beznos	Márcio Cammarosano
Cristiana Fortini	Marcos Ehrhardt Jr.
Dinorá Adelaide Musetti Grotti	Maria Sylvia Zanella Di Pietro
Diogo de Figueiredo Moreira Neto	Ney José de Freitas
Egon Bockmann Moreira	Oswaldo Othon de Pontes Saraiva Filho
Emerson Gabardo	Paulo Modesto
Fabrício Motta	Romeu Felipe Bacellar Filho
Fernando Rossi	Sérgio Guerra
Flávio Henrique Unes Pereira	Walber de Moura Agra

Luís Cláudio Rodrigues Ferreira
Presidente e Editor

Coordenação editorial: Leonardo Eustáquio Siqueira Araújo
Aline Sobreira de Oliveira

Av. Afonso Pena, 2770 – 15º andar – Savassi – CEP 30130-012 0150 – Belo Horizonte – Minas Gerais – Tel.: (31) 2121.4900 / 2121.4949
www.editoraforum.com.br – editoraforum@editoraforum.com.br

Técnica. Empenho. Zelo. Esses foram alguns dos cuidados aplicados na edição desta obra. No entanto, podem ocorrer erros de impressão, digitação ou mesmo restar alguma dúvida conceitual. Caso se constate algo assim, solicitamos a gentileza de nos comunicar através do *e-mail* editorial@editoraforum.com.br para que possamos esclarecer, no que couber. A sua contribuição é muito importante para mantermos a excelência editorial. A Editora Fórum agradece a sua contribuição.

Dados Internacionais de Catalogação na Publicação (CIP) de acordo com ISBD

G766t   Grapperhaus, Ferdinand H. M.

O tributo ao longo dos tempos: uma história em imagens - Histórias tributárias do segundo milênio: tributação na Europa (1000 a 2000), nos Estados Unidos da América (1765 a 1801) e na Índia (1526 a 1709) / Ferdinand H. M. Grapperhaus ; traduzido por André Mendes Moreira. Belo Horizonte: Fórum; Amsterdã: IBFD, 2019.
193p. ; 15,0cm x 23,0cm.
ISBN: 978-85-450-0536-0

1. Direito. 2. Tributos. 3. História. 4. Estados Unidos da América. 5. Índia. I. Moreira, André Mendes. II. Título.

CDD 341.39
CDU 34:336.2

Elaborado por Vagner Rodolfo da Silva - CRB-8/9410

Informação bibliográfica deste livro, conforme a NBR 6023:2002 da Associação Brasileira de Normas Técnicas (ABNT):

GRAPPERHAUS, Ferdinand H. M. *O tributo ao longo dos tempos*: uma história em imagens - *Histórias tributárias do segundo milênio*: tributação na Europa (1000 a 2000), nos Estados Unidos da América (1765 a 1801) e na Índia (1526 a 1709). Belo Horizonte: Fórum; Amsterdã: IBFD, 2019. 193p. ISBN 978-85-450-0536-0.

SUMÁRIO

Prefácio à edição brasileira
ANDRÉ MENDES MOREIRA 7

Prefácio
FRANS VANISTENDAEL 9

Prólogo 11

PARTE 1
A FORMAÇÃO DA SOCIEDADE EUROPEIA E A TRIBUTAÇÃO
DO ANO 1000 AO 2000 15

A Europa por volta do ano 1000 15

Tributação, um subproduto da Dieta de Roncaglia (1158) 20

Como a prerrogativa do pedágio levou aos tributos de importação,
exportação e de trânsito 22

Um trio: regalias, impostos especiais sobre o consumo e impostos
sobre o faturamento 32

Controvérsias entre o rei e o Parlamento sobre a tributação na Inglaterra
(*do início do século XIII até meados do século XVII*) 40

A tributação como força centrífuga na Alemanha
(*do início do século XIII à metade do século XVII*) 48

Os reis franceses conquistam o poder absoluto com o auxílio da
tributação (*do final do século XIII ao início do século XVII*) 53

A transição do Estado Patrimonial para o Estado Fiscal em Castela
(*do fim do século XII a meados do século XVI*) 65

O patrimônio como fundamento para a divisão da carga tributária
(repartição) 67

Do imposto sobre o patrimônio ao imposto de renda 72

Como distribuir a carga tributária de forma isonômica e eficiente: a batalha entre os tributos diretos e indiretos 81

A proteção do contribuinte contra o Estado Absolutista francês (*séculos XVII e XVIII*) 85

PARTE 2
A TRIBUTAÇÃO COMO BASE PARA A FORMAÇÃO DOS ESTADOS UNIDOS DA AMÉRICA (1765-1801) 93

As Treze Colônias americanas às vésperas da Revolução 93

O sistema tributário nas colônias 96

A Lei do Selo (1765) 99

As Leis Townshend (1767) 103

A Festa do Chá de Boston (1773) 106

Os Artigos da Confederação (1777-1787) 110

A nova Constituição (1787) 115

A Era Federalista (1789-1801) 120

PARTE 3
A TRIBUTAÇÃO NO IMPÉRIO DOS GRÃO-MOGÓIS (1526-1709) 127

Hindustão desde a conquista de Babur (1526) até a morte de Aurangzeb (1709) 127

A estrutura econômica, financeira e social da sociedade mogol 149

O sistema fiscal dos grão-mogóis 159

Detalhes do sistema tributário mogol 166

Epílogo 177

Referências 189

PREFÁCIO À EDIÇÃO BRASILEIRA

A ideia de verter este livro para o português surgiu em meio a um curso de curta duração – cuja temática era o Imposto sobre Valor Agregado (IVA) – realizado no International Bureau of Fiscal Documentation – IBFD, em Amsterdã, no já longínquo ano de 2011.

Naquela oportunidade, ao aprofundar meus estudos no Direito Tributário do Velho Mundo, deparei com a interessante obra em questão.

Ferdinand Grapperhaus, nascido na Holanda em 1926 e falecido em 2010, na Itália, foi um dos maiores estudiosos da história da tributação em nível global. Em sua longa e exitosa carreira, Grapperhaus dedicou-se à atividade de consultor tributário, exerceu o cargo de Secretário das Finanças da Holanda e lecionou, por décadas, História da Tributação na Universidade de Leiden. Suas obras são reconhecidas em toda a Europa.

Por esse motivo é que, com a gentil anuência da Diretoria do IBFD, iniciei – anos após minha primeira leitura – a tradução desta que, a meu ver, é a mais simpática obra de Grapperhaus. Corolário de uma vida de estudos sobre a história da tributação, ele reuniu algumas pérolas em um livro que se subdivide em dois. O primeiro utiliza 25 imagens que retratam charges, desenhos, esculturas e assemelhados para contar a história da tributação, desde os seus primórdios. O segundo foca na tributação entre os anos 1000 e 2000, especialmente na Europa, América do Norte e Sudeste da Ásia.

A importância do estudo do tema reside no singelo fato de que o presente costuma ser uma reprodução do passado. Como reza a frase atribuída a Mark Twain, "o passado não se repete, mas decerto rima". Logo, aqueles que conhecem a história podem ter uma melhor – embora nunca certeira – noção do porvir. É que os erros e acertos usualmente se reiteram, porém com atores diferentes. Compreender a história, dessarte, é entender o momento em que se vive e saber o que esperar do amanhã.

PREFÁCIO À EDIÇÃO BRASILEIRA

O trabalho empreendido buscou preservar o estilo de redação original, embora com vários ajustes a bem da fluidez do texto em nosso idioma. Como diz o prefaciador da edição em inglês, o livro é a cobertura do bolo da história da tributação, permitindo ao leitor uma agradável incursão pelos meandros do tema – sensação que se procurou manter com a versão que ora se oferta em língua portuguesa.

André Mendes Moreira

Livre-Docente, Pós-Doutorado e Doutor em Direito Tributário pela USP. Professor Associado de Direito Tributário dos cursos de graduação, mestrado e doutorado em Direito da UFMG. Diretor da Abradt e Conselheiro da ABDF.

PREFÁCIO

Contar histórias tributárias é, ao mesmo tempo, engenho, ciência e arte. *Prima facie*, parece paradoxal que existam tantas publicações na área tributária, em todo o mundo, e tão poucos livros sobre a história da tributação. Mas a explicação desse paradoxo é bastante simples e direta: escrever sobre a história da tributação requer um tipo muito específico de especialista tributário. Contadores e advogados tributaristas estão usualmente interessados em obter o melhor resultado para seus clientes. Já a maior parte dos historiadores despreza a tributação – e geralmente tem grande receio dela. Até mesmo a parcela de historiadores interessada em economia não tem conhecimento técnico suficiente do Direito Tributário para investigar como a tributação afeta a vida diária dos contribuintes e os impele a mudar o curso da história.

Contar histórias tributárias requer um tipo híbrido muito raro. Requer uma pessoa com conhecimento amplo das regras tributárias básicas e forte interesse na humanidade. Uma pessoa questionadora, que realmente queira mergulhar em cada norma tributária para descobrir a história humana por trás dela, uma pessoa que não esteja aprisionada em seu próprio sistema tributário nacional, mas que tenha interesse em sistemas de todo o mundo, convencida de que as distintas realidades são sempre respostas para desafios similares. Requer um sólido historiador, alguém disposto a agachar-se em sótãos velhos e esgueirar-se por arquivos empoeirados, que possa ler diversos idiomas ininteligíveis para consultores tributários comuns, especialmente o latim, em variedade de estilos caligráficos. Também requer um historiador com visão, que possa ligar eventos tributários com o curso geral da história e, acima de tudo, que possa demonstrar os efeitos políticos, econômicos e sociais de regras e sistemas tributários específicos. Finalmente, o autor precisa ser escritor com senso especial para anedotas que cativam, alguém com ironia tributária, que consiga colocar a cobertura fiscal no bolo econômico para fazer contadores renitentes ansiarem por história e historiadores distraídos concentrarem-se em regras tributárias básicas.

Ferdinand H.M. Grapperhaus é esse raro híbrido. Sua vida profissional foi uma preparação impressionante para o que ele se tornou hoje: um grande historiador tributário. Ele tem sido homem de diversas experiências na vida: consultor tributário, Secretário de Estado de Finanças, professor de Direito Tributário e de História da Tributação, membro do Museum of Taxes and Customs e, claro, inevitavelmente, membro do Conselho do International Bureau of Fiscal Documentation. Seu trabalho na história da tributação consiste em livros como *Alva en de Tiende Penning*, que chamou a atenção dos historiadores, e *Taxation, Freedom and Property (511-1787)*.

Neste livro, o Professor Grapperhaus nos dá as informações mais leves, a cobertura do bolo. Ele tem selecionado as cerejas da história da tributação para mostrar como os eventos tributários têm impacto decisivo no curso da história. É uma leitura deliciosa para qualquer um que deseje relaxar após um dia estressante de atividades tributárias.

Frans Vanistendael
Ex-Presidente Acadêmico do IBFD.

PRÓLOGO

"Um sacrifício individual para um objetivo coletivo". Essa é a mais sintética definição de "tributação" que conheço. O conceito leva à conclusão de que os tributos podem ser considerados um dos mais antigos fenômenos da sociedade humana. Estudos demonstraram que as pinturas pré-históricas nas cavernas de Altamira, na Espanha, e de Lascaux, na França, bem como os desenhos rupestres no Norte da África e na Austrália, foram empreendimentos relativamente grandes, que ocuparam os artistas por dias, semanas e, possivelmente, meses. Eles precisavam receber ajuda das pessoas de fora, das tribos às quais pertenciam, de até umas cem pessoas. Estas lhes forneciam alimentos, assim como escadas, material de iluminação, ferramentas, tintas e outros itens que eram levados para dentro das cavernas.

Assume-se, em regra, que essas imagens,[1] cuja maior parte representa animais, tinham caráter sagrado. Presume-se que elas tenham sido utilizadas para pedir auxílio em prol do êxito nas caçadas. E isso nos traz os ingredientes para algo que parece uma formulação bastante primitiva de tributo: o interesse comum de acalmar as divindades ou as forças da natureza ou lhes pedir algo. Há também sacrifício individual, pois cada membro da tribo precisava contribuir com bens ou trabalho para manter os artistas vivos – estes eram isentos, diríamos hoje – e supri-los com os itens essenciais. Essa tributação embrionária constituiu importante e decisivo passo para o processo civilizatório, pois os homens primitivos se tornaram conscientes de que a sociedade era mais que uma soma de indivíduos e que as conquistas sociais poderiam, sim, ser alcançadas por meio de pessoas com as quais não se tinha relação direta, o que os obrigava a olhar além do mero interesse particular. Aqueles que imaginam que a força é essencial à tributação vão descobrir que havia forte pressão social e moral, já que era praticamente inconcebível que um membro da tribo pudesse se esquivar de suas obrigações, mesmo que à época ainda não existisse governo com meios legais de coerção.

....

[1] Na caverna de Chauvet, descoberta em Ardèche (França) em 1995, os animais selvagens são a parte principal dos desenhos rupestres. Estes foram feitos 30.000 anos atrás e são, portanto, duas vezes mais velhos que aqueles da caverna de Lascaux.

O conceito de tributação foi sendo gestado ao longo dos tempos. A ideia abstrata de governo, que se manifesta de várias formas, é elemento sem o qual a sociedade como a conhecemos não sobrevive. Durante a pré-história – e também muito após – os objetivos coletivos podiam ser visualizados por meio dos tradicionais sacrifícios para os deuses feitos pela comunidade, com marcado cunho religioso, destinados tanto à obtenção da proteção divina para defesa do grupo contra inimigos externos, como à manutenção de uma forma primitiva de ordem social. Esses objetivos foram ampliados com o passar do tempo, pelo acréscimo de metas mais ou menos importantes, extremamente variadas, e, muitas vezes, difíceis de serem apreendidas em sua totalidade. Juntamente com essa evolução – e intimamente ligada a ela – a contribuição do indivíduo para a sociedade cresceu, não apenas quantitativa, mas também qualitativamente: com a invenção do dinheiro, pagamentos em espécie substituíram prestações obrigatórias de serviços e entregas de bens. A compulsoriedade do pagamento de tributos foi aos poucos sendo reforçada, mas, ao mesmo tempo, houve refinamento judicial dessa exigência por meio de sistemas de controles que asseguravam proteção jurídica aos cidadãos.

A história da tributação tenta lançar luzes sobre o desenvolvimento da sociedade sob o ponto de vista da contribuição do indivíduo para a coletividade. Existem dois aspectos inter-relacionados que serão analisados posteriormente e que se destacam nesta exposição. O primeiro, que podemos denominar "desenvolvimento histórico do direito tributário", lida com questões relacionadas à eleição de critérios para fixar o valor das contribuições; às técnicas fiscais que eram utilizadas para tanto; ao desenvolvimento de um sistema de regras ao qual tanto o governo como o contribuinte poderiam recorrer de modo a gozar da crescente proteção jurídica; e a como um número de espécies básicas de tributos poderia se desenvolver.

O outro aspecto poderia ser intitulado "a importância histórica dos tributos". O ponto aqui é o fato de que certos processos de transformação na sociedade encontraram suas origens na tributação. Às vezes, essas mudanças eram deliberadamente perseguidas, mas a maior parte delas é fruto de evolução em longo prazo, sendo que somente em retrospecto é possível afirmar que a imposição de tributos atuou como catalisador dessas modificações.

Meu ponto de partida foi a história dos tributos na Europa durante os últimos mil anos, já que a influência da tributação no surgimento de nossas atuais democracias pode ser explicada com base nisso e, também, porque desse modo foi possível estabelecer conexões com os hodiernos e "sofisticados" sistemas tributários, que possuem, em regra, a mesma estrutura nos países europeus e que serviram como modelo para os sistemas tributários de diversos outros países. Nesse sentido, uma história universal da tributação é também objeto de análise.

Estou bastante consciente de que a imagem obtida por meio dessa análise possui apenas um lado, já que, muito antes de a Europa aparecer no cenário mundial, já existiam outras civilizações em distintas partes do mundo, com seus sistemas tributários devidamente delineados. Ademais, durante os mil anos analisados nesta obra, muitos povos fora da Europa trabalharam de modo consistente para construir sociedades nas quais os tributos tinham relevante papel. Essa é a razão pela qual descrevi – apesar de consideravelmente em menor período – a história dos tributos em dois países que são comparáveis com a Europa em tamanho, de modo a demonstrar o cariz universal da tributação e sua influência na sociedade.

A ordem deste livro foi estabelecida, então. A primeira parte analisa trechos selecionados da história fiscal da Europa do ano 1000 em diante, incluindo o presente século – com ênfase na Europa Ocidental, particularmente Inglaterra, França e Alemanha. A segunda parte é sobre os Estados Unidos da América, que conseguiram deixar a condição de colônia e se tornar um Estado Federal independente na segunda metade do século XVIII, processo no qual a tributação desempenhou papel fundamental. A terceira parte é sobre a Índia, que foi controlada do século XVI ao XVIII pelos mogóis, governantes islâmicos de descendência mongol. Eles encontraram um vasto império em expansão, que se mantinha por meio de um tributo sobre a propriedade de terras cobrado da população rural – um verdadeiro fardo para esta.

Como a história fiscal somente se torna clara dentro do contexto da história geral, entendi que prover esse contexto de forma breve – e com mais vagar apenas para a Índia – seria útil para o leitor.

Tive que fazer algumas opções pessoais em razão de o material de pesquisa ser extraordinariamente vasto. Assim, espero que me perdoem os leitores que não encontrarem o que gostariam de ver em relação a determinado país ou período. A estrutura escolhida também trouxe como consequência uma distribuição desigual de tamanho entre as três partes da obra, que igualmente diferem quanto ao tema, como já dito. Dedica-se mais atenção à Europa, tanto porque o período coberto é mais extenso, como pelo fato de vários países serem abarcados. Outrossim, foi na Europa – antes de outras partes do mundo – que as teorias tributárias foram concebidas, influenciando a política fiscal contemporânea. Para restringir o tamanho desta obra, evitei maiores digressões sobre as teorias referentes ao "porquê" e ao "como" da tributação, que foram tratadas, inicialmente sob influência do renascimento do direito romano, por teólogos medievais, especialistas em direito canônico e outros tipos de advogados, e, posteriormente, por políticos e economistas cujas teorias guiaram as discussões sobre o direito tributário ideal até os dias de hoje. A história fiscal da Europa dos séculos XIX e XX foi igualmente tratada de forma parcimoniosa. O que me consola é que os leitores de hoje sabem mais sobre esses dois séculos do que sobre os anteriores. Tomei a liberdade, entretanto, de vislumbrar brevemente – e sob a perspectiva do fim do segundo milênio – como será e o que nos trará o próximo século, restringindo essa análise, contudo, à Europa.

Ferdinand H.M. Grapperhaus (1926-2010)

PARTE 1

A formação da sociedade europeia e a tributação do ano 1000 ao 2000

A EUROPA POR VOLTA DO ANO 1000

Após inúmeras guerras – intercaladas por longos períodos de paz – e por meio de sistemáticos esforços, os povos da Europa conseguiram criar uma sociedade que, a despeito das diferenças de idioma e cultura, pode efetivamente ser classificada como "europeia", tendo sido capaz de, tanto no passado como no presente, lançar suas luzes sobre outras partes do mundo.

Quando voltamos mil anos no tempo, a Europa não existia conforme o atual conceito geográfico. Inobstante, o Sul, o Oeste e o Leste europeus possuíam passado comum, como integrantes do Império Romano, que, no século III, fora dividido em duas partes: ocidental e oriental.

O Império Romano Ocidental compreendia Itália, Espanha e França, bem como grande parte da Inglaterra e da Alemanha, mas foi destruído em 476 devido aos ataques das tribos germânicas. Estas foram responsáveis pela criação de vários países da Europa Ocidental, aos quais, inclusive, emprestaram seus nomes, como França, Alemanha e Inglaterra.

O Império Romano Ocidental ergueu-se novamente quando, no dia de Natal do ano 800, Carlos Magno[1] coroou a si mesmo imperador do Reino Franco – que se estendia desde o Rio Oder até depois da Cordilheira dos Pirineus, bem como do Mar do Norte até abaixo da Cidade de Roma. Seu reino, excetuadas as Ilhas Britânicas e o Leste da Alemanha, correspondia mais ou menos ao que hoje intitulamos Europa Ocidental. Focarei nesta parte da Europa, pois dela adveio a maior influência.

....

[1] Reinou de 768 a 814.

Apesar de grande e poderoso, o Reino Franco[2] era acossado por fraquezas internas que representavam constante ameaça, minando cada vez mais sua unidade. Uma das causas que contribuiu para sua desagregação foi a prática de autorizar os povos conquistados a manter seus próprios costumes, tradições e instituições jurídicas, deixando latente seu desejo de autonomia. Foi assim que o rei perdeu gradualmente o controle dos condes, que representavam a autoridade local em seu nome, tornando-se habitual e, posteriormente, obrigatório elegê-los dentre os nobres locais até que, ao cabo, o título de conde tornou-se hereditário. Ademais, a tributação comum desaparecera em grande medida, pois os dados oficiais utilizados pelos romanos para viabilizar a exigência de tributos não haviam sido atualizados e também porque a isenção fiscal se tornara forma de remuneração para funcionários públicos leais. A queda da prosperidade e a combinação entre declínio do comércio e substituição da economia monetária pela de subsistência também contribuíram para o processo de enfraquecimento do Reino Franco.

Como a autoridade pública para governar era considerada questão de direito privado, o reino era dividido entre os filhos após a morte do monarca. A rivalidade e os ciúmes entre esses levavam frequentemente a homicídios, até que apenas um herdeiro sobrevivesse – cuja morte desencadeava, uma vez mais, todo o processo de conspiração e assassinatos entre os sucessores.

Por meio do Tratado de Verdun (843), o Reino Franco foi dividido entre os netos de Carlos Magno em três seções: Leste, Meio e Oeste. Em um século, a parte do meio, juntamente com a Coroa Imperial, foi incorporada pelo Reino Franco do Leste, subsistindo até 1806 como o Sacro Império Romano da Nação Germânica (que, ao longo dos anos, acabou se desintegrando em diversos principados e cidades livres[3] de vários tamanhos). Fator importante nesse processo de desintegração nacional foi o fim da dinastia Carolíngia, em 911, na região onde hoje fica a Alemanha. Em vez de buscar um membro da mesma família para a sucessão, os duques germânicos elegeram um de seu próprio meio: Conrado,[4] o Duque da Francônia. Tal medida decretou a separação definitiva entre França e Alemanha.

....

[2] Dinastia Merovíngia, 500-751, sucedida pela dinastia Carolíngia (assim nomeada em razão de Carlos Magno), 751-987.

[3] Nota do tradutor: no Sacro Império Romano da Nação Germânica, as cidades imperiais livres se encontravam sob o controle exclusivo do imperador (e não de seus vassalos). Diferentemente das demais, elas não precisavam pagar impostos ao imperador, tampouco fornecer-lhe tropas para incursões militares. Essa desobrigação era uma espécie de prêmio por serem tais cidades diretamente subordinadas à autoridade imperial máxima.

[4] Reinou de 911 a 918.

A EUROPA POR VOLTA DO ANO 1000

Sob uma perspectiva nacional, a eleição do rei[5] pelos lordes era preferível à divisão artificial do reino entre os filhos em litígio. Todavia, ao mesmo tempo, essa medida enfraquecia o poder real, já que os reis precisavam agradar àqueles que detinham a prerrogativa de escolher o novo soberano. Isso ocorria, particularmente, quando o monarca desejava influenciar sua sucessão, escolhendo, em vida, um filho, primo ou outro membro da família como herdeiro.

O Reino Franco do Oeste se desenvolveu de modo distinto. Quando a Dinastia Carolíngia findou, em 987, os magnatas[6] elegeram Hugo Capeto[7] como rei do que hoje é a França. Seu poder era limitado, pois competia com duques e condes que, efetivamente, governavam em seus próprios territórios, apesar de formalmente reconhecerem o monarca como soberano. Assim, o poder efetivo do novo rei se estendia apenas até os limites de sua jurisdição: a Ilha de França, região em torno de Paris. Como os primeiros sete reis da dinastia capetiana[8] desfrutaram de longos reinados e tiveram filhos para sucedê-los, conseguiram arquitetar em vida a sucessão do trono, assegurando a hereditariedade da Coroa. Em batalha que durou séculos, os reis franceses conseguiram eliminar, um por um, os duques e condes que impediam o exercício pleno de seus poderes, anexando os respectivos territórios e, com isso, construindo um Estado central forte e unificado. A tributação funcionou como alavanca tanto para a desintegração do Sacro Império Romano-Germânico como para a construção do Estado Francês.

Ao mesmo tempo, a Reconquista – expulsão dos mouros – estava em curso na Espanha, drenando todos os recursos monetários e econômicos. Na Itália, a parte Sul consistia em barreira de contenção entre Bizâncio (continuação do Império Romano do Oriente) e os sarracenos (nome coletivo para os seguidores do islã), enquanto a parte Norte pertencia ao Sacro Império Romano-Germânico. No início do século XI, diversas cidades-Estados também estavam se desenvolvendo – incluindo Milão, Gênova, Florença, Siena, Pistoia, Bolonha, Mântua. Durante algum tempo, essas cidades conseguiram avançar,

....

[5] Nota do tradutor: o título "imperador" era utilizado somente após a coroação pelo Papa.

[6] Nota do tradutor: do latim *magnus*, que significa grande, o termo se prestava a designar, na Idade Média, os grandes proprietários de terras, distinguindo-os do baronato ordinário.

[7] Reinou de 987 a 996.

[8] Nota do tradutor: a Casa de Capeto reinou na França de 987 a 1328, tendo sido a mais longeva dinastia francesa.

alcançando, praticamente, o *status* de independentes, a despeito de estarem sempre competindo entre si – alternando como aliados o papa e o imperador. A cultura urbana do Norte da Itália influenciou fortemente a Europa, tanto nas artes como na organização administrativa da sociedade.

Na Inglaterra, momento histórico decisivo foi a Batalha de Hastings, em 1066, após a qual o país passou a ser governado por Guilherme, o Conquistador,[9] Duque da Normandia. Como resultado, a cultura normanda (francesa) influenciou não apenas a língua inglesa, mas também os costumes, tradições e instituições jurídicas, como, por exemplo, a implementação do sistema feudal que florescera no continente. O rei inglês tinha consideravelmente mais poder que seus pares da Alemanha e da França. Ao conquistar o país, Guilherme encontrou um Estado unificado no qual a sucessão hereditária não era questionada. Isso o tornou menos dependente da lealdade dos seus vassalos que, em todo caso, eram regiamente recompensados com vastos territórios.

As raízes do sistema feudal remontam aos tempos turbulentos da migração dos povos germânicos. Inicialmente, homens livres se colocaram sob a proteção e abrigo dos mais poderosos, a estes prometendo assistência e aconselhamento em troca de alguma estabilidade em uma sociedade insegura. Séculos depois, tornou-se hábito a concessão de terras pelos lordes aos vassalos, que, a seu turno, passaram a controlar e explorar os habitantes das áreas que governavam. Essa relação de direito privado entre o suserano e o vassalo conseguia assegurar apenas uma rudimentar ordem pública, assim como uma frágil segurança contra os inimigos, já contendo em si as sementes para a posterior fragmentação política. Com a cessão de terras aos vassalos (que se transformavam, com isso, também em senhores feudais) e a transmissão hereditária da propriedade dos feudos, o suserano perdia cada vez mais poderes, já que os antigos vassalos se tornavam mais independentes.

O sistema feudal conseguiu atender às demandas do seu tempo durante séculos, até que uma nova realidade política e econômica começou a surgir gradualmente – na qual a tributação passaria a exercer importante função. A partir da segunda metade do século XI, houve uma série de mudanças na estrutura da sociedade, dentre as quais é difícil distinguir a causa do efeito, mas que influenciaram e reforçaram a si mesmas. Em ordem aleatória, essas

....

[9] Reinou de 1066 a 1087.

transformações foram: o incremento da prosperidade, impulsionada por forte aumento das safras devido a novos métodos agrícolas, como o sistema de rotação trienal de culturas[10] e a invenção do arado de ferro. Este último tornou relevantes a produção e a fundição do ferro, para as quais mais artesãos foram demandados, o que resultou em incremento tanto do comércio como das transações financeiras, após anos de estagnação. Mercados foram criados – posteriormente se tornando cidades – e cidades já existentes despertaram de seu sono. O espírito de liberdade foi estimulado. Um homem se tornava livre após viver na cidade por um ano e um dia. Os laços que aprisionavam os agricultores aos proprietários de terras também começaram a se afrouxar.

O contínuo processo de fragmentação da autoridade pública gerado pela implementação do sistema feudal cessou quando os governantes entenderam que seria melhor indicar subordinados para conduzir a administração do governo.

Nessa transição do feudalismo para o sistema de soberania territorial, é interessante notar o renascimento do direito romano, que, após dormitar por séculos, ressurgiu no século XI. Inserido em meio à mistura de sistemas legais originariamente germânicos que regiam a vida dos vários povos, o direito romano logo se tornou espécie de direito comum que solucionava as disputas entre tais sistemas e que, gradualmente, suprimiu-os por completo. A diferença entre os conceitos germânico e romano de sociedade pode ser assim sintetizada: com os germânicos, o foco eram os laços pessoais, a família e a tribo; com os romanos, o território e a terra.

Em toda a Europa Ocidental, era possível observar que a tendência de exercício do poder baseado no direito germânico – uma intrincada teia de laços pessoais entre um número limitado de pessoas que governavam a sociedade – estava lentamente se movendo em direção a um Estado geograficamente definido e lastreado no direito romano, no qual o território tinha importância primária, e, os seus habitantes, secundária. Os funcionários públicos eram os executores do poder real nesse sistema que, ao cabo, substituiu o feudalismo. A tributação desempenhou papel central nessa transição.

....

[10] Nesse sistema, a terra agricultável era utilizada de modo alternado em ciclos de três anos para plantio de grãos de inverno, grãos de verão e permanência em repouso.

A EUROPA POR VOLTA DO ANO 1000

TRIBUTAÇÃO, UM SUBPRODUTO DA DIETA[11] DE RONCAGLIA[12] (1158)

Um dos imperadores germânicos com maior apelo para o imaginário popular foi Frederico Barbarossa.[13] Ele teve um fim insólito em 1190, a caminho de sua terceira cruzada, quando se afogou em um rio na Turquia.[14] Como o corpo nunca foi recuperado, o povo germânico aguardou seu retorno por alguns séculos. Em comum com vários imperadores que vieram antes e depois, Frederico tinha paixão política pelo Sul, pela Itália e pelo território além dos Alpes, onde reluzia uma sociedade rica e próspera na qual a cultura e os ideais da Antiguidade haviam novamente ganhado vida.

Dois anos após ser coroado, em 1152 – e tendo deixado seu reino em bom estado – Frederico viajou a Roma para ser sagrado imperador pelo papa. Poucos anos depois, ele e seu poderoso exército retornaram à Itália, desta vez ao Norte, de onde convocou a Dieta de Roncaglia. Esta assembleia tinha o escopo de reunir dignitários mundiais e eclesiásticos de todo o Império, ao Sul e ao Norte dos Alpes, bem como representantes das cidades-Estados italianas, para tratar de assunto sobremaneira relevante para o imperador: o conteúdo e a extensão das regalias – literalmente, os "direitos reais".

Originariamente, as regalias eram direitos do soberano, exercidos pelos condes em nome do rei – na qualidade de oficiais de Carlos Magno e seus sucessores. Dentre as prerrogativas, estava o comando militar da população apta ao combate, bem como o governo e a jurisdição das pessoas sujeitas ao seu poder. Muitos desses direitos tinham caráter financeiro, e era óbvio que Frederico estava interessado no valor que conseguiria arrecadar, em particular nas afluentes e quase independentes cidades-Estados italianas.

As regalias devem ser diferenciadas dos domínios, que eram originariamente as propriedades imóveis do rei franco. Quando viajava com a Casa Real para exercer funções de governo ou administração da justiça, o rei era

....

[11] Nota do tradutor: as Dietas eram assembleias nas quais os imperadores reuniam pessoas notáveis para deliberar sobre temas de relevo para a sociedade.
[12] Nota do tradutor: Roncaglia é uma fração da comuna de Placência, na região italiana da Emília-Romanha.
[13] Reinou entre 1152 e 1190.
[14] Nota do tradutor: reza a história que, ao tentar atravessar o rio utilizando sua armadura, Frederico Barbarossa não suportou o peso do traje encharcado.

sustentado pelas receitas auferidas localmente em seus domínios. Se não os havia por perto, a população local tinha que providenciar a manutenção do monarca por meio de um tributo especial. Posteriormente, a acepção do termo "domínio" foi expandida e passou a compreender, além da terra, outros direitos de propriedade, como o de exploração das minas de prata. Os domínios exerceram importante papel nas finanças públicas até o advento da Revolução Francesa.

A lista de poderes reais que resultou dessa reunião – ficando conhecida como *Constitutio de Regalibus* – contém variada relação de direitos eminentemente financeiros, o que permite interessante visão da sociedade medieval e da forma como ela era governada. Do ponto de vista das finanças – de longe o mais importante dos poderes reais – o rei podia obrigar seus súditos a prestar serviço militar ou, alternativamente, a pagar-lhe somas em dinheiro se essa obrigação não fosse adimplida.

A lista de Roncaglia não enumerava taxativamente as regalias. Na verdade, ela apresentava, em roupagem de direito romano, os poderes que os reis lombardos[15] possuíam nos tempos antigos e que foram transferidos aos reis francos após a conquista do Norte da Itália por Carlos Magno. Muitos, se não a maior parte dos direitos, também se faziam presentes entre outros povos germânicos. Esse pano de fundo, bem como a autoridade do imperador e de seus advogados italianos, educados no direito romano, contribuiu para que a lista

> **Uma cavalgada**
>
> Durante a Dieta de Roncaglia, em 1158, quatro professores de direito da ainda jovem Universidade de Bolonha – Martinus, Bulgarus, Jacobus e Hugo – receberam o honroso, porém difícil, mister de definir em maior detalhe a finalidade e o conteúdo das regalias em face do direito romano, que estava começando a obter maior respeito como resultado dos estudos desses professores e seus colegas. É compreensível que eles tenham iniciado a tarefa de forma relutante, pois logo perceberam que o resultado final seria que as cidades-Estados italianas, que haviam se apropriado de um considerável número de direitos reais, teriam que devolvê-los ou, ao menos, pagar pelo seu exercício – o que desagradaria bastante os seus cidadãos. Todavia, para facilitar essa delicada empreitada, Frederico Barbarossa nomeou vinte e oito juízes – dois de cada uma das quatorze cidades-Estados – com cuja lealdade poderia contar.
>
> A história relata que Frederico saiu a cavalo com dois dos quatro professores, Martinus e Bulgarus, tendo-lhes feito o seguinte questionamento: "O meu poder é amplo o suficiente a ponto de ser possível considerar que sou o proprietário de todo o mundo, inclusive à luz do direito privado?". Bulgarus respondeu negativamente, ao passo que Martinus assentiu. Em gesto de gratidão, após o passeio, o rei presenteou Martinus com seu cavalo (*equus*, em latim). Bulgarus, que considerou a atitude injusta (*aequus*, também em latim), cunhou o seguinte adágio: "Amisi equum, quod dixi aequum, quod non fuit aequum", significando "Perdi um cavalo, o que não é justo, pois eu disse a coisa certa".

---

[15] Nota do tradutor: o Reino Lombardo existiu na península italiana dos séculos VI a VIII, chegando a ocupar a maior parte do seu território, à época disputado com os bizantinos.

se tornasse modelo para a relação entre os lordes e seus vassalos, embora com acréscimos locais e interpretações extensivas.

A lista podia ser considerada uma espécie de Constituição no campo financeiro, passível de evitar disputas pelo fato de ter registro escrito. Muitos dos direitos listados se tornaram, com o passar do tempo, tributos diretos e indiretos, formando o berço do sistema tributário que se desenvolveu na Europa Ocidental e de lá espraiou-se para outras partes do mundo.

Lista de regalias de acordo com a Dieta de Roncaglia
- direito de convocar os cidadãos para expedições ou de receber pagamento para dispensá-los dessa obrigação;
- administração de estradas públicas, rios navegáveis, portos e respectivas tarifas portuárias;
- instituição e exploração de pedágios e exações;
- direitos de cunhagem;
- receitas de multas;
- direito aos bens sem proprietários, assim como àqueles pertencentes a quem não os merece, de acordo com a lei;
- direito aos bens: dos cônjuges em casamentos incestuosos, dos sentenciados à morte e dos exilados;
- direito à requisição de navios e à cobrança de contribuição especial para expedições determinadas pelo rei;
- autoridade de nomear magistrados para administração da justiça;
- direito sobre as minas de prata e os prédios públicos nas cidades em geral;
- direitos de pesca e ao tributo sobre o sal;
- direito à metade dos tesouros encontrados nas terras imperiais.

Novos direitos foram também formulados a partir da interpretação dos então existentes, como:
- prerrogativa real sobre as áreas selvagens (as não cultivadas eram atribuídas ao rei, que podia requisitá-las com base em seu direito aos bens que não pertenciam a ninguém).

Posteriormente, o número de regalias foi ampliado, para incluir:
- direito aos imóveis dos filhos "ilegítimos" e estrangeiros;
- direito a criar cisnes;
- direito aos serviços dos súditos convocados para participar do exercício da jurisdição e para cumprir obrigações militares.

COMO A PRERROGATIVA DO PEDÁGIO LEVOU AOS TRIBUTOS DE IMPORTAÇÃO, EXPORTAÇÃO E DE TRÂNSITO

O caminho para que os impostos indiretos fossem reconhecidos como espécie de tributo foi longo. A demora deveu-se ao fato de que essas exações

A EUROPA POR VOLTA DO ANO 1000

se originaram de retribuições (pagamentos ao príncipe em troca de favores) e também em razão de não serem visíveis, já que eram embutidos nos preços das próprias mercadorias. O direito de cobrar pedágio, expressamente mencionado na lista de Roncaglia como uma das regalias, é contundente exemplo de retribuição que, posteriormente, evoluiu para se tornar tributo. De fato, nós ainda denominamos "pedágio" o local onde se deve pagar para ter passagem – termo que posteriormente passou a designar a exação em si. Quando os tributos praticamente desapareceram no período merovíngio-carolíngio, os pedágios que datavam dos tempos romanos permaneceram, apesar de sua diminuta importância devido ao declínio do comércio.

A ideia subjacente ao direito real de cobrar pedágio pela travessia de caminho, estrada ou ponte continuava a mesma: proteger o mercador viajante na região por onde estivesse passando. Em pontos estratégicos, frequentemente em encruzilhadas ou vaus, em passagens estreitas por rotas montanhosas ou pontes, negociantes que viajavam a pé, a cavalo ou de barco tinham que pagar para ter passagem. Os pedágios eram conjugados com o direito de empório[16] (faculdade conferida aos residentes locais de comprar os bens que estivessem sendo transportados

> **Pedágios na Suíça**
>
> Desde os tempos romanos, as principais rotas de conexão entre o Norte e o Sul cruzavam os Alpes Suíços. Com o crescimento do comércio a partir do ano 1000, a cobrança de pedágio passou a ser uma boa oportunidade para os governantes locais. Mesmo hoje, os pontos em que existiam os pedágios podem ser eventualmente identificados. Um dos ainda existentes fica na ponte coberta sobre o Rio Drance, na cidade suíça de Martigny. De 1350 a 1802, o bispo da vizinha Sion deteve a prerrogativa sobre esse pedágio, cobrando-o dos comerciantes lombardos que viajavam para o Norte pela passagem do grande São Bernardo. Os carroceiros da cidade de Sembrancher (fundada em 1239 e situada um pouco acima no vale), que prestavam auxílio aos comerciantes no transporte pela passagem, haviam adquirido o direito de compra das mercadorias em trânsito pelo local. Isso implicava a necessidade de desembalar e colocar à venda os bens transportados, antes de serem levados adiante (se os residentes locais não os adquirissem, por óbvio). A casa onde as mercadorias eram armazenadas em Sembrancher ainda está lá. Na estrada que cruza a passagem de São Gotardo, o pedágio foi cobrado em um desfiladeiro (Gola del Piottino) pelo Cantão de Uri durante muitos séculos. No século XVI, uma nova casa de pedágio – conhecida como Dazio Grande – foi construída, tendo sido recentemente reformada.

por seus territórios) e com a autorização para organizar uma feira anualmente. Inobstante, o foco continuava sendo a proteção do mercador em viagem, bem como a segurança e organização do comércio.

....

[16] Nota do tradutor: em inglês, *staple rights*, que compreendiam o direito de exigir o desembarque e a venda de parte das mercadorias em trânsito por determinada localidade, durante alguns dias (usualmente três), antes que chegassem ao seu destino final.

Inicialmente, o pedágio era cobrado de todo viajante ou barco que passava e o pagamento era feito em espécie. Posteriormente, a cobrança tornou-se mais refinada, e o valor dos bens transportados foi adotado como base de cálculo, sobre a qual incidia um percentual para fins de cálculo do montante a ser pago. Gradualmente, a autoridade pública fragmentada do período feudal estava sendo substituída pela de um governante com poder soberano sobre o território, determinado a preservar a lei e a ordem. O pedágio que o mercador viajante precisava pagar para proteção de sua integridade física e de seus bens, consequentemente, perdeu seu sentido original, que se baseava no princípio do benefício direto, inclusive porque o tributo se tornou mais específico, e as tarifas aumentaram consistentemente. Tais fatores fizeram com que o pedágio evoluísse e se transformasse em fonte autônoma de renda para o príncipe.

Além de cobrar o tributo, como o governante detinha exclusiva prerrogativa sobre o pedágio, ele podia também optar por vendê-lo ou até mesmo doá-lo. De fato, em mais de uma oportunidade, os reis franceses do século XVI regalaram suas amantes preferidas com a titularidade de algum pedágio. Do ponto de vista da política fiscal, essa não era uma medida inteligente, já que prazeres reais efêmeros eram pagos com fontes permanentes de recursos.

A ponte de Martigny (Suíça), onde o pedágio era cobrado na Idade Média, ainda existe.

Dietrich de Moers[17] (arcebispo de Colônia) era muito mais arguto. Em 1437, ele comprou de Gerhard de Mark, a quem auxiliara previamente na obtenção do controle do Condado de Mark, o pedágio próximo de Kaiserswerth, no Rio Reno, por 100.000 marcos. Esse pedágio, de enorme relevância político-militar, tornou-se a maior fonte de renda do Eleitorado de Colônia, o pequeno principado no qual o arcebispo exercia o poder.

As melhorias nos sistemas rodoviário e fluvial, que passaram a permitir que pedágios caros fossem evitados, foram a razão pela qual os governantes os reinstalaram apenas nas fronteiras do seu território. Isso acabou contribuindo para a transformação do pedágio em tributo ordinário, apesar de, até o século XVII, ter sido difícil discernir o seu caráter fiscal. É chegado o momento, então, de falar dos impostos de importação, exportação e trânsito.

A substituição do pagamento para proteção do mercador viajante pela tributação das suas mercadorias é facilmente identificável em regiões nas quais, a despeito do controle formal do imperador germânico, os governantes locais haviam assumido a liderança e estavam tentando suprir suas necessidades com o dinheiro do pedágio. Na Alemanha, com seus *Kleinstaaterei*,[18] os numerosos pedágios nas fronteiras eram verdadeiros entraves ao fluxo comercial.

Para proteger seus burgueses, as cidades frequentemente celebravam entre si tratados de não tributação dos comerciantes – ou, então, de tributação em patamares mais baixos. A Liga das Cidades do Reno era um desses acordos, que datava de meados do século XIII e compreendia algumas cidades situadas ao longo do rio de mesmo nome. A cooperação entre as cidades hanseáticas, a maioria delas situadas ao norte da Alemanha e na Holanda, deve também ser mencionada nesse contexto. Do século XVI em diante, quando o poder dos soberanos aumentou, o das cidades decresceu, e, por essa razão, elas se tornaram cada vez menos aptas a seguir com suas políticas comerciais e tributárias. Em 1522, os interesses conflitantes das cidades levaram ao fracasso uma tentativa de estabelecer fronteiras externas comuns para todo o Império Germânico, transformando-o em união aduaneira.

---

[17] Reinou de 1411 a 1463.

[18] Nota do tradutor: em alemão, *Kleinstaaterei*, que é o termo utilizado para fazer referência à fragmentação geopolítica do Sacro Império Romano-Germânico, especialmente após a Guerra dos Trinta Anos e durante a Confederação Germânica na primeira metade do século XIX.

Em 1803, apesar da considerável redução no número de Estados alemães em virtude do *Reichsdeputationshauptschluss*,[19] ainda subsistiram muitos (o número caiu de aproximadamente 800 para 60). Mesmo após o Congresso de Viena (1815), que operou nova diminuição da quantidade de Estados alemães, ainda remanesceram 39. Cada Estado manteve sua independência financeira. Quando se viajava de Hamburgo para a Áustria ou de Berlim para a Suíça, era necessário passar por dez Estados, logo por dez alfândegas, pagando dez vezes o imposto de importação. Sob a liderança política da Prússia, uma liga aduaneira dos Estados do Norte foi criada. Esta se uniu à liga aduaneira do Sul (entre Baviera e Vurtemberga) e também à liga central (entre Saxônia e Hanôver). Por meio de hábeis manobras, os diplomatas prussianos conseguiram deixar o outro grande poder germânico, a Áustria, fora desse pacto. A Liga Geral de Pedágios germânica, de 1833, compreendia dezoito Estados e uma população de 23 milhões de pessoas. A política fiscal era decidida por um congresso anual de representantes, e as decisões precisavam ser tomadas por unanimidade. Todos os pedágios entre os Estados participantes foram removidos, e uma tarifa única foi adotada no território. As receitas eram divididas entre os membros, na proporção das suas populações. Outros Estados germânicos se juntaram à liga, e, eventualmente, ela passou a abarcar a totalidade da área germanófona – à exceção da Áustria. A Prússia conseguiu impor seus interesses sobre a liga após vencer militarmente a Áustria, em 1866. O congresso anual, em que se exigia deliberação unânime, foi substituído por dois encontros gerais, um representando os Estados, e, outro, a população. A partir de então, as decisões passaram a ser tomadas por maioria de votos. A liga foi incorporada ao recém-formado Império Alemão, em 1871.[20] Ao abolir empecilhos mútuos ao comércio e estabelecer as bases para a cooperação política, a Liga Geral de Pedágios germânica contribuiu consideravelmente para o renascimento da Alemanha no século XIX, assim como para a unificação política de 1871; para esta última, inclusive, foi *conditio sine qua non*.

....

[19] Nota do tradutor: o *Reichsdeputationshauptschluss*, editado em 1803, foi a última norma aprovada pelo Sacro Império Romano-Germânico antes de sua dissolução, em 1806. Houve a extinção de vários Estados do Império, aliada à perda de parte deles para Napoleão. Em 1806, o Imperador Francisco II renunciou ao seu título e decretou a extinção do Sacro Império Romano-Germânico, depois de quase 900 anos de existência.

[20] Nota do tradutor: o Império Alemão, conhecido como Segundo Reich, resultou da unificação dos antigos Estados alemães, em 1871. Subsistiu até o ano de 1918, quando o Cáiser Guilherme II abdicou após a derrota na Primeira Guerra Mundial (1914-1918).

Enquanto isso, na França, os capetianos – herdeiros de Hugo Capeto – conseguiram, com o tempo, estabelecer seu poder real sobre a maior parte do Reino Franco do Oeste. Em consequência, os pedágios nas regiões até então independentes se tornavam tributos locais tão logo o reino as incorporava como províncias. A França tinha superabundância de pedágios, especialmente nos grandes rios – o Sena, o Reno e o Loire. Entretanto, ao final do século XV, a situação tornou-se especialmente complicada em algumas províncias francesas tardiamente anexadas, nas quais foram instituídas regras especiais. Em 1581, a situação melhorou em alguns locais, com a abolição dos antigos pontos de checagem e das estações de cobrança em cruzamentos e bancos de rios – abrindo caminho para um sistema de tráfego livre. Como resultado, o tributo passou a ser cobrado somente na fronteira com as demais províncias.

Em 1787, às vésperas da Revolução Francesa, esse confuso pacote de exações internas foi substituído por um tributo uniforme. Mas foi somente em 1790 – ano em que a Assembleia Nacional aboliu, por decreto e de uma só vez, todas as barreiras tributárias internas e os incontáveis pedágios e concessões então existentes – que a França se tornou uma unidade econômica, além de política.

Os altos e baixos dos pedágios na Alemanha, França e Inglaterra

De acordo com registros prussianos, a partir de meados do século XVII, o preço das mercadorias triplicou ao longo do Rio Reno, já que elas deveriam ser desembarcadas e reembarcadas mais de sessenta vezes em locais distintos, sendo o tributo devido em cada um deles. No Rio Elba, para sessenta e três contêineres transportados, o valor correspondente a cinquenta e quatro contêineres era cobrado a título de tributos alfandegários. Uma viagem de navio com mercadorias de Dresden para Hamburgo, que normalmente demoraria oito dias, tardava quatro semanas. Na França, a situação era praticamente a mesma. No século XIV, havia setenta e quatro pedágios entre Roanne e Nantes no Loire, e, em 1567, esse número havia aumentado para cento e vinte. Com a remoção das estações alfandegárias para as fronteiras dos territórios, a situação teve pequena melhora. Por carregamento de mogno despachado de Lorena para o Mediterrâneo, trinta e quatro tributos distintos eram devidos em vinte e um postos de alfândega. Por tonel de vinho enviado de Roanne para Paris (435 km), as tarifas eram pagas vinte vezes, além de duas exações locais em Valence e Lyon.

Na Inglaterra, a cobrança de pedágio adquiriu papel relevante quando a rede viária passou por melhorias. Uma lei de 1555 tornou cada freguesia responsável pelas estradas que cortavam seu território, sendo os respectivos residentes obrigados a trabalhar seis dias por ano para sua manutenção. Por meio da cobrança de pedágios em rodovias, conseguiu-se obrigar os viajantes a cofinanciar sua construção e manutenção. Em particular, durante a segunda metade do século XVIII, o número de estradas pedagiadas cresceu dramaticamente. Em 1846, já existiam 16.000 rodovias com pedágio. Ao mesmo tempo em que mais e melhores vias levavam a mais tráfego, elas também geravam raiva e irritação devido aos pedágios. Em Gales, na década de 1840, o grande número de pedágios deflagrou o que ficou conhecido como a Revolta de Rebeca (nome que advém de uma passagem do Antigo Testamento: "E eles abençoaram Rebeca e disseram a ela: ... que a tua descendência possua o portão daqueles que te odeiam" Gn 24.60). A multidão, liderada por homens vestidos como mulheres, destruiu os pedágios durante a noite.

A EUROPA POR VOLTA DO ANO 1000

Em 1066, a tomada da Inglaterra por Guilherme, o Conquistador, tornou possível um governo real forte, com o apoio dos seus vassalos da Normandia e alcance em todos os cantos da sua ilha-império. Como resultado, o rei tornou-se apto a oferecer proteção para comerciantes estrangeiros – ou seja, aqueles vindos do continente – em troca de parte das mercadorias por eles transportadas. A Inglaterra era o único Estado europeu que gozava das bênçãos do livre comércio dentro dos limites do seu território. A unidade política, afinal, havia sido conquistada antes da invenção dos pedágios, razão pela qual os diferentes distritos nos quais o país era dividido não tinham tradição de autonomia fiscal a ser preservada. Após a união com a Irlanda e a Escócia, em 1707, o Reino Unido passou a ser o maior território europeu onde o livre comércio podia ser exercido sem restrições artificiais. Em razão desse singular mercado interno, a Inglaterra estava um passo adiante de seus competidores no continente.

Já o desenvolvimento do comércio estrangeiro na Inglaterra teve uma história completamente distinta. Em 1275, ao tributo existente sobre o vinho (o principal bem importado), foram acrescidas imposições sobre as mais importantes mercadorias de exportação (lã, peles e couro), e, para cada uma delas, os valores eram estipulados em dinheiro – com base na tonelada como medida de capacidade[21] e na libra como medida de peso. Essa imposição (denominada direitos de tonelagem e pesagem)[22] era direcionada, em particular, aos comerciantes italianos, que tinham monopólio sobre a exportação de lã para o continente, onde o material era posteriormente trabalhado. A tarifa inicial, de seis xelins por saco de lã, foi posteriormente modificada para 25% do valor da mercadoria.[23] Como, do ponto de vista inglês, esse era um tributo para estrangeiros, o Parlamento não fez objeções à sua cobrança. Após algum tempo, porém, a tributação passou a ser devida pelos mercadores domésticos, apesar de, nesse caso, ter alíquotas menores. Na França, a partir de 1285 (quase contemporaneamente, portanto), tributos similares sobre a exportação de lã para cidades italianas também foram instituídos.

....

[21] Nota do tradutor: aqui, o vocábulo *tonelada* serve para designar a capacidade de carga dos navios que transportavam os bens sujeitos à tributação, e não o peso desses bens propriamente ditos, que era medido em libras.

[22] Nota do tradutor: em inglês, *tonnage* e *poundage*.

[23] Nota do tradutor: a modificação foi não apenas do valor devido, mas também da forma de cobrança. De alíquota específica, passa-se para a tradicional alíquota *ad valorem* (percentual sobre a base de cálculo).

A EUROPA POR VOLTA DO ANO 1000

Diante desse cenário, vale lembrar que o art. 41 da Carta Magna (1215) assinalava que todos os comerciantes deveriam poder viajar em segurança de e para a Inglaterra, sem a cobrança de tributos de barreira: *sine omnibus malis toltis, per antiquas et rectas consuetudines*. Traduzindo livremente: nenhum obstáculo fiscal deve ser colocado no caminho do comerciante, e somente as antigas (e, portanto, justas) tarifas aduaneiras devem ser exigidas. Essa a razão pela qual os tributos baseados nas *antiquas consuetudines* da Carta Magna eram chamados de antigas tarifas costumeiras na Inglaterra. A palavra inglesa *customs*[24] deriva disso. Vale mencionar que, em 1374, Geoffrey Chaucer, autor de *Os contos da Cantuária*,[25] foi nomeado controlador dos direitos de tonelagem e pesagem em Londres. Um século depois, havia um total de quarenta e dois oficiais alfandegários empregados no porto londrino.

Na ascensão ao trono de um novo rei, o direito à cobrança da tonelagem e da pesagem era expressamente assegurado ao monarca pelo Parlamento. Na medida em que a observância da ordem pública na sociedade inglesa se tornou regra geral seguida por todos os cidadãos, tendo as violações à tranquilidade se tornado escassas, tonelagem e pesagem evoluíram de pagamentos em troca de proteção para tributos regulares – é dizer, para impostos de importação e exportação.

Deve-se registrar que tardaria muito até que a opinião pública na Inglaterra reconhecesse que a tonelagem e a pesagem eram tributos ordinários. Ao revés, ambas eram consideradas instrumentos do rei para regular o comércio. Logo após sua ascensão ao trono, Jaime I[26] tentou criar impostos de importação e exportação que se somassem à tonelagem e à pesagem. O monarca fundamentou as exigências na possibilidade de regular o comércio pela tributação, bem como na necessidade de proteção e promoção de certos setores industriais domésticos.[27] O Parlamento não contestou esse direito,

....

[24] Nota do tradutor: como os tributos devidos pelos comerciantes em deslocamento na Inglaterra eram os *customary*, pois antigos e legitimados pelo art. 41 da Carta Magna de 1215 (*antiquas consuetudines*), o termo *customs* (que em português se traduz como *aduana*) remete aos costumes.

[25] Nota do tradutor: Geoffrey Chaucer é considerado um dos consolidadores da língua inglesa, tendo vivido no século XIV e se tornado notável pela série de histórias (duas em prosa e vinte e duas em verso) intitulada *Os contos da Cantuária*, que trata do modo de vida da Inglaterra naquele tempo. A importância da obra se dá principalmente por ter sido escrita em inglês, em época na qual os idiomas literários ainda eram essencialmente o latim e o francês.

[26] Reinou de 1603 a 1625.

[27] Nota do tradutor: interessante notar o uso declaradamente extrafiscal da tributação à época, já indicando aquela que, até hoje, é uma das características mais relevantes dos tributos de importação e exportação.

mas revelou-se apreensivo com a introdução de novas exações e a elevação das existentes caso a única finalidade dessas medidas fosse o incremento das receitas reais. Um conflito esteve prestes a surgir, findando com a dissolução do Parlamento. Isso, contudo, não resolveu a disputa acerca da natureza tributária (ou não) da tonelagem e da pesagem, bem como sobre quais seriam os limites ao poder do Parlamento. É fato que os barões do Tesouro haviam decidido que os portos do país pertenciam à Coroa. Logo, o rei tinha o direito de instituir cobranças alfandegárias sem o consentimento do Parlamento. Todavia, isso minava a exclusividade da competência legislativa para a criação de tributos. Claramente, uma solução política permanente para o conflito precisava ser encontrada.

Sob Jaime I, a batalha real contra o Parlamento ainda não era travada às claras. Isso somente ocorreu com seu sucessor, Carlos I,[28] e o desfecho é conhecido por todos.[29] Um dos resultados da luta entre monarca e parlamentares foi a profunda mudança do conceito de tributo. Este passou a abarcar a tonelagem e a pesagem, que, com isso, passaram a depender de autorização do Parlamento para sua exigência.

Devido à escassez de mercadorias, na maioria dos países a tributação das exportações era mais relevante que a das importações. Na França, por exemplo, as importações eram isentas, com exceção das especiarias e artigos de luxo, enquanto as exportações eram tributadas. Essa incidência denominava-se *imposition foraine*. A ideia era a de que a carga tributária na exportação recaía sobre o consumidor estrangeiro. Muito tempo depois, houve aumento da percepção de que os fluxos de comércio entrantes e saintes poderiam ser regulados por meio de pedágios. O mercantilismo, concepção dirigista de Estado que pregava a intervenção pública na economia privada para o seu desenvolvimento – e, portanto, também em prol do aumento do poder político do próprio Estado –, era adepto da utilização de tarifas protecionistas de importação.

....

[28] Reinou de 1625 a 1649.

[29] Nota do tradutor: Carlos I foi executado em 1649 devido ao conflito travado com o Parlamento, principalmente em razão da instituição de tributos sem o consentimento prévio dos representantes do povo. Sua morte deu lugar a breve experiência republicana na Inglaterra, posteriormente abandonada com o retorno da monarquia, em 1660, sob o comando de Carlos II, filho do monarca deposto.

A República de Veneza é um dos primeiros exemplos desse sistema de proteção do comércio e indústria domésticos por meio de elevados impostos de importação, pois instituiu a cobrança de quatro ducados sobre as mercadorias que aportassem na ilha de Creta, uma de suas possessões. Presumivelmente, os venezianos não desejavam perder o comércio com a ilha. A essa conduta, entretanto, seguiu-se pronta reação da Inglaterra. Um tributo especial sobre a malvasia – vinho doce e intenso produzido em Creta – foi instituído pelos ingleses com a promessa de ser abolido quando Veneza desistisse da tributação, o que, de fato, ocorreu.

Na França, durante conferência realizada em 1583/1584 com dignitários e especialistas fiscais para aconselhar o governo sobre melhorias no sistema tributário, formulou-se uma proposta para cobrança de tributos de importação nas fronteiras nacionais, de modo a afastar a competição estrangeira. Embora, um século antes, Luís XI[30] já tivesse proclamado o estímulo da indústria local como assunto de Estado, essa proposta representou a primeira vez na qual a política mercantilista francesa utilizou a tributação como instrumento. Nos séculos XVII e XVIII, em particular, o mercantilismo ganhou terreno e os tributos de importação, exportação e passagem foram cada vez mais utilizados para promover a economia nacional. A França, sob o Ministro Colbert –[31] do que decorre o nome colbertismo para mercantilismo – naturalmente liderou esse processo e, seguindo sua própria política, ampliou consideravelmente o número de monopólios estatais. A opinião de que duas nações poderiam se beneficiar reciprocamente de suas relações comerciais ainda não existia. Foi, inclusive, no século XVIII que Voltaire[32] escreveu *qu'un pays ne peut gagner sans qu'un autre perde.*[33]

A República das Sete Províncias Unidas dos Países Baixos era invejada pela Inglaterra, pois seus habitantes, por meio do comércio e da navegação internacional, singravam exitosa e lucrativamente pelos mares de todo o mundo. Essa foi a razão pela qual Oliver Cromwell[34] instituiu, em 1651, a Lei de Navegação. Por meio desta, a importação de bens na Inglaterra passou a ser autorizada apenas se o transporte ocorresse em navios ingleses ou do país

....

[30] Reinou de 1461 a 1483.
[31] Jean-Baptiste Colbert, 1614-1683.
[32] Pseudônimo de François-Marie Arouet, 1694-1778.
[33] Nota do tradutor: "um país não pode ganhar sem que outro perca".
[34] Oliver Cromwell, 1599-1658.

de origem das próprias mercadorias. Esse exemplo foi seguido por muitas outras nações.

Guerras comerciais, em especial por meio de tributos de importação, tornaram-se a ordem do dia. Foi somente no final do século XVIII que restou claro ser o livre comércio a melhor dentre todas as formas para o alcance da prosperidade. Apesar da gradual redução das tarifas protecionistas de importação nos séculos XIX e XX, a conflagração mercantil perdurou até 1955, quando Alemanha, França, Itália, Bélgica, Holanda e Luxemburgo se uniram na denominada Comunidade Econômica Europeia (CEE). A então recém-formada CEE tinha como finalidades a abolição dos impostos de importação nas fronteiras nacionais e a adoção de uma tarifa externa comum. A operação foi completada com sucesso após alguns anos e, como resultado, as receitas dos tributos de importação se tornaram uma das fontes de renda da comunidade.

Essa forma de cooperação também teve lugar entre Estados-membros da atual União Europeia (UE), objetivando promover o livre trânsito de bens e serviços entre países afiliados como forma de se chegar a um mercado comum. Ao longo dos anos, sua expansão material e geográfica, com outros países se juntando à UE, permitiu a atuação coletiva dos Estados-membros e até mesmo o intercâmbio de funções entre eles. Para além da unificação dos tributos de importação, a harmonização dos impostos sobre o consumo tem exercido relevante função na ampliação da União Europeia.

UM TRIO: REGALIAS, IMPOSTOS ESPECIAIS SOBRE O CONSUMO E IMPOSTOS SOBRE O FATURAMENTO

Os governantes da Idade Média (que podiam ser eclesiásticos, príncipes ou lordes de menor *status*, como duques e condes) padeciam constantemente da falta de dinheiro, já que sua principal fonte de renda – o domínio – gerava poucos frutos em comparação com suas crescentes despesas. Foi apenas por meio da cunhagem de moedas de ouro e prata e, portanto, pela redução do seu valor – leia-se: inflação – que os soberanos conseguiram recuperar essas despesas dos seus súditos. No entanto, uma nova oportunidade de angariar receitas surgiu com o desenvolvimento das cidades. O governo podia estimular o seu progresso por meio da concessão de determinados direitos – o que sempre ocorria em troca de compensações financeiras. Isso se dava, por exemplo, quando se outorgava à cidade um estatuto e os privilégios a ele conectados, como o direito de construir um muro ao seu redor, fosso e portões de entrada, assim como direitos de comércio, cobrança de pedágio, cunhagem de moedas, compra de mercadorias em trânsito pelo local e o poder de julgar os seus próprios residentes. Ao longo do tempo, tornou-se praxe a atribuição desses variados direitos em troca de pagamento.

Essa concessão era eventualmente feita em troca do pagamento de valor único e, em outros casos, de contribuição anual. A cidade, a seu turno, tentava obter a soma necessária para pagar suas próprias despesas – e, às vezes, até um pouco mais – por meio da instituição de tributos sobre

> **Impostos especiais sobre o consumo de cerveja nos Países Baixos (Holanda e Bélgica)**
>
> Às vezes, os impostos especiais sobre o consumo derivavam de regalias. Um exemplo é o surgimento do direito sobre o samouco-de-brabante nos Países Baixos. Com base na prerrogativa que detinha sobre as terras selvagens, um conde local reclamou a propriedade de extensas áreas de dunas, pântanos, lagos e outros territórios virgens. Esses solos ácidos e pantanosos não eram utilizados por ninguém. Todavia, neles crescia samouco-de-brabante, planta essencial para a mistura de ervas utilizadas no processo de fermentação da cerveja. O conde, intitulando-se proprietário da área, proibiu a coleta de samouco-de-brabante pelos residentes locais e, ato contínuo, ordenou aos cervejeiros que comprassem o produto apenas de seu armazém, mediante o pagamento de somas elevadas. Mesmo quando, anos depois, o samouco-de-brabante foi substituído pelo lúpulo, o tributo sobre aquele continuou sendo devido, tornando-se, com isso, um imposto especial de consumo incidente sobre a cerveja.

seus residentes. Da renda que a cidade auferia dessa forma, o governante sempre pedia uma parte e, como a tributação somente era legítima com a sua permissão, ele conseguia recebê-la.

Ao renunciar a certos direitos em troca do pagamento de quantia única, o príncipe abdicava parcialmente de seus poderes soberanos, mas isso não era objeto de preocupação. Para os cidadãos da Idade Média, não era incomum que direitos públicos fossem objeto de negócios jurídicos privados, como vendas, hipotecas, *leasing* e herança. Os direitos públicos frequentemente passavam a existir como resultado de um assentamento populacional ao qual se atribuía o direito de organizar um mercado com periodicidade. O governante e seus súditos cuidavam da segurança dos visitantes, assegurando a inexistência de roubos e pilhagem, bem como o cumprimento das avenças pelos comerciantes. Por esses serviços, pagava-se tarifa ao mercado, calculada na proporção do valor dos bens vendidos. Com a expansão da comunidade, a interferência do governante ganhava importância, e os pagamentos devidos se tornavam mais relevantes.

Apesar de não estar incluído na lista das regalias da Dieta de Roncaglia, o direito de monopolizar certas atividades foi apropriado pelo príncipe. O milho era mandatoriamente macerado em seus moinhos, o gado era levado ao seu abatedouro, e a cerveja era fermentada somente em seus tonéis, para citar alguns exemplos. Turfa, queijo, manteiga e produtos similares eram pesados nas balanças reais; panos, tecidos de lá e outros têxteis eram medidos com o seu metro. É como se, nos dias de hoje, o governo construísse projetos de infraestrutura – abatedouros, fábricas de cerveja, casas de pesagem e medição – dispendiosos demais para serem financiados pela sociedade local, e obrigasse os residentes a usá-los mediante pagamento. Esses valores eram, por óbvio, repassados nos preços para os compradores dos bens e serviços, que poderiam ser tanto os consumidores finais como os demais agentes da cadeia produtiva (ex.: padeiros e alfaiates).

Se a comunidade continuasse a crescer – podendo, inclusive, ter adquirido para si alguns direitos nesse processo – ela era impelida a controlar a exploração dos direitos pelo soberano, o que se revelava essencial para seu posterior desenvolvimento. Para tanto, a cidade deveria estar preparada para despender vultosas somas financeiras. Era usual fazer-se um pagamento único ao soberano, além de entregar-lhe anualmente parte das receitas decorrentes da exploração dos direitos – a outra parte era apropriada pela cidade. Frequentemente, todavia, a dispensa desse pagamento anual podia ser comprada, caso o príncipe se visse novamente sem recursos financeiros. Nessa linha, a cidade defendia os interesses dos seus cidadãos – apesar de o próprio governo local, ou alguns de seus membros, terem sido indicados pelo soberano ou, ao menos, terem-no sido com o seu consentimento.

Desse modo, a comunidade conseguia obter o direito de uso do moinho, do abatedouro, da cervejaria e da casa onde se faziam as pesagens e medições. E, como também os governos locais frequentemente ficavam sem dinheiro, alguém – certamente da prefeitura – concebeu a ideia de aumentar os valores cobrados pelo uso do moinho e da cervejaria, pelo fornecimento de gado ao abatedouro e pela pesagem e medição dos produtos a estas sujeitos.

Com o decurso do tempo, à medida que as tarifas eram elevadas, tornou-se cada vez mais duvidosa a natureza de prestação de serviços daquilo que era fornecido pelo governo. O comércio passou, então, a ocorrer fora do mercado; mais e mais artesãos se estabeleceram nas cidades, passando a vender seus produtos em lojas próprias. O moinho caiu nas mãos do moleiro, o abatedouro passou a ser explorado pelo grêmio de açougueiros, e, para o

A EUROPA POR VOLTA DO ANO 1000

restante, o descompasso entre o valor pago por algumas insignificantes tarefas governamentais de fiscalização e supervisão e os serviços que eram efetivamente prestados tornou-se cada vez mais evidente. Foi assim que essas retribuições se tornaram efetivos tributos. O nome para o incremento da tributação sobre bens específicos ainda é, na maior parte dos países, o mesmo termo utilizado na Idade Média: impostos especiais de consumo.[35] (Em francês: *accises*. Alemão: *Akzisen*. Holandês: *accijnzen*).

Analisando-se o desenvolvimento dos impostos especiais sobre o consumo, é possível identificar um padrão: com o passar do tempo, os governos aumentavam o preço dos serviços essenciais prestados aos cidadãos, causando o desbalanceamento da relação econômica com o serviço original. O que era, inicialmente, retribuição, diretamente baseada no princípio do benefício, passava a ser tributo.

> **Impostos especiais sobre o consumo em Siena**
>
> Em 1297, na cidade de Siena (Toscana), existiam nada menos que trinta e oito impostos especiais de consumo, incidentes não somente sobre diversas espécies de mercadorias, mas também sobre a prestação de serviços, tais como a locação de fortificações em desuso, de mesas de jogos, das arcadas embaixo e ao longo da prefeitura, sobre o transporte dentro da cidade, etc. Meio século depois, Siena já contava com quarenta e oito impostos especiais de consumo. Dentre esses, estava o imposto do selo, devido sobre contratos de compra e venda, casamentos e testamentos. Os Secretários de Fazenda foram inclusive além, tributando os salários dos moradores de Siena que trabalhavam em outras cidades. Da mesma forma, cobravam-se impostos sobre as remunerações pagas aos estrangeiros que estavam a serviço de Siena ou trabalhando como mercenários. Tem-se, aqui, exemplos seminais do Direito Tributário Internacional.

A partir desse momento, o pagamento dos valores ao governo somente podia ser relacionado – e, mesmo assim, de forma indireta – ao princípio do benefício se houvesse o entendimento de que o setor público (financiado pela tributação) era efetivamente provedor do interesse coletivo.

Na medida em que os impostos especiais sobre o consumo se tornaram comuns na vida urbana – processo que durou de meados do século XII até o século XV – ficou cada vez mais fácil tributar outros produtos como vinho, couro, sal, tintas, peixe, sementes e peles, em adição a impostos especiais já existentes sobre o milho, cerveja, carne, queijo, turfa e roupas de lã. Com isso, esses tributos passaram a ser considerados "tarifas urbanas", devidas sobre bens de consumo. A partir desse momento, a imaginação dos tesoureiros da cidade não encontrava mais fronteiras para a instituição de novos impostos especiais.

....

[35] Nota do tradutor: em inglês, *excise taxes*. Em português, há o vetusto termo *acisas*, em desuso atualmente.

35

Frequentemente, passou também a ocorrer o arrendamento a particulares (mediante pagamento, portanto), do direito de cobrar esses tributos.

Não eram apenas os residentes das áreas urbanas que estavam sujeitos aos impostos especiais sobre o consumo, mas também aqueles que, vivendo em áreas rurais adjacentes, faziam compras na cidade. Como esta última utilizava parte das receitas dos impostos especiais para arcar com o pagamento de tributos instituídos pelos governantes, os cidadãos do campo pagavam duas vezes, pois também suportavam as exações cobradas pelo soberano nas áreas rurais – especialmente o imposto sobre a propriedade imobiliária.

Padre cobrador de impostos em Siena.

Ao instituir os tributos, a cidade também tinha o poder de decidir quem era isento – usualmente, o clero – o que levava muitas vezes a atitudes impróprias, que geravam indignação. Por exemplo, se a cidade desejava reter determinados artesãos, como vidreiros e fabricantes de papel, estes eram beneficiados com a isenção dos impostos especiais.

Mais adiante no século XVI, os impostos especiais se tornaram parte do poder cívico nas cidades. Os Países Baixos consistiam em um aglomerado de dezessete cidades-Estados independentes, ducados, condados, bispados, sobre os quais o Rei espanhol Filipe II[36] exercia soberania. Nos idos de 1570, o Duque de Alba,[37] governador nomeado pelo rei, tentou cobrar tributos diretamente dos habitantes da região, passando por cima das autoridades regionais. Protestos veementes se seguiram, em particular contra o que foi chamado de dízimo, tributo sobre a venda de bens móveis que hoje corresponderia a um imposto geral sobre o consumo. O dízimo tinha o

---

[36] Reinou de 1555 a 1598.
[37] Fernando Álvarez de Toledo y Pimentel, Duque de Alba, 1507-1582.

A EUROPA POR VOLTA DO ANO 1000

objetivo de substituir diversos impostos especiais urbanos, prestando-se a custear as despesas das províncias, especialmente as relativas à sua defesa.

Como essa proposta de tributação conferiu forte impulso à insatisfação contra o regime espanhol, o Duque de Alba optou por não implementá-la. Para financiar a oposição, os rebeldes tornaram provinciais alguns impostos que eram locais. Como aconteceria com maior frequência, eles também estavam se movendo na direção sinalizada por Alba: a centralização. A importante Província de Holanda, que custeou a maior parte das despesas da República das Sete Províncias Unidas dos Países Baixos enquanto esta existiu, valeu-se intensamente dos impostos especiais, contribuindo para a expansão do seu uso.

Em meados do século XVII, o exemplo holandês foi seguido pelo Eleitorado de Brandemburgo (que, posteriormente, se denominaria Prússia), Kurpfalz,[38] Saxônia, Braunschweich,[39] Áustria e Inglaterra. Nesta última, em 1643, Oliver Cromwell recorreu aos impostos especiais nacionais para custear uma batalha de vida ou morte contra Carlos I, com o consentimento do "Parlamento Duradouro".[40]

Durante o século XVII, advogados e cientistas políticos interessaram-se pela concepção de um sistema tributário ideal. Dentre os defensores dos impostos especiais estavam holandeses (os irmãos Pieter[41] e Jan[42] de la Court), ingleses (William Petty[43] e Thomas Hobbes)[44] e alemães (dentre vários, Christian Tetzel). O título do livro escrito por este último, em 1685, fala por si: *Entdeckte Goldgrube in der Akzise* (*Encontrada mina de ouro nos impostos especiais sobre o consumo*). Muitos autores foram além e pugnaram pela substituição de todos os tributos diretos por um único imposto especial, de cunho geral – meta que, todavia, era muito ousada.

....

[38] Nota do tradutor: conhecida como Eleitorado do Palatinado, trata-se de um território do antigo Sacro Império Romano-Germânico.

[39] Nota do tradutor: Brunsvique, em português, é uma cidade localizada na região Centro-Norte da atual Alemanha, às margens do Rio Oker.

[40] O Parlamento Duradouro foi eleito em 1640 e esteve em sessão até 1660.

[41] Pieter de la Court, 1618-1685.

[42] Jan de la Court, 1620-1660.

[43] William Petty, 1623-1687.

[44] Thomas Hobbes, 1588-1679.

Há um número de razões pelas quais, em alguns países da Europa, os impostos especiais expandiram-se substancialmente nos séculos XVII e XVIII. A explicação mais óbvia é a de que as guerras estavam sendo travadas com maior frequência, em escala cada vez maior e com exércitos cujos custos eram crescentes – transformando escaramuças locais em grandes confrontos continentais. Ademais, as atribuições do Estado haviam se expandido no contexto de uma sociedade em desenvolvimento. As fontes de tributação existentes eram completamente insuficientes para financiar os exércitos e demais assuntos sob responsabilidade estatal.

As vantagens dos impostos especiais consistiam na facilidade em arrecadá-los e na sua invisibilidade para o contribuinte. Eles eram embutidos nos preços e, uma vez introduzidos, tornavam-se fonte permanente de renda para o Estado. Tudo isso em contraste com os tributos diretos que, de tempos em tempos, precisavam ter sua permissão de cobrança renovada pelos estamentos da sociedade, ao menos em países nos quais esses corpos de representação ainda funcionavam. Por essa razão particular, os impostos especiais eram atraentes para os príncipes que lutavam pelo poder absoluto, porém vistos com suspeição pelos estamentos, que não gostavam de ser privados do seu poder de tributar.

Nos países onde o primeiro e o segundo estamentos – clero e nobreza – não contribuíam para a tributação direta, como a França, os impostos especiais continham um elemento de justiça, já que, como consumidores, clérigos e nobres não conseguiam evitá-los; o mesmo raciocínio valia para grandes comerciantes, que dificilmente seriam alcançados por um tributo sobre o patrimônio. Uma vantagem adicional dos impostos especiais, apesar de imperfeita, era a de que a tributação dos gastos consistia em uma forma rudimentar de imposto de renda. Alíquotas elevadas sobre bens de luxo deveriam compelir os cidadãos à frugalidade. Isso explica porque, na seleção de novos impostos especiais, os bens escolhidos eram de ostentação ou esbanjamento.[45] Isso tinha considerável importância em uma sociedade não familiarizada com conceitos complexos como receita, renda e faturamento.

....

[45] Nota do tradutor: interessante observar a semelhança dessa prática com a preconizada pelo princípio da seletividade, previsto expressamente no ordenamento jurídico brasileiro para o ICMS e o IPI, de acordo com o qual os produtos e serviços devem ser tributados na razão inversamente proporcional de sua essencialidade.

Outrossim, mesmo depois que esses termos se tornaram de conhecimento geral, sua implementação na seara tributária continuou sendo de difícil consecução.

A evolução dos impostos especiais de consumo, que recaíam sobre bens específicos, para um tributo geral sobre vendas (incidente, portanto, sobre o faturamento) foi difícil. Primeiramente, passou-se a tributar a venda de mercadorias de forma genérica, sem especificá-las uma a uma; somente após é que se chegou ao conceito abstrato de "faturamento". Tardou muito até que esses vocábulos se tornassem de amplo conhecimento. Tributos sobre o faturamento começaram a florescer – se é que se pode usar essa expressão para a tributação – somente no século XX.

Aviso no portão da cidade

Ao mesmo tempo, há exemplos de exações antigas que se assemelham às incidentes sobre o faturamento. A alcavala, instituída em Castela a partir de 1342 sobre a venda de bens móveis, é o melhor exemplo conhecido. Ela gravava não apenas alimentos e artigos de luxo, mas bens de consumo em geral. Isso vale também para o dízimo, acima mencionado, que era inspirado na alcavala.[46] Na França, de 1596 a 1601, houve um tributo popularmente

---

[46] Nota do tradutor: sobre a Alcavala (ou Alcabala), já escrevemos: "A não-cumulatividade tributária passou a ganhar contornos de instituto autônomo com o advento dos impostos sobre valor acrescido, os IVAs, a partir da segunda metade do século XX. Até então, os tributos que gravavam o comércio e a prestação de serviços assemelhavam-se à Alcabala, exigida pela Espanha medieval em suas colônias, que incidia sobre todas as transações mercantis com alíquotas que chegavam a 14% (quatorze por cento), sem qualquer possibilidade de dedução do tributo pago nas operações anteriores. Tal sistemática elevava os custos dos produtos, que se tornavam mais caros – pela incidência reiterada do imposto – a cada etapa de circulação. Isso fazia com que as mercadorias não circulassem livremente, haja vista que tal implicaria em perda de competitividade, dado o maior valor a recolher ao erário quanto mais estádios houvesse entre a produção e a venda ao consumidor final. Essa forma de tributação, intitulada em cascata (à cascade, para os franceses), era a utilizada pela maior parte dos países antes do advento do IVA – com todas as vicissitudes

conhecido como *pancartes*. Ele incidia à alíquota de 5% sobre o valor de todos os bens que ingressavam na cidade. As mercadorias passíveis de tributação eram numerosas e, portanto, listadas em cartazes (*pancartes*) afixados nos portões de entrada.

O tributo geral sobre despesas (concebido por Colbert, Ministro das Finanças da França) também pode ser considerado um exemplo seminal de imposto sobre o faturamento. Contudo, ele falhou, da mesma forma que foi infrutífero o plano austríaco do início do século XVIII para um *Universal-Akzise*.[47] Na Inglaterra, em 1733, o Primeiro-Ministro britânico Robert Walpole desejava introduzir um imposto especial geral, mas desistiu da ideia em apenas um mês, devido à forte oposição. O momento para tal medida ainda não havia chegado. Apenas no século XX, o tributo sobre o faturamento surgiria como exação geral sobre o consumo.

CONTROVÉRSIAS ENTRE O REI E O PARLAMENTO SOBRE A TRIBUTAÇÃO NA INGLATERRA (*do início do século XIII até meados do século XVII*)

Henrique II,[48] rei inglês, não estava satisfeito em governar apenas a Inglaterra e boa parte da França. Em 1159, ele pretendia lançar um ataque massivo ao Condado de Toulouse, ao qual acreditava que sua esposa, Leonor da Aquitânia,[49] fazia jus. Nos tempos de Guilherme, o Conquistador, havia sido detalhadamente estipulado quantos cavaleiros um vassalo deveria enviar para adimplir com seus deveres militares perante o exército real. Para os cavaleiros britânicos, o serviço no exterior era geralmente limitado à Normandia e à Bretanha. Convocados em 1159 para lutar em Toulouse, contudo, eles não se mostraram dispostos a viajar para um local remoto do

---

inerentes a essa opção. A problemática da tributação à cascade era tão patente que A. SMITH, já no século XVIII, creditou à Alcabala a culpa pelo declínio econômico do Império Espanhol. De fato, a tributação multifásica cumulativa desencoraja a livre organização dos agentes do mercado (que, para evitar várias incidências sobre o mesmo produto, tendem a se verticalizar) e incita a sonegação, devido ao seu ônus excessivo" (MOREIRA, André Mendes. *A não-cumulatividade dos tributos*. 3. ed. São Paulo: Noeses, 2018. p. 68).

[47] Nota do tradutor: imposto especial sobre o consumo universal.

[48] Reinou de 1154 a 1189.

[49] Leonor de Aquitânia, 1122-1204, foi casada com o Rei francês Luís VII, 1137-1180, de quem ela se divorciou, casando-se posteriormente (1152-1189) com Henrique II, rei da Inglaterra.

A EUROPA POR VOLTA DO ANO 1000

continente, que, ademais, consideravam uma expansão do território do duque de Aquitânia. Henrique consultou seu chanceler e principal conselheiro, Thomas à Becket.[50] Eles decidiram que era preferível deixar os cavaleiros em casa mediante o pagamento de multa e, com essa receita, recrutar mercenários que, além de terem maior entusiasmo para o combate, não estariam limitados pela restrição feudal de quarenta dias de serviço.

Para cada cavaleiro em casa, uma multa deveria ser paga, desvelando o que era chamado de *scutage* (escudagem). Essa multa era, na verdade, um tributo sobre a propriedade da terra. Funcionava da seguinte forma: em tese, um cavaleiro poderia viver, dependendo da qualidade do solo, em quatro ou cinco *hides*; um *hide* era uma medida quadrada de 120 acres. Os rendimentos dessas áreas, de 480 ou 600 acres, eram determinados por ficção. Essas receitas eram chamadas de "honorá-rios do cavaleiro". E assim se calculava o número de com-batentes que os vassalos do rei deveriam enviar ao exército. Um pagamento era feito para cada soldado não enviado. Na Normandia, o montante era de sessenta xelins e, em outros países, inclusive a Inglaterra, dois marcos. As cidades que precisavam emprestar infanta-ria estavam, da mesma forma, sujeitas à tributação. Assim, o tom estava dado: o serviço militar podia ser substituído pelo pagamento de tributos.

> **O financiamento da terceira cruzada**
>
> A terceira cruzada (1189-1192) foi financiada pela Inglaterra por meio da cobrança de um tributo extra intitulado dízimo de Saladino, nome do líder muçulmano a ser combatido na Terra Santa. Esse tributo incidia à alíquota de 10% sobre as rendas imobiliárias e o valor dos bens móveis. Nesta última categoria, havia isenções para armas, montarias e roupas utilizadas pelos cavaleiros, bem como para cavalos, livros, roupas e outros itens básicos para o serviço religioso. Para fins de arrecadação, convencionou-se que os contribuintes em cada freguesia deveriam fazer uma declaração perante o alto clero ou seus servos – sendo este último provavelmente o caso, na maioria das vezes. Aqueles que cometessem fraudes seriam excomungados. Se, ao final, fosse constatada insuficiência dos valores, uma cobrança adicional seria realizada. Clero e cavaleiros que participavam pessoalmente nas cruzadas eram isentos. Esse tributo também existia de forma similar em outros países.

Ricardo Coração de Leão,[51] que devia seu nome a uma mistura de heroísmo e crueldade, cavalheirismo e ganância, arrogância e alegria, sucedeu seu pai Henrique II como rei em 1189 e, imediatamente após sua coroação, saiu em uma cruzada. O Rei francês Filipe Augusto II,[52] com quem havia

....

[50] Thomas à Becket, 1117-1170, assassinado na Catedral da Cantuária após cair em desgraça com o Rei Henrique II.

[51] Reinou de 1189 a 1199.

[52] Reinou de 1180 a 1223.

entabulado acordo para respeitar mutuamente os respectivos territórios, também partiu para os mesmos fins.

Após a captura do importante Porto de Acre[53] pelos cruzados, Filipe Augusto II retornou à França, onde imediatamente começou a atacar as possessões inglesas, apesar de todos os juramentos solenes que havia feito em sentido contrário. Ricardo, assustado com os recados que lhe chegaram de casa, saiu no encalço de Filipe algum tempo depois, mas seu navio naufragou, e ele tomou a desastrosa decisão de voltar para casa por terra, incógnito e acompanhado apenas por um serviçal. Enquanto atravessava as terras do Duque Leopoldo da Áustria, foi capturado e aprisionado. Essa foi a oportunidade de uma vida para o duque, que pôde não apenas se vingar de Ricardo, que o havia ofendido seriamente no campo de batalha ao rasgar sua bandeira, mas também angariar uma soma considerável de recursos vendendo o rei cativo para o Imperador germânico Henrique VI,[54] aliado de Filipe Augusto II, que também tivera entreveros com Ricardo. Ultimado o negócio, o imperador germânico, agindo em contrariedade ao acordo internacional de que cruzados não deveriam ser perseguidos, pediu um resgate de nada menos do que 100.000 libras esterlinas, quantia extravagante, equivalente ao dobro da renda anual da Coroa inglesa. Inobstante, a totalidade da Inglaterra e da Normandia, liderada pela Rainha-Mãe Leonor, passou imediatamente a coletar essa enorme soma. A tarifa para cada cavaleiro era de vinte xelins. Bispos, abades e nobres deveriam entregar um quarto de suas rendas; as paróquias do clero, um décimo; a igreja, todo o seu ouro, pratarias e joias; as ordens monásticas, tosas equivalentes a um ano de lã. Mesmo assim, tudo isso não chegava a 60% da quantia pedida.

Após o recebimento desse já enorme montante, Henrique VI foi sábio o suficiente para libertar o prisioneiro mediante a promessa de que Ricardo pagaria o restante depois. Isso, obviamente, não aconteceu. Após ser recebido de forma entusiástica e com grande esplendor pelos londrinos, a resposta de Ricardo aos seus leais súditos foi a criação de novos tributos. Esses eram necessários, pois Filipe Augusto II invadira a Normandia, e a Aquitânia estava em rebelião. Para defender a Normandia, Ricardo construiu o Castelo Gaillard – a mais formidável fortaleza de seu tempo, pela qual ele conseguia controlar

---

[53] Nota do tradutor: a cidade de Acre (em hebraico, *Akko*) pertence hoje a Israel e se situa na região da Galileia, ao Norte da Baía de Haifa, na costa do Mar Mediterrâneo.
[54] Reinou de 1190 a 1197.

o vale do Rio Sena. "Eu irei capturá-la", Filipe disse, "mesmo que suas paredes sejam feitas de aço". "Eu consigo mantê-la", respondeu Ricardo, "ainda que suas paredes fossem feitas de manteiga", em um verdadeiro caso de guerra psicológica *avant la lettre*. Ricardo, morto em batalha aos 6 de abril de 1199, ficou na Inglaterra apenas quatro meses do total de dez anos do seu reinado.

Ricardo foi sucedido por seu irmão mais novo, João Sem-Terra,[55] homem desagradável, que pilhava tanto as igrejas como seus súditos e cujas deslealdade e capacidade de quebrar promessas superavam as dos demais soberanos que lhe eram contemporâneos. Durante seu reinado, ele cobrou um total de onze escudagens, apesar de, na maioria desses casos, inexistirem empreitadas bélicas de tal porte a justificar as exigências. A exação enfrentou forte resistência, especialmente em 1204, haja vista não haver absolutamente nenhuma campanha de guerra naquele ano. Em 1207, João Sem-Terra foi compelido a impor pesados gravames sobre propriedades pessoais e rendas oriundas tanto de bens móveis como de imóveis, com vistas a financiar o combate contra Filipe Augusto II. O conflito anglo-gálico tornou-se rapidamente uma guerra em escala europeia. Ambas as partes possuíam conexões com os que litigavam pela Coroa imperial na Alemanha. O clímax foi atingido em 1214, quando, em duas batalhas, primeiramente João Sem-Terra e, posteriormente, seu aliado alemão foram duramente derrotados; o rei inglês perdeu todas as possessões francesas, à exceção da Aquitânia.

Para os vassalos, esse foi o limite. Eles solicitaram ao Rei João que confirmasse a velha carta que seu predecessor, Henrique I, havia firmado em 1100 perante os súditos, na qual prometia solenemente respeitar os direitos e costumes do povo. O rei foi pouco sábio em apressadamente negar esse pedido. Ele tentou ganhar tempo subornando e esmagando oponentes, bem como semeando a discórdia entre a oposição. Como consequência, os adversários do rei ganharam força e determinação, tendo suas exigências se tornado maiores e mais frequentes. Quando a cidade de Londres se juntou aos grupos de barões rebeldes, o rei ficou sem alternativa. Aos 15 de junho de 1215, ele foi obrigado a assinar a *Magna Charta Libertatum*, na Ilha de Runnymede, no Tâmisa – antigo local de encontro da Saxônia –, com a espada em mãos e os inimigos em ambas as margens do rio; esse texto, conhecido mundialmente como Magna Carta, foi escrito com sessenta e três artigos.

....

[55] Reinou de 1199 a 1216.

Em relação aos tributos, o art. 12 da Carta foi o mais importante. Efetivamente, o rei não poderia mais cobrar escudagem e auxílios além daqueles aprovados pelo Conselho Geral, que, posteriormente, se tornaria o Parlamento. A aprovação era dispensável se um resgate precisasse ser pago, caso o rei caísse nas mãos do inimigo, assim como para arrecadar a quantia necessária para tornar cavaleiro seu primogênito ou custear o casamento de sua filha mais velha, mas, em ambos os casos, a cobrança não poderia exceder o razoável.

A Magna Carta não era única, já que, em outros países (Leão, 1188; Hungria, 1222; Sacro Império Romano-Germânico, 1220 e 1231; Aragão, 1282), documentos similares também foram editados. Sua peculiaridade residia no fato de que ela se dirigia a todos os homens do reino, enquanto as demais cartas eram usualmente restritas à nobreza e ao clero. Outra inovação foi a extensão à escudagem da exigência de consentimento para sua cobrança. Esse foi um grande avanço, pois a partir de então o rei não conseguiria mais – por iniciativa própria – iniciar uma guerra e, em razão dela, forçar seus vassalos e cavaleiros a lutar ou, alternativamente, pagar a escudagem.

As consequências diretas dessa declaração de direitos – quase que imediatamente renegada pelo rei, pois firmada de modo involuntário – não foram tão amplas quanto se propaga. O ponto para os rebeldes era a confirmação explícita, pelo monarca, de que antigos direitos estavam sendo inobservados, fato que libertaria os súditos da obrigação de lealdade para com o soberano. Este último ponto enfureceu tanto João Sem-Terra que ele, conforme relata crônica daqueles tempos, "se jogou ao chão e bateu na madeira". O significado da Carta Magna é encontrado principalmente nas consequências que as gerações futuras lhe atribuíram. O documento original foi escrito em francês normando. Posteriormente, a chancelaria elaborou uma versão selada em latim, sendo que a tradução para o inglês viria a ser realizada apenas no século XVI. Durante muito tempo, o documento não gerou nenhum apelo para o imaginário popular. Até o século quinze, todo rei deveria prometer observar a Magna Carta, mas, sob os Tudors (1487-1603), a Carta caiu em esquecimento, somente sendo empregada novamente com Jaime I.[56]

....

[56] Nota do tradutor: Jaime I foi o mais longevo rei da Escócia (de 1567 a 1625) e rei da Inglaterra de 1603 até sua morte, em 1625.

A EUROPA POR VOLTA DO ANO 1000

O contato entre os Tudors e seus súditos teve menos arestas que o dos reis da casa de Stuart, que os sucederam. As relações com o Parlamento já eram ruins sob Jaime I (tanto que a Carta Magna precisou ser desenterrada), mas com o reinado de seu filho, Carlos I, o conflito, que era principalmente em torno da instituição de tributos, explodiu por completo. Em troca da aprovação dos impostos pelo Parlamento, em 1628, o Rei Carlos foi obrigado a aceitar a *Petition of Rights*,[57] na qual o poder das duas partes foi detalhadamente demarcado. Uma das regras estipulava que ninguém seria obrigado a pagar tributo que não fosse previamente autorizado pelo Parlamento. Carlos desviou desse caminho e tentou levantar dinheiro para o Tesouro à revelia do Parlamento, de modo que pudesse adotar livremente as políticas que desejasse, o que, na prática, significava poder ir à guerra, caso quisesse.

O melhor exemplo conhecido dessas tentativas de Carlos e, ao mesmo tempo, do início do seu fim, que foi a guilhotina, é o caso dos recursos angariados para a construção de navios. Em 1634, Carlos conspirou junto ao seu tesoureiro para arrecadar o que desejava. Antigamente, os súditos eram obrigados a defender o país em tempos de guerra. Dentro dessa lógica, as cidades portuárias precisavam constituir uma frota naval e colocá-la à disposição do governo, sendo que o papel de cada uma delas na construção dos navios era detalhadamente definido. No início do século XVII, contudo, ao contrário do que ocorria até então, restou decidido que, em vez de fornecer navios e mantê-los por seis meses, as cidades poderiam pagar a contribuição em dinheiro. Mas isso não seria o mesmo que pagar tributos? Na primeira vez, o rei conseguiu ir adiante com o projeto. Algumas poucas pessoas protestaram, mas foram silenciadas.

No ano seguinte, os recursos para construção de navios foram novamente requisitados, inclusive dos distritos internos que nada tinham a ver com o mar – ou com navios – mas que, mesmo assim, foram obrigados a pagar pelo dever de prover a frota naval. A partir desse momento, tornou-se claro que se estava diante de mais um tributo ordinário. Ademais, o país estava em paz. Inexistindo razão militar para aumentar a frota, a situação do rei não era das melhores. Com mais cautela do que antes, os xerifes locais tiveram que arcar com os valores exigidos dos seus distritos por meio de lançamentos tributários,

....

[57] Nota do tradutor: em português, Petição de Direitos, elaborada em 1628 pelo Parlamento inglês e entregue ao Rei Carlos I como uma declaração de liberdades civis.

que levavam em consideração a riqueza individual, propriedades de terras e de casas. Nesse momento, iniciaram-se os protestos e, cada vez mais, os ingleses passaram a perceber que o movimento brevemente se convolaria em despotismo. Mas essa irresignação não foi além de resmungos e lamentos.

Todavia, em 1636, quando os recursos para construção de navios foram exigidos pela terceira vez, ao menos uma pessoa teve coragem de fazer mais do que apenas protestar – recusando-se a pagar. John Hampden[58] não estava preparado, em fevereiro de 1637, para entregar vinte xelins ao xerife[59] de Buckinghamshire, devidos em razão da terra que possuía na freguesia de Stoke Mandeville. Logo as pessoas ficaram sabendo que um caso-teste estava em curso. O governo entendeu que seria necessária resposta imediata, e a máquina judiciária foi acionada. No dia 5 de março, o caso *Rex versus Hampden*, como foi inserido na lista de processos, foi instaurado com vistas a assegurar a vitória do governo e desestimular outros que também estivessem pensando em não pagar. O caso chegaria perante o Tribunal do Tesouro, um grupo de doze juízes formado a partir de outros colegiados judiciários.

No outono de 1637, o julgamento foi iniciado. A defesa utilizada pelo advogado de Hampden foi, em grande parte, inspirada por seu cliente. Ele arguiu que apenas o Parlamento poderia requisitar mais dinheiro dos cidadãos quando a Coroa precisasse de recursos adicionais – a não ser que houvesse ameaça de perigo imediato, o que não era o caso. O segundo advogado reforçou o ponto: o rei somente poderia decidir se havia iminente risco de guerra juntamente com o Parlamento. Apenas em uma crise aguda, que exigisse ação imediata – o que estava fora de questão no caso –, a situação seria diferente.

O governo argumentou que o rei tinha, sim, o direito de determinar se havia risco iminente de guerra – afinal, a Inglaterra era um país com um monarca absoluto, que possuía jurisdição suprema sobre a terra e o mar. Por essa razão, cada ordem do soberano deveria ser seguida. A defesa da Coroa se assentou em duas linhas de raciocínio incompatíveis. Baseado em precedentes históricos, o rei poderia solicitar navios e homens quando a segurança da nação estivesse ameaçada de forma iminente. Entretanto, qualquer navio requisitado durante essa crise ficaria em posse dos que o haviam tomado de empréstimo

---

[58] John Hampden, 1594-1643.

[59] Nota do tradutor: em inglês, *sheriff* é oficial representante da Coroa nos condados ingleses.

por, no máximo, seis meses, quando seria então devolvido ao seu dono. Desse modo, a demanda era legítima. Mas o rei fez algo completamente diferente ao requisitar navios de regiões que não os possuíam e, não os recebendo, exigir dinheiro, para cuja postulação precisaria de prévio consentimento do Parlamento. Sob o pretexto de pleitear um serviço, o rei cobrou um tributo.

No curso do ano subsequente, os doze magistrados divulgaram o veredito, começando pelo mais novo. Após cinco juízes terem decidido em favor da Coroa, e um, em vão, ter tentado se abster de decidir assim, Sir George Crooke julgou em favor de Hampden – explicitamente dizendo que o fazia conforme sua consciência. Nesse momento, independentemente da decisão da maioria, passou a existir um juiz que ousara falar publicamente em favor do contribuinte. Após Sir George, outros quatro juízes tiveram a mesma coragem, de modo que a Coroa ganhou, mas pela menor margem possível, de sete a cinco.

A verdadeira relevância do caso contra Hampden, que saiu como vitorioso moral, reside nas questões fundamentais que surgiram, como a possibilidade de instituir tributos sem o consentimento do Parlamento; a proteção da propriedade do cidadão contra um Estado cujo rei – como um dos sete juízes que julgara em favor deste mencionou – havia, ao seu alvedrio, requerido dinheiro e bens dos súditos em tempos de necessidade, da forma que melhor lhe conviesse. O caso *Rex versus Hampden* serviu como laboratório de testes para um posterior conflito que se avizinhava entre o monarca e o Parlamento, apesar de sua principal causa ter sido a religião.

Após a decapitação de Carlos I, o interlúdio Cromwell e a Revolução Gloriosa – durante a qual o governador holandês Guilherme III[60] havia afastado seu sogro Jaime II[61] e se tornado rei –, imediatamente seguida pela Declaração de Direitos de 1689,[62] a democracia parlamentar inglesa encontrou águas menos turbulentas. Uma das questões tratadas pela Declaração de Direitos era a tributação, nos seguintes termos: "É ilegal utilizar prerrogativas

....

[60] Governador da República Unida dos Países Baixos, 1672-1702, rei da Inglaterra e da Escócia, 1689-1702.

[61] Reinou de 1685 a 1688.

[62] Nota do tradutor: em inglês, *Bill of Rights of 1689*, elaborada pelo Parlamento britânico determinando direitos civis básicos, como exemplo, a liberdade, a vida e a propriedade privada, e consolidando o poder do Parlamento na Inglaterra.

para exigir dinheiro para uso da Coroa sem autorização do Parlamento, por mais tempo ou de outra forma além daquela efetivamente autorizada". Esse entendimento deu o tom para o brocardo "sem representação não há tributação", que, particularmente no século XVIII, seria decisivo para as relações anglo-americanas.

A TRIBUTAÇÃO COMO FORÇA CENTRÍFUGA NA ALEMANHA (*do início do século XIII à metade do século XVII*)

A Carta Magna foi fonte de inspiração para acordos posteriores entre reis e súditos. Por exemplo, o *Joyeuse Entrée*, de 1356, para o duque de Brabant, o *Landbrief*, de 1375, para a diocese de Utrecht, a *Ordinance*, de 1448, para o duque de Gelre, o *Erblandesvereinigung*, de 1463, para o arcebispo de Colônia e o duque de Westfália, apenas para mencionar algumas regiões que, apesar de no papel fazerem parte do Império Germânico, haviam conseguido se tornar – não formal, mas materialmente – Estados soberanos independentes. A essência dos acordos sempre indicou que a autoridade do soberano para instituir tributos dependia do consentimento daqueles que representavam o povo, e que os súditos poderiam cessar sua obediência caso o príncipe não cumprisse o combinado.

O continente conheceu três casos feudais nos quais os súditos eram obrigados a sustentar financeiramente o governante: pagando por sua liberdade quando estivesse aprisionado, tornando cavaleiro seu filho mais velho e casando sua filha mais velha. Um quarto caso foi adicionado sob a influência do sistema de direito romano, baseado no território: uma emergência enfrentada pelo país justificava o recurso ao apoio financeiro sem prévio consentimento.

No Império Germânico, inicialmente, o imperador era o único soberano. Após algum tempo, os lordes conseguiram subir de *status*, tornando-se príncipes, ainda que não *de jure* mas, em todo caso, *de facto*. Alguns eram investidos pelo imperador com parte das regalias e, portanto, possuíam poder administrativo sobre certos territórios. Outros eram proprietários de grandes extensões de terras em certas regiões ou, mais efetivamente, tinham pulsos fortes, estavam distantes do poder declinante do imperador e, consequentemente, imaginavam que conseguiriam subjugar os outros lordes da região. Com o tempo, eles tiveram sucesso e conseguiram se apropriar das regalias, valendo-se de todos os meios, questionáveis ou não. Pouco a pouco, assim, eles se apresentaram como os efetivos governantes.

A tributação sempre ocupou papel significativo nessas mudanças. Há dois temas que pretendemos debater de forma detalhada. O primeiro se refere à questão dos encarregados de coletar os tributos e pagar as despesas. É claro que essa pessoa ou órgão era o efetivo governante. Exemplificativamente, demonstrarei como, durante o curso do século XIII, o arcebispo de Colônia perdeu seu poder fiscal para a cidade – permitindo a esta livrar-se do seu jugo.

O outro tema é a questão de quem tinha voz na tributação e para onde esse envolvimento levaria. Demonstrando isso na prática, exporei como, alguns séculos depois, o arcebispo de Colônia foi forçado pelo *Erblandesvereinigung*, de 1463, a ouvir os estamentos na instituição dos tributos.

A destruição dos barris de vinho por um fiscal da cidade.

A cidade de Colônia, já fundada pelos romanos, era bem localizada no Reno e se aproveitava da prosperidade da Europa Ocidental após o ano 1000. Colônia se tornou importante centro comercial – não sem significado para o arcebispo, titular do direito de cobrar pedágio nas margens do Reno, onde passava a maior parte do tráfego comercial. Os coletores de pedágio, apesar de serem importantes cidadãos de Colônia, continuavam sendo servos do arcebispo.

O século XIII foi caracterizado pelos conflitos entre a cidade, de um lado, lutando por independência, e o arcebispo, de outro, que queria evitar isso. O arcebispo estava evoluindo de vassalo do imperador germânico para praticamente um príncipe soberano. A cidade e seus habitantes não estavam interessados nessa ambição. Eles queriam se livrar do arcebispo e de sua política territorial míope. Sua pretensão era intensificar o comércio, direcionando-se, em particular, para a Inglaterra e a Holanda, onde seriam exibidos os produtos das várias e operosas corporações de ofício. Além dos pedágios mantidos pelo arcebispo no Reno, que eram altamente incômodos como se pode imaginar, havia também vários outros motivos para a discórdia – financeiros, em sua maior parte. A cidade desejava se ver livre da administração do arcebispo e tentou alcançar essa independência e liberdade por meio da instituição de tributos próprios, cujos recursos eram empregados na construção de fortalezas e manutenção de seu próprio exército. O conflito residia na dúvida se a cidade poderia tributar seus próprios residentes e, caso positivo, se todas as receitas ou apenas parte delas iriam para o arcebispo; e, portanto, se a arrecadação poderia ser utilizada pelas autoridades da cidade para defendê-la, beneficiando os que nela moravam.[63]

> **Arbitragem entre a cidade de Colônia e o arcebispo**
>
> Em 1258, disputas entre a cidade de Colônia e o arcebispo foram solucionadas pelo uso da arbitragem por cinco clérigos – dentre eles, o posteriormente conhecido Doutor da Igreja, Albertus Magnus.[62] Uma das menores questões debatidas foi o imposto especial sobre o consumo de vinho do clero. Como o arcebispo havia renunciado a esse imposto, ele era cobrado pela cidade, que se apropriava integralmente de sua arrecadação. Não havia dúvidas quanto à legitimidade da isenção de impostos do clero, mas existiam situações nas quais alguns conventos tinham se tornado verdadeiras adegarias, o que excedia quaisquer limites. A quebra das garrafas de vinho pelos controladores da cidade era um método drástico, segundo os árbitros, já que não se podia violar a imunidade dos religiosos; entretanto, no julgamento, os conventos foram proibidos de explorar o comércio de vinhos.

Gradualmente, a cidade conseguiu construir um campo tributável próprio, cujos pilares eram, além do imposto sobre a propriedade imóvel, os impostos especiais sobre cerveja, vinho, pão e carne. Um exemplo de como isso ocorreu advém do tributo sobre o rebanho levado para o abatedouro. Inicialmente, o direito de tributar o fornecimento de gado era uma das regalias do arcebispo. Entretanto, quando ele se viu novamente em necessidades financeiras, arrendou esse direito para a cidade, perdendo-o posteriormente, em definitivo, por não ter conseguido pagar suas dívidas. A mesma história vale para outros impostos especiais. O conflito acerca da titularidade do tributo sobre a cerveja durou décadas até que, finalmente, foi outorgado à cidade, em 1265.

Antes disso, a contenda entre a cidade e o arcebispo crescera até o ponto em que os dois lados se viram cara a cara, cada qual com seu respectivo

....

[63] Albertus Magnus, 1206-1280, supostamente o alemão mais culto da Idade Média.

A EUROPA POR VOLTA DO ANO 1000

exército – situação que nunca havia ocorrido anteriormente. As facções opostas recobraram a razão a tempo e decidiram apresentar suas divergências para homens influentes do clero, que agiriam como árbitros. Em 1252 – e também depois, já que os conflitos continuaram e se deterioraram em atos de guerra, como em 1258 – a essência dos julgamentos predicava que o arcebispo deveria ser reconhecido como o mais alto magistrado na cidade, tanto em temas religiosos como laicos, mas que a autonomia dos cidadãos, expressa por meio do autogoverno, também deveria ser reconhecida e confirmada. Em 1274, o Rei Rodolfo de Habsburgo confirmou que a cidade estava autorizada a instituir tributos e a utilizar as receitas em seu benefício sem o consentimento do imperador ou do arcebispo.

Um último embate – no qual a independência total estaria em jogo – era iminente, quando, em 1288, o Arcebispo Sigurdo de Westerburg[64] declarou guerra ao Duque Jan I van Brabant.[65] Nesse conflito, os cidadãos de Colônia se alinharam com o duque porque tinham contatos comerciais importantes com as suas cidades, além do fato de que a rota para a Inglaterra passava pelo seu território. Um grupo de cidadãos de Colônia acompanhou Jan e seus aliados, lutando a batalha de Worringen e derrotando completamente o lado de Sigurdo. O sonho do arcebispo de um vasto Estado sob seu governo entre Meuse e Weser desapareceu no ar. Sigurdo foi feito prisioneiro e assim mantido por mais de ano. Após a batalha, os cidadãos de Colônia demoliram os castelos do arcebispo e usaram os tijolos para os muros da própria cidade. A cidade se tornou virtualmente independente do arcebispo, sequer cogitando pedir-lhe confirmação por escrito – em clara indicação da alternância do poder. Todavia, foi somente em 1475 que Colônia recebeu a ratificação oficial de sua libertação, tendo o Imperador Frederico III[66] a elevado ao *status* de cidade imperial livre. A independência fora conquistada pela cidade com a ajuda da tributação, que lhe permitiu construir um muro ao seu redor e ter a sua própria milícia.

A luta dos bispos de Colônia para obter hegemonia nas terras do Reno persistiu por vários séculos – aproximadamente de 1250 a 1450 –, alcançando o seu pico e, posteriormente, declinando durante o longo governo de Dietrich de Moers. Claramente, a ostentação do estilo de vida de Dietrich e os vários

....

[64] Sigurdo de Westerburg, morto em 1297.
[65] Reinou de 1268 a 1294.
[66] Reinou de 1440 a 1493.

A EUROPA POR VOLTA DO ANO 1000

presentes que ele utilizava para comprar poder e pessoas eram dispendiosos pontos fracos. Seus objetivos políticos, especialmente os de consolidar e expandir o próprio território e controlar seus vizinhos, eram ainda mais caros. Dietrich era motivado por uma vontade insaciável de dominar, juntamente com sua família, a arena política do seu tempo. Ele tentou colocar seus irmãos em sés episcopais da região. No conflito de décadas que se seguiu, os duques de Cleve, Gelre, Julich e Berg, a cidade de Colônia e o arcebispo se exauriram reciprocamente em uma guerra comercial, bem como em saques e destruições. Posteriormente, uma guerra total explodiu entre duas facções claramente definidas. Com vistas a conquistar para seus irmãos as sés de Utreque, Paderborn e Monastério, Dietrich não apenas continuou a guerra, mas também despendeu enormes somas de dinheiro para subornar o papa, o imperador, o conselho eclesiástico e o capítulo.[67] Devido à ruína dos fundos do Tesouro, ao final se tornou impossível para Dietrich juntar-se à batalha com suas próprias tropas, tendo que deixar essa tarefa para seus aliados. Foi quando tudo veio abaixo. Sua idade avançada, a tensão no país, a luta contínua com a cidade de Colônia, a miserável situação financeira e as desavenças entre as quatro classes – o deão e o capítulo, os nobres, os cavaleiros e as cidades – impediam qualquer atuação de sua parte. Quando Dietrich morreu, em 13 de fevereiro de 1463, não havia dinheiro disponível para pagar-lhe um funeral apropriado, e um empréstimo foi obtido com a cidade de Colônia para o enterro. Suas ambições haviam desaparecido no ar, e tudo que restou para seu sucessor foi um pequeno Estado no Reno, que se tornou joguete para os poderes vizinhos.

O comportamento de Dietrich levou a uma mudança permanente em um aspecto que ele não desejaria. Os estamentos, que durante a vida de Dietrich haviam tentado frustrar sua política de altos custos, tornaram-se mais ousados após sua morte. Isso os levou à união, selada em um acordo conhecido como *Erblandesvereinigung*. O escopo do tratado era tolher o poder do arcebispo em matéria de tributação, de modo a evitar a instituição de tributos sem o consentimento dos estamentos.

Para os tributos que fossem efetivamente aprovados, uma administração separada foi introduzida para contabilização de receitas e pagamentos. Com isso, os estamentos passaram a ter voz ativa sobre as despesas e o dinheiro arrecadado. Ademais, o *Erblandesvereinigung* regulamentava a atuação

....

[67] O capítulo era formado pelos prebostes da Catedral de Colônia, a igreja do arcebispo. O deão e o capítulo tinham autoridade e posses próprias e supostamente representavam o clero.

52

do arcebispo como governante, por exemplo, nas declarações de guerra e contratações de empréstimos. Caso as regras estatuídas não fossem observadas, o governante perderia a lealdade dos cidadãos. Sobre a eleição de novo arcebispo, foi estabelecido que este e seus sucessores deveriam jurar manter o *Erblandesvereinigung*. O eleito submeteu-se a esse jugo e fez o juramento perante o Duque de Westfalia.

Em outras partes do império germânico, os estamentos também haviam conseguido participar do processo decisório por meio da tributação. Mas, quando houve o declínio dos interesses dos delegados, que usualmente não estavam interessados em controles financeiros, os príncipes conseguiram se envolver na tributação – e, portanto, no processo decisório – o que calhava à sua luta por poder absoluto, à moda dos reis franceses.

OS REIS FRANCESES CONQUISTAM O PODER ABSOLUTO COM O AUXÍLIO DA TRIBUTAÇÃO (*do final do século XIII ao início do século XVII*)

Na Alta Idade Média, as finanças dos reis franceses consistiam, como em quase todo lugar, nas receitas dos domínios, multas e pedágios, bem como nos pagamentos feitos pelos judeus – que precisavam de permissão para viver em terras reais – juntamente com a renda de abadias e dioceses vacantes,[68] além de outras fontes. Os principais gastos com os esforços de guerra eram cobertos pela convocação de vassalos. Estes últimos, pessoalmente ou por seus seguidores, formavam parte do exército real, que também compreendia contingentes da cidade. Filipe, o Justo,[69] foi o rei que tentou quebrar o tradicional padrão feudal, estendendo consideravelmente seu poder financeiro por meios não muito incômodos, como: a cunhagem de moedas, de uma forma que nenhum outro monarca havia ousado fazer; o confisco das riquezas da Ordem dos Cavaleiros Templários, após serem falsamente acusados de heresia; e a lida com as igrejas e os judeus – mais ou menos roubando-os de tempos em tempos.

....

[68] Abadias e dioceses nas quais o abade ou o bispo havia morrido e nenhum sucessor fora ainda apontado. Os reis franceses eram claramente tentados a procrastinar quando um abade ou bispo precisava ser indicado.

[69] Reinou de 1285 a 1314.

A EUROPA POR VOLTA DO ANO 1000

Na tributação, Filipe agiu de forma inovadora. Os auxílios costumeiros por ele requisitados – em 1285, quando subiu ao trono à idade de dezessete e precisava receber a ordenação;[70] em 1308, no casamento de sua filha mais velha, Isabela; e em 1313, quando seu primogênito Luís foi ordenado – ainda eram tradicionalmente feudais, pois os vassalos precisavam contribuir financeiramente com o rei, fazendo-o por meio da ajuda que recebiam dos seus próprios seguidores. As contribuições dos vassalos consistiam no envio de cavaleiros para o exército real ou no pagamento de quantia equivalente em dinheiro (calculada com base no número de soldados requisitados). As cidades também tinham que prover certo contingente de homens e, se necessário, prestar serviços de transporte e alimentação – a quantidade era calculada com base em seu tamanho.

Ao longo do tempo, esse modelo se tornou obsoleto e distorcido, já que, em inúmeros casos, os vassalos do rei podiam contar com muito mais seguidores do que precisavam enviar ao exército. Assim, havendo requisição de auxílio pelo rei, os vassalos atuavam como espécie de coletores de impostos e ganhavam dinheiro, já que pagavam ao rei de acordo com o número requisitado de cavaleiros – embolsando a diferença que recebiam dos seus seguidores. O mesmo ocorria com as cidades, que estavam em constante expansão. Neste caso, porém, o dinheiro extra era utilizado em prol dos seus cidadãos.

Essa situação já era conhecida há algum tempo pela Corte. Logo, não foi nenhuma coincidência a tentativa inédita, empreendida em 1285 pelo recém-ordenado rei, de estender a requisição de auxílio – à qual fazia jus com base nas relações feudais – aos seguidores dos seus vassalos. Como resultado, surgiu a questão de se saber se Filipe teria ou não esse direito. As consequências de agir desse modo seriam duplas. O poder dos vassalos seria reduzido e, como sua contribuição seria feita com a ajuda dos seus respectivos correligionários (que, por primeira vez, teriam que pagar diretamente ao monarca), estes acabariam pagando duas vezes. Filipe foi inteligente o bastante para decretar que o excesso recolhido dos sequazes fosse a eles devolvido – exemplo seminal de norma para evitar a dupla tributação. Essa linha de atuação, adotada por primeira vez em 1285 e apenas para o Sul do país, levou a muitos protestos. Estes aumentaram com as requisições de auxílio de 1308 e 1313, quando

---

[70] Nota do tradutor: concessão do título de cavaleiro.

Filipe não apenas tentou fazer a mesma coisa como também estendeu o procedimento para todo o seu território. Essa a razão pela qual o monarca foi compelido a fazer concessões pontuais em relação ao valor devido por certas cidades e vassalos poderosos.

Uma explicação sobre o motivo de Filipe ter se dirigido diretamente aos seguidores dos seus vassalos é a seguinte: nos dias de Luís, o Santo,[71] os advogados defendiam o ponto de vista de que, se o reino estivesse em perigo efetivo, e os condes, barões e outros nobres fossem chamados à guerra para defender o país, essa obrigação não era pessoal, mas sim das regiões que dominavam. Essa teoria marca a transição do feudalismo para um sistema de soberania territorial ou, em outras palavras, para o pensamento-base do sistema romano, no qual o território é mais importante – forma de pensar que ganhou espaço em detrimento do sistema germânico, que se baseia nas relações pessoais.

Essa inaudita concepção fez com que as obrigações dos vassalos de servir ao exército com seus seguidores e das cidades de prover contingentes de soldados fossem estendidas diretamente a todos os súditos do reino. A inovação fiscal que o jovem Filipe iniciara em 1285, ao cobrar tributos diretamente dos partidários de seus vassalos – e, posteriormente, dos burgueses das cidades –, caía como uma luva nesse novo modelo de organização.

A possibilidade de os vassalos substituírem o envio de cavaleiros à guerra por uma contribuição financeira se amoldava a esse novo sistema. Nesse caso, o valor devido era negociado caso a caso – o mesmo se aplicando às cidades. Durante essas negociações, outros pontos também eram discutidos. Por exemplo, a promessa do rei de não requisitar bens e serviços para o combate sem pagar por eles, bem como de reverter eventual desvalorização da moeda. Posteriormente, a possibilidade de os súditos pagarem para evitar tanto o envio de cavaleiros às batalhas como o próprio suprimento de bens ao monarca foi rigidamente regulada, evoluindo de um favor real para um direito dos vassalos e das cidades. Inicialmente, foram estipulados padrões valorativos para os bens imóveis e, na sequência, para os bens móveis – ou seja, para o patrimônio. Chegou, então, o momento no qual se passou a falar em uma nova forma de auxílio: a tributação.

....

[71] Reinou de 1229 a 1270.

Inicialmente, Filipe somente convocou o exército em algumas regiões, exigindo, das demais, pagamentos em dinheiro. Essa era a situação em 1294. Para quebrar a resistência, Filipe foi obrigado a entregar parte das receitas a alguns lordes poderosos. Anos depois, o sistema foi melhor estruturado. Instituiu-se em todo o país um tributo em favor do exército, correspondente a um quinto do valor da propriedade (com algumas isenções). Sua arrecadação era feita pelos condes e bispos, autorizados a manter consigo um terço das receitas, enquanto lordes de menor relevância (desde que tivessem alto poder jurisdicional) eram autorizados a se apropriar de um quarto da cobrança. Para se ver livres *ad aeternum* do quinto da propriedade, os seguidores dos lordes e os burgueses das cidades podiam fazer um pagamento único, cujo montante era arduamente negociado com os representantes do rei.

Que as cidades eram contribuintes era fato incontroverso. Artesãos e lojistas optavam por pagar para serem dispensados dos compromissos militares. Como não eram de berço nobre, não viam sentido em tomar parte nessas obrigações. O mesmo raciocínio se aplicava aos agricultores. A vantagem para o rei era a de que ele poderia, então, contratar melhores soldados sempre que precisasse. Como resultado, poderia evitar que lhe acontecesse o que sucedera com Luís VIII:[72] no meio de uma campanha bélica, o conde de Champanha retornou para casa com suas tropas, pois já havia transcorrido o prazo de quarenta dias durante o qual era obrigado a servir o monarca de acordo com as leis feudais.

Um tributo similar enfrentou dificuldades para ser efetivado em 1297, mas, devido à resistência geral, o de 1300 foi ainda mais difícil de se cobrar. Em 1302, a fina flor dos cavaleiros franceses foi duramente derrotada na Batalha de Courtrai, contra um grupo de agricultores e artesãos flamengos. Filipe sabia claramente que não poderia incomodar seus súditos uma vez mais, impondo, sem anuência prévia, um tributo para substituir o serviço no exército. Ele então convocou uma reunião, em 1303, integrada pelos seus conselheiros que não haviam sido mortos no ano anterior e complementada com grande número de barões e prelados. O resultado foi novamente a convocação de um exército, para o qual os vassalos deveriam prover um cavaleiro para cada 500 libras francesas de sua "renda", que eram receitas imobiliárias. Se o cavaleiro não se apresentasse, contudo, os vassalos tinham que pagar compensação de 100 libras francesas, ou seja, 20% da sua renda. Para agricultores e cidadãos,

---

[72] Reinou de 1223 a 1226.

A EUROPA POR VOLTA DO ANO 1000

um pagamento de quatro soldados rasos por 100 fumagens[73] era suficiente. Essa requisição de auxílio foi ratificada em nível provincial por grupos locais de habitantes influentes. Filipe instou secretamente seus coletores de impostos, que deveriam negociar com os vassalos e as cidades sobre o pagamento para dispensa da requisição de auxílio, a agir cautelosamente e não mostrar fragilidade na sua posição negocial. Mas, no começo, não foi necessário fazer concessões.

A partir dessas reuniões provinciais, o próximo passo foi a organização de encontros com representantes de todo o país. Demorou algum tempo, entretanto, antes que passasse a existir um corpo homogêneo chamado Estados Gerais, já que os reis franceses quase sempre preferiam discutir questões financeiras com Estados[74] de regiões individuais. Durante um período de quase vinte anos, Filipe conseguiu instituir tributos por meio de consultas aos delegados do clero, da nobreza e das cidades, geralmente exercendo seu direito de convocar o exército e, de tempos em tempos, substituindo essa obrigação por contribuições financeiras. O comentário relevante é que esses tributos não eram regulares, mas apenas exigidos quando necessário. Os sucessores de Filipe também cobravam tributos variados dessa forma. Além do imposto sobre a propriedade, podia haver também a fumagem (tributo sobre o número de lareiras em uso) ou a gabela (tributo sobre o sal).

Os Estados Gerais franceses desenvolveram seu maior poder no período de 1330 a 1430, que coincide largamente com a Guerra dos Cem Anos (1337-1453). Quando, na Batalha de Poitiers (1356), o Rei francês João, o Bom,[75] caiu nas mãos do inimigo inglês, e um vultoso resgate precisou ser pago para libertá-lo, impostos sobre lareiras,[76] sal[77] e bens específicos de consumo (*aides*) foram instituídos. Seu sucessor, Carlos, o Sábio,[78] prometeu aos Estados Gerais, em 1367, que esses tributos seriam abolidos assim que possível.

---

[73] Nota do tradutor: a fumagem era um tributo cobrado com base na quantidade de lareiras (*hearth*, em inglês) existentes em determinada área citadina, sendo essa unidade de medida representativa do número de entidades familiares ali residentes.

[74] Nota do tradutor: no período do Antigo Regime, a sociedade francesa era dividida em três Estados, de maneira que o Primeiro Estado correspondia ao clero, o Segundo Estado, à nobreza, e o Terceiro Estado, aos camponeses e à burguesia.

[75] Reinou de 1350 a 1364.

[76] Nota do tradutor: o imposto sobre lareiras era conhecido como "fumagem".

[77] Nota do tradutor: o antigo imposto francês sobre o sal denominava-se "gabela".

[78] Reinou de 1364 a 1380.

O compromisso foi necessário, pois, nessa época, tanto o resgate havia sido pago como o Rei João havia morrido, mas a tributação continuava da mesma forma. Carlos não suspendeu os tributos, apesar do combinado. Apenas em seu leito de morte, em 1380, pôs fim à fumagem, pois temia que os regentes de seu filho sucessor, que ainda era menor, enfrentassem dificuldades caso não o fizesse. Os regentes também aboliram a gabela, mas logo conseguiram introduzir um novo tributo sobre o sal e, ao mesmo tempo, um imposto direto: a talha. Esta era, em teoria, uma exação sobre as receitas dos negócios e propriedades, mas, na prática, ficou restrita aos imóveis.

É notável o êxito dos reis franceses, durante a Idade Média, em desenvolver sua própria organização financeira. Seus inspetores podiam inclusive intervir na administração das cidades, cuja autonomia praticamente desapareceu nessa época, o que foi mais um passo em direção à centralização. Os administradores em cidades francesas, comparados com os de outras localidades da Europa Ocidental, tinham muito menos influência sobre seus próprios negócios.

Apesar de o rei francês, durante o curso do século XIV, ter obtido maior controle dos bolsos do contribuinte em prol da Coroa, a situação na França, em 1422, quando Carlos VI morreu – filho de Carlos, o Sábio, posteriormente diagnosticado como louco –, ainda indicava um poder de tributar dividido entre Coroa e Parlamento, mais ou menos como no sistema inglês. Mas os fatos seguintes mudaram esse cenário.

Quando Carlos VII[79] se tornou rei, foi reconhecido como tal por pouco mais de metade da França contemporânea. O resto do país, por meio da Batalha de Azincourt (1415), na qual os franceses foram derrotados, tinha caído nas mãos dos ingleses e do hostil duque da Borgonha. Esse ducado havia sido outorgado como feudo pelo bisavô de Carlos, João, o Bom, ao seu filho mais velho, Filipe, o Corajoso. Contudo, após duas gerações, os duques da Borgonha haviam começado a se comportar como governantes independentes. Eles tentaram, em cooperação com o tradicional inimigo inglês, estender seus domínios territoriais e consolidar sua posição de poder em detrimento do território francês original.

Enquanto isso, a terra estava sendo devastada pela guerra, tendo a prosperidade sido reduzida a níveis mínimos. Inobstante, o jovem Rei Carlos obteve consentimento dos Estados Gerais para requisição de auxílio

....

[79] Reinou de 1422 a 1461.

A EUROPA POR VOLTA DO ANO 1000

financeiro. A partir de 1423, ele recebeu anualmente valores de quase um milhão de libras francesas. No entanto, a cobrança dessas somas era autorizada por apenas um ano – e os Estados eram livres para decidir de que forma o dinheiro seria coletado. A renda da desvalorização, que havia enfrentado resistência no passado – e que consistia no pagamento pelos cidadãos de um tributo especial se o soberano prometesse manter o valor da moeda –, era um dos métodos pelos quais Carlos ainda conseguia manter a cabeça fora d'água. Dada a situação financeira desastrosa na qual o reino e suas finanças se encontravam, essa forma de agir (que hoje chamaríamos de inflação) era aceita sem maiores reclamações.

Em 1428, a Inglaterra sitiou Orleans. Graças à atuação de Joana d'Arc, o exército inglês se retirou. O príncipe foi levado a Reims para ser coroado – algo de grande importância psicológica – e os franceses se tornaram vencedores de uma hora para outra. Novamente em estado de euforia, uma requisição de auxílio foi concedida ao monarca em 1428, viabilizada pela reintrodução de impostos especiais sobre o consumo, reiterada por alguns anos consecutivos. Logo após, em 1435, o rei dividiu os Estados Gerais em Províncias do Norte (*Pays de langue d'oil*) e do Sul (*Pays de langue d'oc*).

Em fevereiro do ano seguinte, delegados dos Estados Gerais das Províncias do Norte se encontraram em Poitiers e concederam auxílio ao rei na forma de impostos especiais, que poderiam ser cobrados pelo próprio soberano por até três anos. Essa foi uma novidade com importantes consequências. Ao colocar nas mãos dos reis a forma como o dinheiro para a defesa nacional seria coletado, os delegados reforçaram a posição fiscal dos monarcas de modo considerável. Contribuiu para essa decisão o fato de que soldados desmobilizados estavam pilhando o país, trazendo pânico generalizado. O mesmo ocorreu nos Estados Gerais do Sul, mas lá as províncias de Languedoc e Dauphiné conseguiram evitar a instituição de impostos especiais pelo oferecimento de certas quantias em dinheiro, chamadas de "equivalente". Como consequência, essas províncias mantiveram suas representações no longo prazo.

Apesar de o imposto especial a título de auxílio ter sido autorizado por apenas três anos, nada fora determinado sobre o que aconteceria posteriormente. Assim, em 1439 (é dizer, findo o triênio), os servos reais placidamente instituíram e coletaram a exação – sem qualquer protesto! No mesmo ano, o rei convocou os Estados Gerais do Norte e do Sul em Orleans. Ele arquitetou para que os lordes renunciassem ao direito de cobrar a talha em seus territórios em favor de uma talha nacional, naturalmente instituída pelo rei. Em seguida a essa decisão, os exércitos locais dos lordes seriam abolidos e substituídos por um exército nacional – tornando necessária uma fonte permanente de recursos para seu custeio. Em troca da renúncia ao poder de tributar, os lordes seriam dispensados da obrigação de contribuir com um número fixo de soldados para o exército real. Em verdade, os Estados Gerais não tinham intenção de abrir mão do poder decisório em 1439. Porém, quando os delegados se encontraram novamente em Burges, em julho de 1440, uma revolta explodiu. Ela precisou ser primeiramente oprimida para, então, a reunião ser dispersada sem que a talha fosse mencionada. Mas o rei continuou tributando e nunca mais convocou novamente os Estados Gerais. Até 1451, aqui e ali, em nível local, pedia-se permissão para a cobrança, mas isso nunca aconteceu novamente. Após 1452, a talha se tornou tributo permanente, com receita fixa de 1,2 milhão de *libras francesas* distribuída entre as províncias.

De fato, a autoridade em assuntos tributários passou completamente às mãos do rei, titular do tributo sobre o sal, dos impostos especiais de consumo e da talha – todos tributos permanentes. O sucessor de Carlos era seu filho Luís XI, um maquiavélico *avant la lettre* que, mesmo entre seus contemporâneos, era considerado pouco confiável. Ele convocou os Estados Gerais apenas uma vez, em 1468, em Tours. Sua promessa de discutir a reforma fiscal foi quebrada. Protestos durante o encontro contra esse comportamento foram astutamente mantidos a distância pelos agentes do rei, a quem foi atribuído o poder de agir em situações de urgência sem prévia consulta aos Estados Gerais. Essa autorização foi interpretada como um convite dos Estados Gerais ao monarca para o aumento de tributos sem a necessidade de convocá-los, a qualquer tempo (e não apenas quando houvesse urgente necessidade).

Luís XI utilizou esse poder para aumentar consideravelmente o valor da talha. Quando de sua morte, a receita dessa exação havia sido elevada para 4 milhões de libras francesas, enquanto a gabela e os impostos especiais de consumo arrecadavam, juntos, 650.000 libras francesas. Em 1484, ano seguinte à morte do rei, os Estados Gerais se encontraram novamente e conseguiram reduzir a talha, mas, aos poucos, ela foi sendo novamente aumentada. Apenas Luís XII,[80] pai do povo, conseguiu reduzir os tributos de forma considerável – antes mesmo que Maquiavel alertasse os reis para não

....

[80] Reinou de 1498 a 1509.

cobrar impostos de seus súditos, mas, sim, exigi-los dos povos conquistados. De modo inteligente, Luís XII financiou todas as suas guerras na Itália às expensas das cidades italianas.

No século XVI, período durante o qual o papel dos Estados Gerais ganhou novamente importância, as finanças francesas entraram em espiral descendente. Francisco I,[81] o rei que dizia que a França era um campo que poderia ser ceifado quantas vezes quisesse, encontrou mais formas de gastar o excesso de arrecadação, além das crescentes despesas de guerras. Francisco despendeu largas somas em uma vida luxuosa na Corte, à qual acrescia brilho por meio de monumentos de arquitetura cada vez mais caros e pela primeira coleção em grande estilo de pinturas italianas fora da Itália. Seu filho e sucessor, Henrique II,[82] ultrapassou o próprio pai com seu estilo de vida extravagante, dando presentes de forma pródiga, especialmente para sua amante, Diana de Poitiers. Esses mimos não eram apenas salários e pensões vitalícias, mas também florestas e outros domínios, assim como fontes de renda permanentes, como os pedágios. Ele tampouco desistiu do sonho de conquistar a Itália, onde as guerras estavam se tornando cada vez mais caras devido aos custos das fortalezas e canhões. Em razão disso, viu-se forçado a abandonar sua política de contrair o menor número possível de empréstimos.

Henrique II foi o primeiro rei francês que, tal como os imperadores Habsburgos, precisou pedir dinheiro emprestado para financiar suas guerras e seus sonhos italianos megalomaníacos. Os juros desses mútuos eram escandalosamente altos, o que se justificava dados os riscos de o rei postergar o pagamento por longo tempo ou mesmo ir à falência, o que aconteceu mais de uma vez. Em contraste com os empréstimos já quitados anteriormente, que haviam sido contraídos por períodos curtos, os novos foram contratados por prazos maiores e as receitas tributárias futuras foram ofertadas em garantia.

Ao morrer subitamente em 1559, o rei deixou uma dívida nacional de 43 milhões de libras, que, na época de sua ascensão ao trono, em 1547, era praticamente zero. Em 1560, os Estados Gerais foram convocados pela segunda vez desde 1484, agora em Orleans. O segundo e o terceiro Estados não viram outra forma de reorganizar as finanças, que estavam em péssimas condições, a não ser atacar a propriedade do clero. A Igreja estava preparada

....

[81] Reinou de 1509 a 1547.
[82] Reinou de 1547 a 1559.

para pagar largas somas em prol da redenção da dívida nacional – talvez porque temesse um confisco de seus bens, caso não o fizesse. Como sempre, assim que ingressou nos cofres públicos, o dinheiro foi gasto na guerra – dessa vez entre católicos e huguenotes.[83] Os primeiros confrontos entre os dois grupos religiosos, que eclodiram em março de 1562 e perduraram por décadas, deixariam o país em ainda maior miséria.

As finanças nacionais estavam se deteriorando, principalmente em razão do contínuo estado de conflagração. Em 1576 e 1577, Henrique III[84] convocou os Estados Gerais, em Blois. A dívida nacional havia alcançado a marca de 100 milhões de libras. Para fins de comparação, a renda nacional havia aumentado de 9 para 12 milhões de libras de 1547 a 1576, deixando como legado a inflação. Todas as alternativas para equacionar a questão foram analisadas. Dentre outras, a introdução da capitação de um *sou*[85] para as famílias mais pobres e de 50 libras para os ricos mercadores. Esse tributo deveria arrecadar de 15 a 18 milhões de libras por ano. Em contrapartida, seriam simultaneamente abolidos a gabela, a talha e os direitos alfandegários. Mas os delegados enjeitaram a barganha, pois não acreditavam que tais tributos fossem realmente ser extintos.

Jean Bodin,[86] o delegado de Vermandois em Blois, menciona em sua obra *Les Six Livres de la République*[87] que, além da incredulidade sobre a extinção dos tributos vigentes, as receitas da nova exação também seriam bem menores. Ademais, a rica burguesia teria que pagar muito mais sob esse novo sistema – e isso pode ter contribuído para a recusa, já que eles representavam o terceiro Estado. Seja qual for a razão, os Estados Gerais perderam a última chance de conquistar influência em questões fiscais. Essa oportunidade ocorreu em Blois, em 1588. O rei estava decidido a trocar parte de seu poder fiscal por auxílio financeiro imediato. Mas os Estados Gerais estavam demasiadamente desconfiados, logo essa possível reforma tributária rapidamente deixou de ser uma opção.

....

[83] Protestantes franceses de orientação calvinista.

[84] Reinou de 1547 a 1589.

[85] Nota do tradutor: etimologicamente oriundo do vocábulo romano *solidus*, o *sou* (ou *sol*) era uma moeda francesa de baixo valor.

[86] Jean Bodin, 1530-1596.

[87] Nota do tradutor: em português, *Os seis livros da República*.

A EUROPA POR VOLTA DO ANO 1000

O miserável estado das finanças nacionais levou a uma nova forma de empréstimo. Os credores não mais adiantavam dinheiro ao rei acreditando apenas que a arrecadação tributária futura seria suficiente para pagar o débito; ao revés, a receita fiscal em si passou a ser a garantia. Com isso, o credor obtinha influência sobre a tributação. Esta frequentemente envolvia lucros escandalosamente altos para os particulares que se tornavam titulares do direito de cobrar impostos – e que, com o tempo, passaram a agir por meio do que hoje chamaríamos de sindicatos. Como eram insubstituíveis, podiam "pescar as groselhas do caldo" e embolsar parte cada vez maior das receitas tributárias.

A luta entre os católicos e huguenotes chegou ao fim quando o líder destes últimos, Henrique de Navarra,[88] sucessor do trono após o assassinato de Henrique II, em 1589, converteu-se à religião católica – *Paris vaut bien une messe*. Em março do ano seguinte, Paris abriu seus portões para Navarra, que, após alguns anos, foi reconhecido como o rei legítimo em toda a França. Com Sully, seu competente ministro, ele colocou os assuntos financeiros em ordem. Já passava da hora, pois, em 1600, a dívida nacional montava a 257 milhões de libras.

Henrique não conseguia se livrar dos particulares que coletavam tributos, mas atuava intensamente contra eles – na surdina ou, em alguns casos, de modo frontalmente hostil. Um método ocasionalmente utilizado consistia em ameaçá-los com uma investigação detalhada de seus negócios. Várias ilegalidades seriam detectadas, e eles poderiam sofrer pesadas multas. Diante disso, os agentes fiscais privados negociavam a compra do direito de não sofrer essas investigações ameaçadoras. Isso aconteceu em 1597, 1601, 1604 e 1607, gerando vultosas somas ao Tesouro.

Havia outro problema que o rei precisava resolver. Seus oficiais de tributos nas províncias haviam adquirido considerável independência durante as guerras religiosas e precisavam ser novamente enquadrados. Outrossim, a eles deveria ser dada a oportunidade de se comportar de forma independente das autoridades provinciais. Para ter certeza da sua lealdade, o rei tornou alguns cargos hereditários. Esse sistema foi intitulado *paulette*, depois que um assessor

---

[88] Reinou de 1589 a 1610.

financeiro, Charles Paulet, sugeriu em 1602 um plano para a instituição de tributos sobre alguns cargos que, em tempos difíceis, haviam sido alienados a particulares e, naquele momento, a Coroa não conseguiria pedir de volta (ou teria muitas dificuldades em fazê-lo). A *paulette* tributava o oficial pelo direito de ceder o próprio cargo para alguém de sua escolha. O valor devido, pago anualmente, era de um sexto da renda propiciada pela sinecura. A posição podia ser transmitida a herdeiros ou a qualquer outra pessoa, sendo que, neste último caso, um oitavo do valor do cargo deveria ser adicionalmente recolhido. De fato, a *paulette* era uma redução de salário e gerava, portanto, o risco para o governo de não saber se esses oficiais eram os seus funcionários mais competentes e leais. Esse sistema saiu do controle no século XVIII. Cargos completamente desnecessários foram criados. Isso ocorreu especialmente com os membros da Casa Real, que, como resultado, cresceram em proporções colossais.

A privatização da tributação na França

No século XVII, o sistema de privatização da arrecadação tributária foi expandido na França, até que se tornou parte das finanças nacionais. Um terço das rendas estatais advinha dos agentes fiscais privados, que haviam se organizado em sindicatos e, em algumas regiões, por tipos de tributos. Estes últimos eram cobrados em intervalos regulares, geralmente a cada seis anos, quando se dava o fim ou a renegociação dos contratos com o governo. As exações mais notórias cuja arrecadação foi concedida a particulares eram aquelas relacionadas com o sal e o tabaco, apesar de existirem outras menos importantes, incidentes sobre couro, ferro e sabão. Após a Marinha e o Exército, a profissão de agente fiscal privado respondia pelo maior número de empregos. A maioria dos agentes andava armada e uniformizada. Eles tinham o direito de entrar e revistar cada casa suspeita, bem como confiscar quaisquer mercadorias das quais desconfiassem. A categoria era uma verdadeira organização paramilitar intrincadamente estruturada do ponto de vista econômico-financeiro, praticamente um Estado dentro do Estado. O tratamento humano dispensado pela organização aos seus empregados era proporcional à falta de misericórdia na lida com os contribuintes. O ódio contra os agentes fiscais privados era intenso. Não por acaso, muitos deles terminaram na guilhotina quando da Revolução Francesa.

Outros países também experimentaram a privatização da arrecadação tributária, mas nenhum deles levou a questão ao extremo como na França.

Após o assassinato de Henrique IV por Ravaillac, em 1610, os Estados Gerais se encontraram uma vez mais, em 1614, sem nenhum resultado. A cortina então se fechou sobre esse órgão até 5 de maio de 1789, quando o governo francês, com sérios problemas financeiros, convocou-os novamente, já que não havia outra saída. Essa data pode ser apontada com exatidão como o início da Revolução Francesa.

A EUROPA POR VOLTA DO ANO 1000

A TRANSIÇÃO DO ESTADO PATRIMONIAL PARA O ESTADO FISCAL
EM CASTELA (*do fim do século XII a meados do século XVI*)

Na segunda metade do século XIII e na primeira do século XIV, os exércitos feudais foram gradualmente substituídos por mercenários, que deveriam ser pagos, alimentados e armados pelo soberano. Essa nova realidade teve como um de seus efeitos a migração da principal fonte de receitas do governo: as rendas patrimoniais cederam lugar para as tributárias. Essa mudança se deu, primeiramente, nos locais em que existiam órgãos representativos que podiam autorizar o príncipe a instituir tributos quando o país estivesse em perigo, situação na qual um exército era organizado em defesa da nação. Inicialmente surgido na Inglaterra, o fenômeno alcançou a França e, posteriormente, os principados germânicos.

O Reino de Castela foi um dos pioneiros. A Corte, órgão que evoluiu a partir do Conselho Real, era composta desde 1188 por delegados das cidades e por representantes de elevada estatura do clero e da nobreza. Era costume que o rei seguisse o desejo da Corte em vários casos. Quando, na segunda metade do século XIII, vultosas somas se fizeram necessárias para financiar a luta sem fim contra os mouros (a Reconquista), o Rei Afonso X[89] foi autorizado pelos nobres, em 1269, a arrecadar 6 milhões de maravedis[90] que seriam arcados pelos súditos da nobreza; seis anos depois, os delegados das cidades concederam permissão similar para a cobrança de 2 milhões de maravedis; lado outro, em 1277, a Corte concedeu ao rei um milhão de maravedis para cada ano de seu reinado.

Essas exações funcionavam como tributos de repartição: o rei e seu conselho determinavam quanto seria necessário e, após o consentimento da Corte, a incidência era espraiada por várias regiões. Apesar de inexistirem registros de valores nesses períodos iniciais, sabe-se que a exação da Regente Maria Molina arrecadou 1,5 milhão de maravedis[91] em 1297. Essa forma de tributação direta continuou sendo, ao lado da alcavala, importante fonte de receitas durante a Idade Média.

....

[89] Reinou de 1252 a 1284.
[90] Moeda espanhola.
[91] Moeda espanhola.

65

A EUROPA POR VOLTA DO ANO 1000

Em 1342, o Rei Alfonso XI[92] obteve permissão da Corte para instituir a alcavala por três anos, gravando 1/30 do preço de venda de todos os tipos de bens móveis – não apenas alimentos, mas utensílios em geral. Com o tempo, a tributação foi elevada para 1/10 e, eventualmente, cobrada em períodos consecutivos. A partir de 1400, a Coroa passou a considerar desnecessária a permissão para sua cobrança. Restou apenas uma vaga reminiscência de que isso não seria correto, como se dessume do testamento da Rainha Isabela,[93] datado de 1504, no qual ela expressa dúvida se a alcavala seria efetivamente uma das regalias. A despeito disso, nessa época, as receitas desse tributo já haviam crescido consideravelmente. Sob seu neto Carlos V,[94] as rendas da alcavala chegaram a representar 80% da arrecadação nacional.

A natureza do tributo mudou com o tempo. Desde 1494, as cidades maiores haviam sido autorizadas a instituir e cobrar exações por sua conta e risco em troca de um pagamento único feito ao governo central. Esse sistema, denominado na Espanha de *encabezamiento*,[95] difundiu-se por todo o Reino de Castela em 1536. Uma vantagem para o governo era a de que ele se livrava de muitos problemas, porém perdia os ganhos arrecadatórios decorrentes do crescimento econômico, que perdurou na Espanha por três quartéis do século XVI. Todavia, isso não modifica o fato de que, particularmente em razão da alcavala, Castela e, após sua junção com Aragão, toda a Espanha, evoluiu de um Estado patrimonialista para um Estado tributário puro e simples.

Em outros países, desenvolvimento similar pôde ser detectado, com a renda patrimonial sendo substituída, em larga escala, por tributos. Inobstante, no início do século XIX, o Ministro prussiano Stein[96] ainda sustentava que as receitas patrimoniais eram o pilar do Estado.

....

[92] Reinou de 1312 a 1350.
[93] Reinou de 1474 a 1504.
[94] Reinou de 1516 a 1555.
[95] Nota do tradutor: no sistema do encabeçamento, o produto da arrecadação de impostos era repartido entre as cidades do reino.
[96] Heinrich Friedrich Karl vom und zum Stein, 1757-1831.

O PATRIMÔNIO COMO FUNDAMENTO PARA A DIVISÃO DA CARGA TRIBUTÁRIA (REPARTIÇÃO)

Quando o príncipe obteve permissão dos estamentos para instituir tributos, estes foram estruturados de acordo com uma fórmula que levava em conta as especificidades (e deveres) de cada uma das partes, prática que foi denominada repartição. A requisição de auxílio, apesar do nome, não era direcionada a indivíduos específicos, mas sim a determinadas posições sociais.

Os delegados das cidades e regiões obrigadas a contribuir resistiam fortemente à cobrança de tributos feita pelo rei diretamente dos cidadãos. Quando isso ocorria, as cidades tentavam comprar o direito de não serem mais tributadas, mediante o pagamento de quantia única. O governante, quase sempre com poucos recursos, usualmente aceitava a oferta – e tudo começava novamente.

Apesar de as circunstâncias relacionadas à capacidade contributiva serem levadas em consideração no sistema de repartição, uma vez estabelecida a fórmula de divisão ela se tornava fixa e levava ao engessamento das relações fiscais.

A história tributária inglesa provê ilustrativo exemplo desse engessamento. Com o intuito de substituir um antigo tributo, o quínzimo ou dízimo passou a ser cobrado, no início do século XIV, sobre a renda das propriedades imobiliárias e dos bens móveis, tais como gado e outros animais, milho, utensílios domésticos e mercadorias sujeitas ao comércio. A cada vez que o Parlamento anuía com essa modalidade de exigência fiscal, os oficiais do rei elaboravam uma estimativa e negociavam com as autoridades locais, que deveriam contribuir com a quantia que lhes fosse designada, distribuindo-a entre os habitantes de acordo com a base estipulada.

Em 1332, instigados pelo Rei Eduardo III,[97] os avaliadores exigiram somas tão elevadas que os valores quadruplicaram. Os fiscais recorreram a um meio testado e aprovado (utilizado inclusive hoje em dia) para aumentar as receitas do Tesouro. Tal método consistia em determinar aprioristicamente a alíquota aplicável e, na sequência, forçar a elevação da base de cálculo do tributo, valendo-se de presunção acima da real.

....

[97] Reinou de 1327 a 1377.

Na cobrança subsequente, em 1334, todas as cidades e condados possuíam um único objetivo: independentemente do que acontecesse, a contribuição máxima não poderia exceder a dos dois anos pretéritos. Porém, nos acordos entre os distritos e os oficiais de arrecadação, essa elevada quantia aparentava não ser a máxima, mas sim a mínima. Foi assim que o quínzimo e o dízimo se tornaram tributos com o valor fixo de 39.000 libras. Essa quantia era dividida ano após ano na mesma proporção entre as cidades e condados, que repartiam as respectivas cotas entre seus habitantes. Apesar de o valor de 39.000 libras ter decrescido um pouco ao longo do tempo, isso não alterou o fato de que o sistema tributário inglês se manteve praticamente o mesmo por três séculos. Sempre que se precisava de recursos, o Parlamento autorizava a cobrança do quínzimo ou dízimo; eventualmente, se o montante necessário fosse menor, autorizava-se a cobrança por metade.

> ### Benevolências
>
> Vamos aqui contar duas anedotas sobre benevolências. A primeira delas é sobre Eduardo IV.[97] O rei era um dos homens mais belos do seu tempo, tão amado pelas mulheres que sua história de vida como galanteador podia ser lida em sua própria face. Ele pediu benevolência a uma rica viúva. Sem hesitação, ela deu ao rei vinte libras, o que era soma considerável. Ela registrou: "Eu prometo que, por seu amável semblante, Vossa Majestade receberá vinte libras". O rei, que não contava em receber sequer metade dessa quantia, agradeceu-a e "beijou-a amorosamente". Ao fazê-lo, ele ganhou não apenas o coração, mas também a bolsa da viúva, que dobrou a benevolência, concedendo-lhe mais vinte libras. A história não revela, todavia, se ela o fez "porque estimava o beijo do rei tanto quanto uma joia" ou porque "o hálito real confortou o seu estômago".
>
> A segunda história ocorreu um século depois, já sob Isabel I, a rainha virgem. No Ano Novo e em outras ocasiões, ela recebia muitos presentes de seus súditos – não apenas dos nobres, mas também das cidades. Quando o prefeito de Coventry deu à rainha uma bolsa feminina bem recheada, teve lugar a seguinte conversa: "Eu recebo poucos presentes assim, Sr. Prefeito", Elizabeth diz gentilmente, "afinal, são quarenta e cinco quilos de ouro". "Por favor, sua majestade", responde o prefeito, "nós estamos lhe dando muito mais do que isso". "O que seria então?", indaga a rainha. "São os corações dos seus amados súditos", diz o prefeito. E ela conclui: "Muito obrigado, Sr. Prefeito, é realmente muito mais do que o ouro em si".

Para romper com esse engessamento e criar uma nova forma de tributação, Henrique VIII[99] lançou o subsídio, em 1512. Este incidia sobre as receitas de propriedades (casas e terras), certas remunerações e bens pessoais. O objetivo era aproximar a tributação da capacidade contributiva dos pagantes. A mesma velha história se aplicou a esse tributo. Rapidamente, as cidades e condados conseguiram se apoderar do direito de cobrar o subsídio criado pelo rei. No tempo da Rainha Isabel I,[100] as receitas

....

[98] Reinou de 1509 a 1543.
[99] Reinou de 1509 a 1543.
[100] Reinou de 1558 a 1603.

A EUROPA POR VOLTA DO ANO 1000

da exação eram de aproximadamente 80.000 libras. O Parlamento usualmente consentia com a cobrança de quínzimos ou dízimos e de um ou mais subsídios. Com ambos os tributos sobrecarregando de forma desproporcional o cidadão comum, o quínzimo e o dízimo foram extintos em 1627, sendo o subsídio transformado em outra exação no ano de 1642.

Era evidente que, em razão do engessamento decorrente dos valores fixos da tributação, desde 1334 os comerciantes ricos contribuíam proporcionalmente muito pouco com o quínzimo e o dízimo. Tanto é que, no subsídio de 1512, o rei não hesitou em pedir aos comerciantes contribuições mais ou menos voluntárias (conhecidas como benevolências). Elas não poderiam ser compulsórias, já que o Parlamento precisaria, nesse caso, outorgar sua permissão, mas havia ao menos uma obrigação moral subjacente. Para proteger os ricos, um estatuto contra as benevolências foi aprovado em 1481, mas, na prática, seu efeito foi nulo.

A paralisia causada pelo sistema de repartição poderia ser combatida não apenas pela introdução de novos tributos baseados na capacidade contributiva, mas também pela mudança da fórmula de divisão dos encargos fiscais. Contudo, esta última se revelou tarefa inglória, já que, se uma pessoa pagasse menos, outra deveria pagar mais, a não ser que o rei renunciasse à receita; mas ele usualmente tinha pouco dinheiro. Como não havia material estatístico, o monarca não conseguia mudar as regras de repartição, pois era impossível provar que uma pessoa estava pagando proporcionalmente mais que a outra. Apenas se a cidade estivesse com problemas evidentes, devido a perigo de guerra ou desastres naturais, é que se autorizava a redução dos seus pagamentos; isso, contudo, ocorria às expensas da própria arrecadação – e não dos outros contribuintes.

Em alemão – e o mesmo vale para o holandês – é fácil entender porque *vermogen* (patrimônio) se tornou a base da repartição. A palavra *vermogen* tem dois sentidos básicos nesses idiomas: "a soma dos ativos e obrigações" e "capacidade". Antigos textos alemães mencionam que as contribuições deveriam ser *na sinen vermugen*, ou seja, "de acordo com sua capacidade, i.e., seu potencial de pagamento". A capacidade contributiva de alguém era determinada por seu patrimônio, logo, parece que *vermogen*, além de expressar capacidade financeira, também passou a ser utilizado como sinônimo de "ativos menos passivos".

Na sociedade dos séculos XI e XII, baseada na agricultura, a propriedade imóvel era a mais importante forma de patrimônio. Outrossim, dívidas não eram comuns. Logo, tributar conforme a capacidade contributiva significava tributar o valor da terra e das edificações. Contudo, a base de cálculo não podia ser o preço de venda, já que a terra raramente era alienada, razão pela

---

Dados estatísticos como base para a tributação

O baixo conhecimento estatístico-econômico do seu território era um problema para que o príncipe implementasse a repartição. Em 1371, um tributo de vinte e dois xelins e três centavos por freguesia foi instituído – com a condição de que as localidades ricas deveriam ajudar as pobres – e, logo em sequência, aumentado para cento e sessenta xelins. A exação teve que ser quintuplicada pois, ao contrário do estimado inicialmente, havia apenas nove mil freguesias na Inglaterra – e não quarenta mil, como se estimava, o que inviabilizou a arrecadação inicialmente pretendida, gerando a necessidade de elevação substancial da cobrança.

É curioso que erro desse porte tenha sido cometido na Inglaterra, o primeiro dentre todos os locais em que se realizou profunda investigação sobre o patrimônio de cada habitante. Em livro de 1086, intitulado *Domesday*, havia detalhes sobre as propriedades imóveis agrupadas por condado, tais como: proprietário, tamanho, número de habitantes, classe social, edificações e montante tributável.

Séculos depois, nos anos de 1494 e 1514, o Condado de Holanda realizou pesquisa similar, em larga escala, sobre sua população, de modo a identificar se a carga tributária deveria ser distribuída de forma distinta do que se fazia até então. A investigação incluía detalhes como o conjunto da população e as fontes de riqueza e de renda. Esse método também foi utilizado em outros locais para definir qual seria a tributação correta. Entretanto, mesmo que alguma injustiça significativa viesse a lume, era difícil implementar alguma mudança na repartição.

---

qual inexistia um parâmetro para fins de comparação. Lado outro, a locação e o arrendamento eram frequentes, o que permitia o cálculo do valor venal do imóvel a partir da capitalização dos pagamentos feitos pelo inquilino ou arrendatário. A maior parte dos proprietários, contudo, não alugava nem arrendava as terras. Mesmo assim, era possível tributá-los por meio da comparação de suas propriedades com outras similares que estivessem no mercado para locação ou arrendamento. A capitalização das receitas imobiliárias, dessarte, era o método utilizado para se chegar à base tributável dos imóveis.

O próximo passo, dado muito tempo depois, consistiu no abandono da capitalização dos aluguéis/arrendamentos e sua substituição por uma quantia fixada diretamente sobre as receitas auferidas. Isso demonstra que a capitalização dos rendimentos da locação (ainda que inicialmente para fins de tributação da propriedade imobiliária) foi o primeiro passo de um longo caminho que levaria, posteriormente, ao imposto de renda.

A ação seguinte foi a ampliação da base imponível, obtida, *ab initio*, com a tributação dos bens negociáveis dos artesãos e comerciantes e, posteriormente, com a incidência sobre a prosperidade manifestada em joias, ouro, roupas finas, armas de decoração, dinheiro vivo e outros bens pessoais. Todavia, a tributação dos bens móveis de acordo com a capacidade contributiva se demonstrou, uma vez mais, de difícil consecução. Ao contrário dos imóveis, que tinham seu valor venal determinado a partir das receitas de aluguéis efetivamente auferidas, a propriedade mobiliária indicava uma renda meramente psicológica, retratada pela satisfação das necessidades pessoais. Entretanto, paradoxalmente, tais bens possuíam efetivo valor de venda – o que inocorria com os imóveis de então.

Um problema com a tributação de bens móveis pessoais era a possibilidade de serem escondidos com facilidade. Para identificá-los, uma invasão de privacidade era necessária, à qual naturalmente se opunha grande resistência. De fato, mesmo a inspeção das casas visando a detectar bens móveis comerciais (por exemplo, insumos utilizados pelos artesãos e estoques dos comerciantes) era quase impossível. Adicionalmente, esse método trazia a desvantagem de colocar em xeque o crédito dos empresários quando o real estado dos seus negócios se tornava conhecido em momento desfavorável. Esse último argumento contra a instituição de tributos sobre o capital empresarial foi repetido inúmeras vezes ao longo dos tempos, tendo sido mencionado por Adam Smith[101] e, inclusive, ecoado no século XIX.

Até os séculos XVII e XVIII, era usual que tributos sobre o patrimônio, que inicialmente pretendiam alcançar todas as formas de propriedade, passassem, com o tempo, a incidir apenas sobre imóveis. Lado outro, o conceito de propriedade era eventualmente expandido, alcançando outros componentes da renda – capitalizados – e fazendo com que o tributo incidisse sobre bases mais amplas que o valor venal das propriedades móveis e imóveis. Em uma sociedade na qual o sistema de crédito ainda estava em desenvolvimento, a percepção de que dívidas e outros passivos afetavam negativamente o patrimônio ganhou força. Com isso, inicialmente, empréstimos concedidos para compra de imóveis (sobre os quais eram devidos juros) foram equiparados aos próprios imóveis. Posteriormente, firmou-se a convicção de que todas as quantias sobre as quais era possível pleitear a cobrança de juros consistiam

....

[101] Adam Smith, 1723-1790.

em ativos (logo, passíveis de tributação). Mais adiante – já no século XVI – anuidades e rendas de certos cargos públicos, como notários e meirinhos, passaram a ser consideradas patrimônio com base em seu valor capitalizado. Pode-se dizer que o tributo cobrado sobre esses ativos funcionava, em verdade, como um imposto de renda.

A opinião de que o capital mercantil de um comerciante compreendia mais do que o seu estoque – e de que, a esse, outras receitas deveriam ser atribuídas, como se fazia com aluguéis e juros – somente se tornou aceitável aos poucos. Tardariam anos para que se tornasse possível tributar os ativos empresariais dos comerciantes da mesma forma que sua propriedade pessoal. Como o resultado das estimativas de propriedade de bens móveis geralmente ficava aquém do seu valor real – e os contribuintes podiam se ver livres da tributação por meio de um pagamento único ao soberano – o comerciante rico sempre tinha uma alternativa.

DO IMPOSTO SOBRE O PATRIMÔNIO AO IMPOSTO DE RENDA

Ao incluir a renda capitalizada na base de cálculo do tributo sobre o patrimônio, o curso em direção ao imposto de renda foi estabelecido. Mas ainda havia um longo caminho a percorrer. Atualmente, os três principais componentes da renda são as receitas das propriedades, os salários recebidos pelo trabalho e os lucros egressos de empreendimentos.

Os rendimentos oriundos das propriedades já foram discutidos anteriormente.

Já os salários, no passado, eram raramente sujeitos a algum tipo de tributo direto. Isso se deve ao fato de que a categoria dos que recebiam salários era muito pequena. De fato, a economia da sociedade funcionava em pequena escala, e a maior parte das pessoas laborava de forma autônoma. Ademais, trabalhadores e criados quase sempre recebiam alimentação e alojamento como parte dos seus ganhos. Apreender essa riqueza era bastante difícil, já que as autoridades fiscais não reconheciam como salário as prestações *in natura*. Em períodos subsequentes, o empregador foi instado a pagar um tributo sobre o consumo presumido dos seus empregados, ao mesmo tempo em que o número de trabalhadores e seus companheiros passou a ser contabilizado para o tributo

A EUROPA POR VOLTA DO ANO 1000

de patente (que será tratado posteriormente). Essas alternativas tributárias surgiram porque os que recebiam salários estavam usualmente na base da pirâmide social – e os valores pagos a esse título geralmente correspondiam a quase nada.

Durante muitos séculos, a implementação do que hoje denominamos tributo sobre o lucro das empresas foi tarefa bastante árdua. Em primeiro lugar, demorou bastante – do ponto de vista ético – para que fosse possível conceber os lucros como combinação dos fatores de produção, capital e trabalho. Além disso, as técnicas de tributação não eram avançadas o suficiente para permitir a fiscalização em larga escala, sem mencionar a baixa qualidade da contabilidade – quando existente! – e a própria questão da aceitação dessa investigação pelos contribuintes. Outrossim, como já dito, o conceito de lucro ainda não estava satisfatoriamente desenvolvido. Mesmo no Século das Luzes, a ciência daquele tempo ainda não distinguia receita de lucro.

Quando se tornou evidente que a tributação do comércio falhara em diversas ocasiões, o Estado teve que se valer de outros expedientes para obter contribuição minimamente razoável dos empresários, que podiam, *grosso modo*, ser divididos, de um lado, em grandes comerciantes, proprietários de navios e banqueiros e, de outro, em artesãos e lojistas.

A classe dos ricos comerciantes era a mais difícil de ser submetida à tributação. Naquela época, as autoridades fiscais não conseguiam ir além de tributar os sinais exteriores de riqueza. Valendo-se de padrões físicos facilmente verificáveis, como o valor das residências, o número de empregados domésticos e de lareiras, janelas, relógios, carruagens, cachorros, *et cetera*, tentava-se reconstruir o padrão de gastos visível como reflexo presumido da renda auferida, admitindo-se, inclusive, uma progressividade de valores na cobrança. Essa forma de tributação tinha a nítida vantagem de obrigar o clero e a nobreza – geralmente isentos dos tributos diretos, como ocorria na França – a contribuir com sua parte.

Para os artesãos e pequenos lojistas, a rígida divisão dos vários ramos de atividades econômicas em corporações de ofício era aplicável. Em 1270, na França, Étienne Boileau, governante de Paris, definiu as regras para as guildas. Seus éditos previam pagamentos pelo direito de exercer certas profissões e negócios, como padeiro, açougueiro, ferreiro, tecelão e revendedor de diversos itens de consumo. Na verdade, a cobrança se dava por meio de um tributo imbricado a uma autorização para o exercício do comércio ou profissão: a taxa de licença. A palavra francesa "patente", que originariamente significava licença, adquiriu uma segunda acepção: tributo direto anualmente cobrado de quem exercesse atividade profissional não isenta. Com o passar do tempo, um número crescente de negócios e profissões passou a se sujeitar à taxa de licença e, como resultado, a arrecadação cresceu consideravelmente. A partir de 1581, o cumprimento das regras aplicáveis às corporações de ofício passou a ser fiscalizado de modo mais rígido, e, um século depois, elas foram submetidas à política mercantilista de Colbert.

Há registros de taxas de licenças similares em outros países, sob outro contexto histórico. Na Inglaterra, por exemplo, foi editada lei que autorizava as municipalidades a fechar os bares, caso jogos ilegais ou outras irregularidades estivessem em curso. Já naqueles dias, as pessoas se preocupavam com o consumo excessivo de álcool e com o ócio. Posteriormente, a abertura e o funcionamento dos bares foram sujeitos à obtenção de licença. A partir de 1710, o licenciamento foi condicionado ao pagamento de uma taxa, tanto pelos proprietários de bares como pelos cervejeiros e comerciantes de vinhos. Como a taxa era devida na emissão da licença, essa passou a ter o cariz de imposto indireto sobre o consumo.

As autoridades inglesas aparentemente aprovaram esse tributo, que foi estendido para a venda de ouro e pratarias, bem como aos comerciantes de bens sujeitos ao imposto especial de consumo, tais como chá, café, chocolate e tabaco. Em 1784, o Ministro Pitt[102] tornou obrigatória a licença para todas as vendas e para algumas profissões, como as de advogado e banqueiro. Um valor fixo deveria ser pago anualmente – no caso dos cervejeiros, entretanto, o cálculo era feito sobre o faturamento. Em 1790, a taxa de licença passou a ser calculada com base no valor do escritório ou da oficina em que as atividades profissionais eram exercidas.

Voltemos aos acontecimentos na França. As corporações de ofício, que desde a Idade Média eram uma espécie de camisa de força sobre a economia da Europa Ocidental, erigindo uma série de regras sobre a produção e o comércio, passaram a enfrentar crescente resistência a partir do século XVIII.

....

[102] Nota do tradutor: William Pitt, o Novo, 1759-1806, Primeiro-Ministro inglês de 1783 a 1801 e de 1804 a 1806.

A EUROPA POR VOLTA DO ANO 1000

Após uma tentativa frustrada de Turgot[103] de se livrar das corporações em 1776, elas foram finalmente extintas por lei durante a Revolução Francesa em 1791, quando se reconheceu a toda a população o direito de trabalhar da forma que melhor lhe conviesse.

Guillotin e tributação

Guillotin[104] não era apenas professor e dirigente da escola de Medicina da Universidade de Sorbonne, bem como titular de uma relevante clínica médica privada, mas também delegado da cidade de Paris nos Estados Gerais de 1789. Agindo como delegado, ele sugeriu que as execuções somente fossem feitas por decapitação e com o auxílio de uma máquina criada para tal fim. Essa ideia foi bastante sensacionalista, mas cabível para um médico que, em última análise, buscava abreviar o sofrimento dos condenados.

Em famoso processo judicial contra os agentes fiscais da Revolução Francesa, Guillotin arguiu que, como funcionário público (professor da escola de medicina), era isento do pagamento das taxas de licenciamento para o exercício da profissão. Na sessão de 20 de abril de 1792, o Tribunal de Paris assentou que, apesar de professor, ele também era médico com atuação privada e assim auferia rendimentos, razão pela qual a isenção dos funcionários públicos não se lhe aplicava. Considerando o terror ao qual uma explosão de violência se seguiu, Guillotin deve ter se dado por satisfeito de não ter sido denunciado como inimigo público. Caso o tivesse sido, ele corria o risco de testar em seu próprio corpo a confiabilidade da invenção de sua autoria – a lâmina cadente – posteriormente denominada guilhotina, em sua homenagem.

O advogado de Guillotin, que hoje denominaríamos consultor tributário, valeu-se de interpretação equivocada da isenção da taxa de licenciamento para os funcionários públicos. Ademais, arguiu que médicos e advogados eram profissionais liberais que se ocupavam mais com ciência do que com comércio, razão pela qual não deveriam submeter-se a pagamentos para o exercício da profissão. A diferença entre essas duas categorias era que, ao contrário dos advogados, os médicos podiam recorrer ao Judiciário para cobrar seus honorários caso não recebessem pelos serviços prestados. O advogado de Guillotin foi corrigido pelo Conselho de Estado, que, todavia, ressalvou do pagamento de licenças a atividade dos advogados, por não consistir em profissão ou negócio. Essa interpretação, para deleite dos causídicos, perdurou até 1850.

Contudo, havia uma cobra no jardim. Essencialmente, a lei aprovada em 1791 não diferia das leis tributárias comuns, apesar da retórica de abolição dos serviços regulamentados, dos privilégios e das corporações de ofício. De fato, qualquer um que desejasse exercer uma profissão ou manter um negócio era obrigado a obter uma licença apropriada para as respectivas

....

[103] Anne Robert Claude Jacques Turgot, Barão de l'Aulne, 1727-1781. Nota do tradutor: Controlador-Geral da França nomeado pelo Rei Luís XVI, em 1784. Pretendeu conduzir grandes reformas no país a fim de sanear as contas públicas, mas enfrentou forte oposição do clero e da nobreza, sendo demitido em 1786, três anos antes do início da Revolução Francesa.

[104] Joseph-Ignace Guillotin, 1738-1814.

A EUROPA POR VOLTA DO ANO 1000

atividades e a, compulsoriamente, pagar o valor estabelecido em lei. À primeira vista, tal cobrança poderia ter a natureza de retribuição – devida pelos serviços do Estado, no exercício de sua função pública. Entretanto, ao se considerar o montante pago, ficava claro que o pagamento tinha natureza tributária. Aliás, não era incomum que governos obtivessem recursos por meio de tributos disfarçados.

A base da exigência fiscal era o valor de locação dos escritórios, fábricas, armazéns e assemelhados. A alíquota era de 10% e, para aluguéis superiores a 800 francos por mês, 15%. Alguns bens e serviços haviam caído em descrédito entre os apoiadores da Revolução Francesa. Por essa razão, os respectivos fornecedores sujeitavam-se a um pagamento adicional para obtenção da licença de funcionamento. Estalajadeiros, comerciantes de vinhos, fabricantes de cartas de baralho e tabaco, bem como cervejeiros, tinham que pagar 25% – o dobro da alíquota média.

Logo se tornou evidente que a escolha do valor do aluguel como base de cálculo não fora inteligente. Isso porque, ao mesmo tempo em que havia profissões lucrativas que não demandavam amplas instalações, outras menos rentáveis exigiam grandes espaços físicos. Em face disso, o sistema foi alterado após algum tempo, sendo as profissões agrupadas em classes e sujeitas ao pagamento de diferentes quantias. Contudo, esse método também apresentava desvantagens. Afinal, pessoas da mesma categoria profissional, porém com rendimentos altamente díspares, passaram a ser tributadas da mesma forma. Isso levou a uma nova mudança da base tributável, que passou a combinar um elemento fixo e outro variável. O fixo relacionava-se com a categoria à qual pertencia o contribuinte, ao passo que o variável considerava o valor de locação das instalações ocupadas pelo profissional. Assim, a taxa evoluiu em direção a um embrionário imposto de renda – ainda inadequado, previamente fixado e aplicável apenas a uma parte dos rendimentos. Eram isentos da taxa os funcionários públicos – desde que não exercessem outra profissão –, bem como os agricultores, estudantes, trabalhadores e seus cônjuges, pequenos ambulantes e outros vendedores.

Ao longo do século XIX, seguindo o exemplo e sob a influência dos franceses, diversos países instituíram taxas de licenciamento calculadas sobre o lucro das companhias, tanto a título de "tributação presumida"[105] como para substituição de outros tributos. Foram eles a Holanda (1805, 1819), Baden

....

[105] Ver Epílogo.

76

(1810), Hessen, Brunsvique, Baviera (1808), Áustria-Hungria (1812), Bélgica (1819), Prússia (1820) e Vurtemberga (1821).

A questão a ser aqui levantada é: por que um tributo sobre o patrimônio que evoluiu em direção a um imposto de renda – passando a considerar como propriedade a renda capitalizada dos aluguéis – não foi imediatamente instituído como imposto de renda? A resposta reside na característica de incidência única que a tributação possuía em seus primórdios. As requisições de auxílio eram feitas por curtos períodos, digamos, três anos, e se prestavam eminentemente a prover fundos para despesas específicas, eminentemente guerras. Era óbvio que esse pagamento temporário seria retirado do lago patrimonial de águas paradas. Como não havia padrão de referência para se estimar o valor da propriedade imobiliária – de longe a mais relevante à época – as autoridades precisavam recorrer à capitalização das receitas auferidas com a locação dos imóveis. Mas isso não significava que o homem medieval, destituído de pensamento abstrato em matéria tributária, tivesse a noção de renda como conceito teórico resultante do cotejo de receitas tributáveis com despesas dedutíveis.

> **Os primeiros impostos sobre a renda**
>
> Os primeiros impostos sobre a renda surgiram antes do fim do século XVIII, na República Batava (1797) e na Inglaterra (1799). A Prússia seguiu o mesmo caminho, em 1808. À época, eles consistiam em tributos únicos ou temporários, nos quais eram admitidas deduções dos custos de aquisição da renda, das despesas com dependentes e dos pagamentos de juros. Existia também leve progressividade das alíquotas. Em 1802, a tributação da renda cessou na Inglaterra em razão do Tratado de Amiens, mas foi reintroduzida no ano seguinte pelo Primeiro-Ministro Henry Addington,[103] que, ao fazê-lo, optou por um imposto de renda analítico, eminentemente retido na fonte. O tributo de Addington foi abolido em 1816, após o Tratado de Paz de Viena. Nesse momento, procedeu-se à queima de todos os livros contábeis e formulários relacionados com o seu cálculo, jurando-se que nunca mais se tributaria a renda. Esse "nunca", todavia, durou somente até 1842, quando o imposto de renda, que havia efetivamente funcionado com êxito, foi ressuscitado e reintroduzido por outro Primeiro-Ministro, Sir Robert Peel.[104]

Foi somente quando as requisições de auxílio se tornaram mais frequentes, e o tributo sobre o patrimônio (sob qualquer nomenclatura) converteu-se em fenômeno regular e anual, que as receitas passaram a ser comparadas à água corrente originária de uma fonte – permitindo, a partir de então, que a tributação passasse a ser feita de acordo com a capacidade contributiva do pagante. O pensamento fiscal acerca da tributação direta evoluiu ao longo do século XVIII. Ao seu cabo, havia certo amadurecimento quanto à

....

[106] Henry Addington, 1757-1844.
[107] Robert Peel, 1788-1850.

necessidade de substituição do tributo patrimonial sobre receitas capitalizadas por um imposto de renda geral. Antes que se chegasse a um imposto de renda conforme o modelo atual, um último passo precisava ser dado: a consideração, para cálculo do montante devido, das circunstâncias pessoais do contribuinte. Inicialmente, apenas a situação familiar era levada em conta para identificação da capacidade econômica. As circunstâncias pessoais passaram a ser consideradas muito depois, já no século XIX, como, por exemplo, as despesas médicas do contribuinte. O fato de que, somente no século XVIII, as autoridades fiscais inglesas passaram a reconhecer a importância do número de filhos na família para o imposto de renda, demonstra como foi lento o progresso da ideia sobre o que seria relevante na tributação da renda. Por sua vez, na capitação (tributo *per capita*) e no imposto sobre o sal em forma de consumo compulsório, as diferenças de gênero e idade já eram consideradas desde muito antes.

Entretanto, havia um longo caminho a ser percorrido antes que o imposto de renda moderno fosse instituído. Em linhas gerais, a luta pela tributação da renda perdurou por todo o século XIX. Em especial, a discussão acerca do caráter proporcional ou progressivo das alíquotas do imposto gerou candentes debates nessa época. Contudo, vale registrar que a progressividade havia sido concebida muito antes. Exemplo seminal de tributação progressiva pode ser encontrado em Florença, nos séculos XV e XVI, com a *decima scalata*.[108] Em 1442 e em 1447, as receitas obtidas com as propriedades florentinas já haviam sido tributadas progressivamente. Em 1480, esse imposto progressivo deu lugar à *decima scalata*, um efetivo tributo sobre rendas imobiliárias com alíquotas entre 7% e 22% – sistemática que perdurou entre o final do século XV e o início do século XVI. Entretanto, após uma última cobrança, em 1529, a *decima* deixou de ser exigida.

Em 1538, o historiador e homem público florentino Francesco Guicciardini[109] proferiu dois discursos sobre a ideia de progressividade tributária. Ele adotou as sugestões do Grande Conselho de Florença, no sentido de tributar a renda da propriedade imobiliária da seguinte forma: 10% sobre os primeiros 50 ducados, com o incremento de 1/4 na tributação a cada 50 ducados adicionais, até um máximo de 30% – que era atingido, portanto, com a renda de 400 ducados. Uma das indagações feitas por Guicciardini era

....

[108] Nota do tradutor: *decima* se referia ao tributo, e *scalata*, exatamente à escalada das alíquotas (progressividade).

[109] Francesco Guicciardini, 1483-1540.

A EUROPA POR VOLTA DO ANO 1000

se a progressividade tornava o tributo injusto. A resposta lhe parecia negativa, pois ele não compreendia a igualdade tributária como a cobrança do mesmo tributo de todos, mas sim como a imposição do mesmo sacrifício para todos. Se um homem pobre e outro rico tivessem cada qual que contribuir com 10% de suas rendas, a tributação geraria sacrifício muito maior para o pobre, que precisa mais do dinheiro para satisfazer suas necessidades. Aqui se pode observar, três séculos antes de John Stuart Mill,[110] sua conhecida frase: "Igualdade na tributação significa igualdade de sacrifícios". Portanto, a "Teoria da Igualdade de Sacrifício", que no século XX se tornou largamente aceita, tinha um antigo predecessor.

Os oponentes da progressividade fiscal, cuja opinião também foi analisada por Guicciardini, sustentavam que, com a sua implementação, os ricos se tornariam pobres. Para eles, o Estado não deveria se imiscuir nas diferenças de riqueza entre os cidadãos, mas sim adotar postura neutra. É como se estivéssemos ouvindo outro britânico falar, John Ramsey McCulloch,[111] que em 1833 lançou o adágio "deixe-os como os encontrar".[112] Guicciardini objetou que, se por meio da tributação fosse possível evitar que a riqueza se acumulasse nas mãos de poucos, isso serviria aos propósitos coletivos. Essa ideia é muito alinhada com aquela proposta por outro pensador do século XIX, o alemão Adolph Wagner,[113] um liberal progressista bem conhecido que acreditava profundamente em um imposto de renda com alíquotas que proporcionassem maiores avanços na redistribuição da riqueza.

Embora a ideia do imposto de renda, independentemente da alíquota, tivesse sido aceita em ambientes científicos, e apesar de cada vez mais políticos progressistas estarem convencidos de que algo deveria ser feito a respeito do injusto sistema tributário, no qual os ricos contribuíam com muito pouco, isso não muda o fato de que a forte oposição dos burgueses impediu a introdução do imposto de renda em muitos países, mesmo em pleno século XX. A principal arma dos ricos era a restrição ao sufrágio: a pessoa só adquiria o direito de votar se tivesse pago certa quantia de impostos. Embora os ricos não pagassem o tanto que seria razoável, faziam-no em montante suficiente para

....

[110] John Stuart Mill, 1806-1873.

[111] Nota do tradutor: John Ramsay McCulloch, 1789-1864.

[112] Suas exatas palavras foram: nenhum imposto sobre a renda pode ser justo a não ser que deixe os indivíduos na mesma posição relativa em que se encontravam (*The Taxation and Funding System*, Londres, 1845, p. 141).

[113] Adolph Wagner, 1835-1917.

poder votar. Como se não bastasse, a injustiça na tributação era agravada, pois os impostos especiais de consumo, que geravam importante parte da receita pública, recaíam particularmente sobre os gêneros de primeira necessidade. Em quase todos os locais onde o imposto de renda conseguiu avançar, esses impostos especiais perderam o sentido, tendo suas alíquotas reduzidas e sendo, posteriormente, eliminados por completo.

Vamos tomar a Prússia, à época o Estado mais importante do Império Alemão, como exemplo. As ideias da Revolução Francesa e o surgimento do sistema de livre comércio tinham ganhado terreno no pensamento prussiano. Com um sistema de corporações de ofício em recessão (apesar de sua abolição ter ocorrido na Alemanha somente em 1869), uma base industrial emergente queria se livrar dos impostos que obstruíam seu progresso. Assim, o conceito de tributação baseada na capacidade de pagamento, que implicava mais tributos diretos e menos indiretos, perdeu força nos círculos de lideranças.

Foi somente no final do século XIX que o imposto de renda foi introduzido na Prússia. Duas tentativas de criar esse tributo, em 1847, fracassaram devido à oposição obstinada das classes abastadas. Em 1849, um ano após as tumultuadas Revoluções de 1848, a tentativa foi novamente infrutífera, mas a maré da opinião pública estava mudando. Dois anos mais tarde, o governo conseguiu introduzir um *Klassensteuer und klassifizierte Einkommensteuer*.[114] A despeito do nome enganador, ele não poderia ser realmente chamado de imposto de renda. Inexistiam declarações de rendimentos, os cálculos eram feitos por comitês escolhidos pelos contribuintes, e, ademais, estipulava-se um teto anual (por exemplo, 7.200 táleres).[115] Isso representava um progresso se comparado à lei em vigor de 1820, que possuía limite anual de 144 táleres. Com base nesse sistema, diversos rendimentos continuaram isentos, dentre os quais as rendas imobiliárias. Desvantagem adicional eram as grandes diferenças encontradas localmente. Elevadas cobranças municipais feitas adicionalmente sobre os impostos acentuavam ainda mais a injustiça.

Em 1891, após décadas de discussões e críticas, a Prússia logrou lançar um sistema dissimulado de imposto de renda, com alíquota progressiva variando de 0,62% a 3% para rendimentos acima de 9.500 marcos. Um

---

[114] Em tradução livre, imposto de classe e imposto de renda, respectivamente.

[115] Nota do tradutor: o *thaler* (em português, *táler*) foi uma moeda de prata utilizada no continente europeu por quase meio milênio.

aspecto moderno desse sistema era o de que as circunstâncias pessoais eram levadas em conta, tais como o número de filhos, o custo de vida de parentes próximos e eventuais doenças crônicas.

Essas alterações no sistema tributário vieram como resposta às mudanças que tinham começado a se manifestar em quase toda a Europa no curso do século XIX, assim como nos Estados Unidos e em alguns outros países. Ditas transformações, que poderiam ser atribuídas, por um lado, à industrialização incipiente e, por outro, à crescente consciência social, compreendiam: uma maior porção do capital nacional investido em indústrias locais e um número mais elevado de empresas com capital aberto; evoluções visíveis na população economicamente ativa, que migrava da agricultura para a indústria e para o setor de serviços; urbanização, com aumento da mobilidade geográfica e social; e o incremento constante da renda nacional – inclusive se calculada *per capita* – da população em crescimento.

A ampliação do proletariado urbano, que usualmente vivia e trabalhava em condições miseráveis, abriu os olhos de muitos cidadãos bem-intencionados, mesmo que não sentissem em suas costas a pressão do florescente movimento trabalhista. Com essa percepção, adveio o interesse pela divisão mais equitativa da carga tributária, bem como pela colocação em prática do "princípio da tributação da renda". Isso pôs fim à aplicação apenas "no papel" desse ideal da Revolução Francesa – obra de responsabilidade da burguesia, que restringia o direito de voto das classes inferiores com o intuito de manter inalterado o injusto sistema tributário.

COMO DISTRIBUIR A CARGA TRIBUTÁRIA DE FORMA ISONÔMICA E EFICIENTE: A BATALHA ENTRE OS TRIBUTOS DIRETOS E INDIRETOS

A fim de evitar a concretização da ameaça de tributação dos seus negócios e patrimônio pessoal, grandes comerciantes da Idade Média, com a notável mobilidade que possuíam, frequentemente se mudavam para outras cidades, às quais prometiam trazer prosperidade. Com isso, eram sempre muito bem-vindos. Para evitar tal erosão fiscal, as cidades costumavam estabelecer um teto bastante razoável para o pagamento de impostos. Comerciantes podiam também tentar fazer com que tributos indiretos, notadamente os impostos especiais sobre o consumo, fossem introduzidos ou elevados às custas de artesãos (na cidade) e agricultores (na área rural próximo às cidades). As classes de rendas mais baixas estavam muito sobrecarregadas devido ao tamanho da fatia do "leão". Entretanto, sob o prisma social, uma clara vantagem dos impostos especiais sobre o consumo era a de sujeitar ao seu pagamento os cidadãos isentos do imposto sobre o patrimônio.

Com a expansão das corporações de ofício, artesãos e pequenos vendedores evoluíram para uma classe distinta, o terceiro setor, que frequentemente lograva êxito em se assenhorear das rédeas do poder nas cidades, impedindo o avanço dos impostos especiais sobre o consumo e, em seu lugar, introduzindo ou elevando o imposto sobre o patrimônio. A disputa no tocante à tributação refletia, dessa forma, a que ocorria entre os vários grupos sociais.

> **A Forquilha de Morton**
>
> Em 1491, houve novamente necessidade de angariar recursos financeiros para custear outra expedição inglesa à França. O chanceler do Tesouro e arcebispo da Cantuária, John Morton, instruiu seus agentes fiscais atuantes nos vários condados. O princípio no qual eles deveriam se basear para cobrar impostos era: "aqueles que vivem modestamente devem ter economizado, enquanto aqueles que vivem de maneira extravagante dão clara evidência de riqueza e capacidade contributiva". Desde então, esse dilema é conhecido como Forquilha de Morton e deixa claro – de maneira simples – que, em um bom sistema tributário, ambos os impostos, diretos e indiretos, devem coexistir. Morton, todavia, nada dizia sobre a proporção de cada um.

Em uma democracia parlamentar, há certa canalização de opiniões divergentes sobre a legislação tributária desejável para cada um dos vários grupos sociais. Como antes tal foro político inexistia, interesses fiscais distintos acabavam se transformando em simples disputa por poder, não raro decidida com o uso de armas. A Baixa Idade Média[116] trouxe muitos exemplos disso. Devido ao fato de que os resultados dessas altercações eram decisivos para a conformação do sistema tributário, o grau de justiça alcançado era normalmente muito baixo. Essas foram as sementes das quais brotaram várias rebeliões tributárias que devastaram a Europa até o início do século XIX. Além das divisões injustas e desproporcionais da carga fiscal, corrupção e extorsão dominavam a arrecadação, o que também levava às revoltas.

....

[116] Nota do tradutor: a Idade Média pode ser dividida em três grandes períodos: Alta Idade Média (séculos V ao X), Idade Média Clássica (séculos XI ao XIII) e Baixa Idade Média (séculos XIV e XV).

De qualquer modo, a despeito da tensão entre poder e justiça tributária, a razoabilidade conseguia avançar por tentativa e erro. O princípio da capacidade contributiva enraizou-se a partir do momento em que o primeiro esboço de imposto direto se tornou vagamente visível no horizonte – mesmo tendo características um tanto estranhas aos nossos olhos modernos. Contudo, provou-se difícil, na prática, executar integralmente esse princípio de modo permanente. Ele só podia se basear em estimativas, pois a capacidade econômica era mensurável com baixo grau de exatidão – sem mencionar a dúvida

---

Divisão da carga tributária em cidades-Estados italianas na Idade Média

As cidades-Estados italianas lideravam a Europa não apenas no tocante à economia, organização bancária e estrutura administrativa, mas também como modelos de sistema tributário equilibrado. A partir do século XIII, um imposto sobre o patrimônio, que também abarcava os comerciantes, já vigorava nessas localidades. Em Milão, esse imposto era cobrado tão rigorosamente que o registro dos valores devidos era chamado de *Libro del Dolore* (Livro das Dores). Devido às guerras incessantes, as cidades tinham, cada vez mais, que apelar a seus cidadãos por dinheiro. Isso forçou-as a aumentar o imposto especial sobre o consumo, fazendo com que o tributo sobre o patrimônio perdesse relevância e ficasse em segundo plano. Como os *miserabili* (os pobres de verdade) não pagavam impostos, porção maior da carga tributária recaiu sobre a classe média, que também precisava pagar quando a cidade ocasionalmente instituía o imposto sobre patrimônio ou recorria a um empréstimo compulsório. Diferentemente dos ricos, que possuíam propriedades de campo capazes de suprir suas demandas básicas, como pão, cerveja, vinho, carne, azeite e outros víveres, artesãos e pequenos comerciantes não podiam evitar os impostos especiais sobre o consumo incidentes sobre itens de primeira necessidade. Em Siena, o procedimento era diferente. Embora ali também a administração estivesse nas mãos de uma oligarquia de pessoas ricas e poderosas, a cidade manteve o imposto sobre patrimônio, mesmo sendo este conflitante com os interesses dos governantes. Isso foi feito propositalmente, pois vislumbrava-se ser essa a melhor forma de alcançar a capacidade contributiva dos cidadãos.

No século XV, questões relativas à tributação direta surgiram novamente. Esse tipo de exação passou a ser a garantia de que a cidade pagaria os empréstimos por ela contraídos, inicialmente compulsórios, mas, na sequência, voluntários. Por meio de política cuidadosa de pagamento de juros e parcelas nas datas de vencimento, cidades como Gênova, Florença e Veneza assumiram a liderança no desenvolvimento do crédito público. Dessa forma, as cidades conseguiam custear as despesas públicas, que variavam com a ocorrência de guerras e carestias.

---

em torno da adequada definição desse princípio. Ademais, como o termo renda, compreendido como fator para aferição da capacidade contributiva, não era ainda conhecido, exações que se contrapunham à engessada tributação fixa do sistema de repartição acabavam se restringindo à incidência sobre diferenças visíveis de riqueza ou posição social ou, quando muito, rendimentos auferidos de fontes específicas.

A tributação fixa por faixas era uma forma primitiva de expressar a filosofia da capacidade contributiva. Em 1377, durante a Guerra dos Cem Anos entre França e Inglaterra (1337-1453), um tributo de quatro moedas por pessoa foi introduzido para toda a população, exceto indigentes. Para o clero, a quantia era menor. Esse imposto se tornou extremamente impopular, não só pelo fato de que a alíquota para ricos e pobres era a mesma, mas também porque essa foi a primeira vez que pessoas falidas e assalariadas foram sujeitas aos impostos diretos.

Tais críticas ao tributo fixo de 1377 foram, aparentemente, levadas a sério pelo governo britânico. Dois anos depois, a exação foi reinstituída, com valores distintos por faixas, sujeitando a todos conforme sua posição na sociedade. Cada um dos duques de Lancaster e Britânia deveria pagar dez marcos; condes e condessas, seis marcos; barões e baronesas, três marcos; cavaleiros, um marco e meio; lordes locais sem propriedades, um quarto de marco, etc. Além disso, havia também uma classificação para os integrantes do Executivo, do Judiciário e da classe de comerciantes das cidades. O prefeito de Londres estava no mesmo nível de um conde e de um vereador local, assim como os governantes de outras cidades haviam sido equiparados aos barões. Em nível inferior, grupos profissionais eram também rigorosamente classificados. Na base da pirâmide social, um homem casado tinha que pagar, para si e para sua esposa, quatro moedas, o mesmo que pessoas solteiras, enquanto os indigentes continuavam dispensados de contribuir. Para o clero, regras similares foram editadas. No topo da lista, estava o arcebispo da Cantuária, tributado em dez marcos. Embora o imposto pretendesse arrecadar cinquenta mil libras, somente vinte e duas mil foram auferidas.

Após um ano, nova tentativa foi feita. Um tributo fixo de no mínimo um e no máximo sessenta centavos para cada indivíduo foi instituído, de modo que, em média, arrecadasse seis centavos por pessoa. Fala-se em arrecadação média, pois todos teriam que pagar de acordo com sua condição financeira. Ao menos é como entendemos que se traduz a palavra *estatz* na frase que descreve a base dessa tributação: "Que chescun de eux sois assis et taillez selonc l'afferant de ses estatz".[117] Trezentos anos após a Batalha de Hastings (1066), o idioma francês ainda era utilizado em documentos governamentais oficiais! A intenção com esse tributo fixo era que os ricos ajudassem os pobres.

....

[117] Nota do tradutor: a expressão, em francês antigo, assim constante do original, pode ser traduzida como "que a apuração e cobrança do devido por qualquer um sejam realizadas conforme sua condição patrimonial".

Tratava-se, efetivamente, de contribuição voluntária conforme a capacidade contributiva de cada um. Esse plano fora copiado da *fouage* (fumagem),[118] exigida pela França em 1369, que vinha da filosofia *le fort portant le faible*,[119] também baseada na aplicação voluntária da capacidade contributiva.

A forma subsequente de tributo fixo na Inglaterra, datada de 1381, retomou o sistema de valor fixo *per capita* (um xelim). Entretanto, aparentemente tal medida não era mais tolerável, o que gerou a revolta dos camponeses liderada por Wat Tyler.[120] Após esse evento, a tributação fixa desapareceu por um período, mas retornou pontualmente em 1513, em 1614 e de 1696 a 1702.

A tributação fixa por faixas também era usada regularmente em outros países, quase sempre como recurso do Tesouro para aplacar suas necessidades agudas de caixa. Em 1695, por exemplo, Luís XIV[121] introduziu a capitação, um misto entre a taxa de licenciamento e a tributação fixa por faixas. O delfim,[122] os príncipes e princesas, os ministros do governo e alguns oficiais de alto escalão estavam na parte superior das vinte e duas categorias sujeitas ao tributo, pagando cada qual duas mil libras anuais. Na sequência, vinham os duques e condes, bem como os demais segmentos sociais. A categoria de base pagava apenas uma libra por ano. Todavia, já em 1701, a tributação fixa por faixas não mais existia, devido a dificuldades administrativas enfrentadas pelas autoridades francesas.

A PROTEÇÃO DO CONTRIBUINTE CONTRA O ESTADO ABSOLUTISTA FRANCÊS (*séculos XVII e XVIII*)

A defesa do direito absoluto do monarca francês à tributação, conquistado nos séculos antecedentes, baseou-se, entre os séculos XVII e XVIII, no

....

[118] Nota do tradutor: conforme visto acima, a nomenclatura deriva do fato de ser a *fouage* um tributo incidente sobre as casas nas quais se acendia fogo (via lareira, fogueira, tocha, etc.).

[119] Nota do tradutor: em tradução livre, "o forte sustenta o fraco".

[120] Wat Tyler, 1341-1381. Nota do tradutor: líder da revolta camponesa de 1381, a primeira grande revolta popular na história da Inglaterra.

[121] Reinou de 1643 a 1715.

[122] Nota do tradutor: em francês, o *Dauphin de France* era o título dado ao filho mais velho do rei da França e, portanto, herdeiro aparente do trono.

raciocínio de que o rei tinha o domínio eminente (*dominium eminens*) sobre todos os bens dos seus súditos. A doutrina do *dominium eminens* já havia sido proposta por Hugo Grócio,[123] para quem, todavia, havia limite a essa propriedade absoluta, que não poderia ser exercida salvo em benefício do bem-estar coletivo e, mesmo assim, mediante compensação ao particular. Em verdade, portanto, o que Hugo Grócio propôs foi um modelo de desapropriação em favor do interesse público.

Cardeal Richelieu, que foi Ministro-Chefe de Luís XIII na França entre 1624-1642. Sua opinião era de que o povo não seria suficientemente estimulado a trabalhar se os impostos não fossem mantidos em nível elevado.

Já a doutrina do *dominium eminens* proposta na França, na qual é possível reconhecer as palavras do Rei Sol –[124] "o Estado sou eu" – levou ao aumento inescrupuloso e arbitrário de tributos. O Cardeal Richelieu[125] justificava de forma cínica esse nível de tributação, afirmando que, se a carga tributária fosse baixa, o povo não se sentiria estimulado a trabalhar com vigor. Apesar de Richelieu acreditar que os níveis de tributação deveriam ser moderados, expressando forte descontentamento com o fato de que as classes mais baixas acabavam arcando com a maior fatia do que era devido ao Fisco, ao mesmo tempo ele reconhecia que metade da arrecadação remanescia com os particulares que detinham o direito de coletar tributos.

A conta chegou logo após a morte de Richelieu. Em 1648, teve início a Fronda, revolta fiscal que se convolou em verdadeira rebelião, abalando os alicerces da França. Foi apenas com a vitória do Cardeal Mazarino,[126] sucessor de Richelieu como Primeiro-Ministro, que se

....

[123] Hugo Grócio, 1583-1645.

[124] Nota do tradutor: Luís XIV (1638-1715), o Rei Sol, foi o representante máximo do Absolutismo na Europa. Durante o seu reinado de 72 anos, o mais longo do Velho Continente, a França se tornou uma das maiores forças militares da Europa, sua influência cultural se expandiu, e a economia do país foi reestabelecida.

[125] Armand Jean du Plessis, Cardeal de Richelieu, Duque de Richelieu e de Fronsac, 1585-1642.

[126] Jules, Cardeal Mazarino 1602-1661.

A EUROPA POR VOLTA DO ANO 1000

restauraram a paz e a tranquilidade. Com a morte de Mazarino, Luís XIV assumiu o controle das finanças pessoalmente, dando início a meio século de guerras que devastaram a Europa.

No sistema tributário francês dos séculos XVII e XVIII, a exação mais importante era a talha, incidente sobre a propriedade imobiliária, porém com isenções para o clero, a nobreza e as classes abastadas, que podiam pagar valor único para ficar eternamente livres da cobrança. Havia, outrossim, tributos indiretos com grande variedade de alíquotas, conforme a província. O governo estava ciente do fato de que tal sistema sabotava os critérios de generalidade e igualdade que haviam sido introjetados nos últimos tempos, em parte devido à influência dos teóricos da tributação.

Visando a distribuir a carga fiscal de forma mais justa, mas também angariar recursos adicionais para o Estado, Colbert tentou inicialmente introduzir um tributo sobre o consumo, que deveria sujeitar tanto os pobres como os ricos. Quando essa tentativa falhou, ele criou, em 1664 e 1667, elevadas tarifas de importação, que se prestavam em parte – ou melhor, especialmente – à proteção das indústrias locais. Após sua morte, em 1695, o tributo que Colbert concebera foi implementado, mas acabou se tornando uma tributação *per capita*, em que a nobreza pagava muito pouco. Assim, do ponto de vista da justiça fiscal, nada foi solucionado.

Em qualquer caso, Marshal Vauban[127] não estava contente. Ele publicou, em 1707, o livro *Projet d'une Dixme Royale*,[128] com o subtítulo *Máximas Fundamentais do Sistema*. Esse documento estruturou os alicerces da doutrina das finanças públicas, trazendo considerável número de propostas práticas. No campo tributário, Vauban clamava pela necessidade de observância do princípio da capacidade contributiva. Ele entendeu claramente que o sistema tributário francês, com seus privilégios pessoais e territoriais, deveria ser substituído por um novo modelo, no qual generalidade, igualdade e capacidade contributiva seriam os princípios reinantes (apesar de Vauban não utilizar esses exatos termos, pouco importava, porque a mensagem era essa). Sua obra foi banida pelas severas críticas ao sistema francês, que, ao mesmo tempo, foram também as responsáveis pelo seu sucesso.

....

[127] Sébastien le Prestre, Marquês de Vauban, 1633-1707.
[128] Nota do tradutor: em português, "Projeto de um dízimo real".

Inobstante, os governantes da França não haviam aprendido nenhuma lição. Em 1710, uma nova exação foi adicionada à talha, sendo extinta após alguns anos. A isenção desse novo tributo podia ser comprada pelo clero e também pelas cidades, em favor de seus habitantes, mediante o pagamento de uma quantia única. Quando o governo solicitou à Universidade de Sorbonne aconselhamento sobre a constitucionalidade desse tributo, a resposta que obteve foi: considerando que todos os bens dos súditos são de propriedade do monarca, a sua apropriação pela Coroa apenas significa apoderar-se de algo que já pertence à própria realeza.

John Locke,[129] filósofo inglês e pensador político, discordava dessa visão. Ele argumentava que o Estado existia para proteger a propriedade privada e que, sem autorização expressa, não se poderia exigir nem um centavo da população – ainda mais da forma arbitrária que ocorria na França. Para tornar claro que a proibição de se apropriar do que era do povo também se aplicava ao Estado absolutista, Locke exemplificava com o serviço militar. Um comandante podia dar ordens aos soldados cuja consequência fosse eventualmente a morte no campo de batalha, assim como sentenciar um desertor à pena capital; mas não estava autorizado a tirar um centavo dos bolsos dos seus comandados ou mesmo do desertor. É desnecessário dizer que, nesse momento, estava-se no alvorecer do Iluminismo. As ideias expressas por Locke resultaram na democracia parlamentarista. A Inglaterra esteve à frente desse pensamento, com sua tradição de instituição de tributos apenas mediante consentimento dos representantes do povo. O mesmo caminho foi trilhado pela República das Sete Províncias Unidas dos Países Baixos.

Foi somente em 1750, quando se tornou necessário elevar as receitas tributárias para pagar as dívidas contraídas após a guerra de sucessão austríaca, que se viu na França algo parecido com uma melhoria do sistema tributário. Um novo tributo foi instituído (a *vingtième*)[130] com o propósito de cobrar 5% da renda líquida das pessoas físicas, inclusive das que eram isentas da talha. Contudo, além dos salários e pensões pagos pelo Estado – sobre os quais o tributo era retido na fonte – essa exação somente afetou os ganhos oriundos da locação de imóveis. A razão para tanto era a dificuldade de se estimar as rendas auferidas de outras formas – o que somente era possível por

....

[129] John Locke, 1632-1704.

[130] Nota do tradutor: a "vintena" era um imposto direto que incidia a uma alíquota de 5% sobre a renda, inclusive a dos nobres.

arbitramento, que não foi feito pelo governo, pois este já estava tendo muitos problemas devido à forte oposição à cobrança da vintena. Como resultado, o clero foi isento do novo tributo, mediante o pagamento de valor único pela Igreja, o que obviamente prejudicou o objetivo de introduzir nova exação que fosse efetivamente para todos.

As severas críticas de Adam Smith (1776) ao sistema tributário francês – com suas confusas exações locais, seus privilégios territoriais e pessoais e os elevados lucros auferidos pelos particulares que coletavam os impostos – eram apropositadas. Seria equivocado, entretanto, concluir que o sistema parlamentarista inglês levava a uma divisão mais justa da carga tributária na Grã-Bretanha nesse mesmo período (final do século XVIII) em comparação com a França. No Parlamento, composto e comandado por grandes proprietários de terras, não havia espaço para se debater a tributação das propriedades imóveis. Para citar alguns números: mais de 80% das receitas tributárias britânicas advinham de tributos alfandegários e impostos especiais sobre o consumo, que penalizavam sobretudo os pobres. Das demais receitas fiscais, 75% eram oriundas de um tributo sobre a terra, do qual proprietários poderosos, em regra, conseguiam escapar devido à sua influência local.

O clamor para uma divisão mais equânime da carga tributária se tornou cada vez maior, o que não surpreende, já que nos dois mais importantes países da Europa a tributação era altamente injusta. Sob essas luzes é que a influência das quatro regras para a tributação ideal, formuladas por Adam Smith, deve ser analisada. Apesar de Smith ter tomado duas de empréstimo de Lord Kames[131] e outros, e mesmo que duas das quatro aludam ao direito em geral – e não somente ao direito tributário –, as "quatro máximas", como referidas por John Stuart Mill (em tentativa de glorificar Smith), exerceram considerável influência no pensamento da época. Nesse ponto, há que se registrar alguma surpresa com a importância adquirida pelos cânones de Smith, já que não fica muito claro seu pensamento a respeito da tributação. Ele era contra tributos indiretos, como os impostos especiais sobre o consumo, que contribuíam para o aumento dos salários, o que prejudicava tanto o comércio como a indústria. Tampouco era a favor de um tributo geral sobre a renda, pois isso implicava a necessidade de o comerciante entregar seus livros para inspeção, o que, além de violar a privacidade, era especialmente danoso quando o negócio estivesse passando por dificuldades temporárias.

....

[131] Nota do tradutor: Henry Home, ou Lord Kames, foi um filósofo escocês, 1696-1782.

As críticas de Adam Smith ao sistema tributário francês abriram caminho para a concretização de várias reformas econômicas e fiscais que haviam sido iniciadas nas décadas que antecederam a Revolução Francesa. Em 1776, Turgot fez uma tentativa, mas não conseguiu muito por ter agido de forma demasiado brusca. Sua proposta de abolir as corporações de ofício e a corveia (o trabalho compulsório que os cidadãos deveriam executar em favor do Estado) não foi adiante. As principais conquistas foram: a substituição, em 1787, dos diversos pedágios internos por uma única exação; o ataque, lançado por Necker,[132] em 1781, à venda dos cargos públicos; a publicação, nesse mesmo ano, do orçamento nacional (*compte rendu*), que propiciou uma visão sobre as receitas e despesas da Coroa; o fim das prerrogativas dos particulares coletores de impostos e o ataque aos privilégios pessoais da talha por meio de planos para introdução de um tributo geral sobre a propriedade da terra.

Essas reformas estavam em linha com as opiniões emitidas e tornadas públicas pela jurisprudência. A análise dos julgados dos treze Parlamentos – tribunais provinciais que também possuíam função executiva – demonstra sua clara intenção de substituir o absolutismo sem freios do Rei francês por uma monarquia constitucional. Mas como esses julgadores, de forma escrupulosa, mantinham os privilégios vigentes mesmo diante dos novos tributos, não se podia considerá-los elementos verdadeiramente inovadores.

As objeções da *Cour des Aides*,[133] tribunal específico para os impostos de consumo, eram um caso à parte, por serem de índole mais radical. Malesherbes,[134] Presidente da Corte desde 1759, usou sua posição para atacar o sistema tributário como um todo, em especial as desigualdades na cobrança e instituição dos tributos. Ele argumentou primeiramente, assim como Montesquieu,[135] que durante a monarquia francesa medieval os tributos nunca eram instituídos sem a anuência dos Estados Gerais. Em segundo lugar, havia um princípio de que a arrecadação total não deveria exceder as necessidades evidentes do Estado. Por esse motivo, era preciso haver alguma forma de contabilidade pública que estabelecesse a correta proporção entre receitas e despesas. Por fim, algo deveria ser feito a respeito das injustificadas diferenças entre as diversas classes sociais e as várias regiões do país.

....

[132] Jacques Necker, 1723-1804.

[133] Nota do tradutor: em português, Corte de Auxílios.

[134] Chrétien Guillaume de Lamoignon de Malesherbes, 1721-1794.

[135] Charles-Louis de Secondat, Barão de la Brède e de Montesquieu (1689-1755). Jurista francês e filósofo político. Criador da teoria da *trias politica* (princípio ou teoria da separação dos poderes).

Aparentemente, julgando-se pelas reformas que foram efetivamente levadas a cabo, os governantes, logo antes da Revolução, tinham mais consideração por Malesherbes do que os revolucionários. Estes, em retribuição pelas reformas propostas, levaram Malesherbes e grande parte de sua família à guilhotina, em 1794.

A opinião de Simon Schama,[136] para quem a Revolução Francesa não teria sido necessária, já que o país estava em curso para se tornar um Estado moderno, com finanças organizadas e sem privilégios fiscais, colide com a de vários outros historiadores. Continua, todavia, sem resposta a indagação sobre o papel do sistema tributário na Revolução Francesa: se teria sido realmente razão para o levante – e até que ponto o foi – ou se haveria também contribuição de outras causas. O ponto aqui é demonstrar como foi difícil para a nação-referência da Europa na época do Iluminismo – que, inclusive, nasceu em seu próprio solo – livrar-se dos grilhões de um sistema tributário ainda medieval. Apesar de a Revolução Francesa não ter tido uma influência duradoura sobre o sistema tributário – nem na França, nem em outros países – ela certamente resultou nas ideias que contribuíram para a inserção, nas Constituições europeias e de outras nações, dos princípios da generalidade e igualdade na tributação.

....

[136] Autor de *Cidadãos, uma crônica da Revolução Francesa.*

PARTE 2

A tributação como base para a formação dos Estados Unidos da América (1765-1801)

AS TREZE COLÔNIAS AMERICANAS ÀS VÉSPERAS DA REVOLUÇÃO

Após algumas tentativas iniciais infrutíferas de se estabelecer em solo norte-americano, um grupo de aproximadamente cem colonos desembarcou na Baía de Chesapeake,[137] em maio de 1607. Com sucesso, esses pioneiros criaram um assentamento no local, que passou a contar com fluxo regular de novos imigrantes da Europa, até que, em 1620, os Pais Peregrinos[138] fundaram a primeira colônia na América do Norte. Outros grupos se seguiram a este, e, pouco mais de um século depois, um total de treze colônias já existia.[139] A população era composta principalmente por filhos de imigrantes, não apenas da Inglaterra e da Irlanda, mas também de outros países europeus. Alguns desses imigrantes, como os peregrinos e os puritanos,[140] pretendiam escapar da perseguição religiosa em seus países de origem e professar livremente a sua fé no Novo Mundo. Já outros eram jovens amargurados que estavam em busca de aventura e riqueza; havia também pessoas pobres, que buscavam começar uma nova vida como trabalhadores braçais, enquanto outra categoria era formada pelos que haviam sido enviados à colônia como prisioneiros e, uma vez livres, optavam por lá se estabelecer para recomeçar.

....

[137] Nota o tradutor: a Baía de Chesapeake está situada no Nordeste dos EUA, cobrindo Estados como Nova York, Maryland e Virgínia, bem como o Distrito de Columbia. É considerada o maior estuário dos EUA.

[138] Nota do tradutor: em inglês, *Pilgrim Fathers*. Foram os primeiros colonos ingleses a se estabelecer de forma organizada no Novo Mundo, na região hoje conhecida como Nova Inglaterra.

[139] Virgínia, Massachusetts, Rhode Island, Connecticut, New Hampshire, Maryland, Carolina do Norte, Carolina do Sul, Geórgia, Nova York, Nova Jersey, Pensilvânia e Delaware.

[140] Nota do tradutor: calvinistas e puritanos seguem, ambos, a doutrina de João Calvino, na esteira da Reforma Protestante do século XVI, embora o termo *puritano* seja reservado aos fiéis mais radicais em suas crenças.

A iniciativa da colonização norte-americana, portanto, não partiu do governo britânico, mas, sim, de particulares motivados pelos seus desejos pessoais. A Inglaterra somente se envolveu na administração das colônias para assegurar os seus próprios interesses. Inicialmente, a "Pátria-mãe" não demonstrara interesse algum nos assentamentos ultramarinos. Foi somente quando estes passaram a ter algum sucesso que a Inglaterra voltou suas atenções para o Novo Mundo. O governo britânico subjugava as colônias com regras sobre navegação e comércio que sempre favoreciam o Império. Às colônias recém-fundadas foram outorgadas Constituições que lhes asseguravam formas específicas de representação popular, bem como permitiam aos cidadãos de cada uma delas gerenciar os seus próprios assuntos, sempre sob a supervisão britânica.

Apesar de as mulheres, os católicos, os judeus, os ateus, os negros, os índios, os mulatos e os trabalhadores braçais não votarem, e de a propriedade privada ser requisito para votar e ser votado, os representantes do povo em cada uma das colônias, ainda assim, eram eleitos de forma mais democrática que na Câmara dos Comuns inglesa. Nesta última, a política era ditada por uma elite que não conferia espaço ao cidadão ordinário, enquanto nas novas colônias americanas os *freeholders*[141] tinham voz ativa nos temas políticos. Entretanto, tal como na Europa, o poder financeiro também ditava a política na América. Em outra seara – a da liberdade de culto – nunca houve no Novo Mundo perseguições como na Europa, apesar de a tolerância em relação a religiões não oficiais variar para mais ou para menos, conforme o local.

Em 1763, a população nas Treze Colônias era de aproximadamente dois milhões de pessoas, das quais 15% eram negras. Na Virgínia, o Estado mais populoso, com meio milhão de habitantes, um terço da população era negra; na Carolina, mais da metade. Os Estados do Sul eram eminentemente rurais, com poucas cidades e vilas, sempre afastadas umas das outras. Os aristocráticos proprietários sulistas de grandes plantações estavam mais inclinados a adotar o sistema de regras e valores britânicos do que os residentes no Norte, em particular os da Nova Inglaterra, avessos a qualquer tipo de tirania. Esta última se fazia presente de forma bastante clara na França, país que ainda exercia importante papel no continente americano, mas cuja monarquia absolutista e religião católica romana eram odiadas pelos colonos do Norte da América. Mesmo quando a ameaça francesa findou, a resistência puritana

....

[141] Agricultores que lavravam a própria terra.

ESTADOS UNIDOS DA AMÉRICA (1765-1801)

contra qualquer interferência externa – que, aos olhos dos norte-americanos, era facilmente considerada tirania – não desapareceu por completo.

Enquanto a Inglaterra demonstrava pouco interesse político pelas colônias, as questões econômicas eram tratadas de outra forma. Apenas navios britânicos ou das colônias podiam fazer o transporte das mercadorias de e para a América do Norte. Sempre que um comerciante da colônia desejava enviar mercadorias para o exterior, ele deveria assegurar que elas seriam destinadas primeiramente à Inglaterra. Se não pudesse oferecer tal garantia – ou não desejasse fazê-lo –, os bens eram fortemente tributados na exportação. Em verdade, a Inglaterra se tornou o único entreposto para os produtos coloniais, tais como arroz, açúcar, tabaco, algodão, lã, índigo, cobre, cânhamo, piche, peles e cordames. Ao mesmo tempo em que, para as colônias, esse mercado permanente era vantajoso, os baixos preços praticados eram um problema. Ponto positivo, contudo, era a crescente indústria naval. Um terço dos navios que utilizavam a bandeira britânica havia sido construído nos estaleiros coloniais.

Quando, em razão das inflexíveis leis sobre o comércio, as colônias passaram a comprar menos produtos britânicos e a produzir mais por conta própria, a Inglaterra rapidamente retaliou os norte-americanos. Em 1699, os ingleses proibiram a exportação de fios e tecidos de lã das colônias e, em 1732, a corporação dos chapeleiros empreendeu exitoso *lobby* para proibir a exportação de chapéus pelos americanos. A fabricação de aço foi limitada, as refinarias de açúcar foram banidas e o trabalho escravo foi proibido nas fábricas. Essa lista cresceu fortemente no século XVIII, ao mesmo tempo em que as colônias se tornavam cada vez mais independentes.

O "colonialismo" foi, assim, forma particular de mercantilismo. Apesar de aceito sem qualquer objeção no século XVII, já no XVIII essa forma de exploração econômica passou a ser questionada, inclusive por Adam Smith, no ano de 1776 (com algumas décadas de atraso, portanto).

Uma área que escapava à interferência britânica era o tráfico de escravos. Após o fim do monopólio da Companhia Real Africana, comerciantes americanos e ingleses foram autorizados a negociar cativos africanos, desde que 10% do seu valor de venda fossem recolhidos ao Tesouro britânico. Na metade do século XVIII, em torno de 5.000 escravos eram despachados anualmente ao continente norte-americano. Tais números deixam claro que esse "imposto sobre transporte" gerava renda considerável para as burras inglesas.

95

O SISTEMA TRIBUTÁRIO NAS COLÔNIAS

Como os americanos não precisavam manter um exército para se defender contra os franceses e os índios, uma tributação relativamente baixa e simples era suficiente. Ela variava de colônia para colônia. Os Estados da Nova Inglaterra[142] cobravam tributos sobre a propriedade móvel, tais como gado e escravos, bem como sobre casas e terras. Esse sistema era especialmente oneroso para os fazendeiros, que não conseguiam esconder os seus celeiros, rebanhos e casas das autoridades fiscais. Um tributo *per capita*[143] também era cobrado, atingindo fortemente os pobres – ao passo que o governador, os professores, párocos, deficientes físicos e estudantes eram isentos. As pessoas que ganhavam acima de determinada quantia eram tributadas de acordo com sua capacidade contributiva.

Nos Estados do Sul, dominados por ricos latifundiários, preferia-se a tributação indireta à da propriedade e da renda. Impostos de importação e exportação eram as principais fontes de recursos, ao mesmo tempo que havia também a capitação. Esta era sempre paga *in natura*, com tabaco ou outros bens de consumo. Nos Estados de Nova York e Maryland, uma combinação de tributos diretos e indiretos era utilizada, além da eventual capitação.

Devido aos incessantes esforços do Primeiro-Ministro William Pitt, a Inglaterra emergiu em 1763 como uma das vencedoras da Guerra dos Sete Anos, derrotando a França e tornando-se, assim, a superpotência colonial do continente americano. Apesar de as batalhas terem sido travadas em defesa das Treze Colônias, estas contribuíram apenas em parte para o combate. Enquanto algumas haviam vigorosamente apoiado os ingleses, outras se comportaram como se o conflito estivesse ocorrendo em outro planeta. A Inglaterra foi obrigada a assistir impassível ao engajamento mercantil em larga escala entre as colônias e o inimigo; em verdade, os principais fornecedores do exército francês eram comerciantes norte-americanos. A guerra drenou os recursos financeiros britânicos. O país teve que arcar com dívidas enormes, juntamente com as obrigações de manter um exército nas colônias americanas e de pagar salário para número considerável de funcionários

----

[142] Nota do tradutor: a Nova Inglaterra, região Nordeste dos EUA, abrange Connecticut, Maine, Massachusetts, New Hampshire, Rhode Island e Vermont.

[143] Nota do tradutor: capitação é o nome dado à exação cobrada *per capita*, independentemente da renda e do patrimônio do contribuinte.

governamentais na América do Norte. Por que, então, os americanos não poderiam suportar quinhão maior desse ônus?

O primeiro e moderado passo na direção de uma contribuição colonial mais elevada foi dado durante a Guerra dos Sete Anos. Para facilitar a arrecadação de tributos de importação pelos oficiais alfandegários, a Inglaterra emitia mandados de busca, permitindo aos oficiais investigar residências particulares, lojas e armazéns suspeitos de conter bens contrabandeados. Protestos juridicamente embasados se demonstraram inúteis, já que o advogado-geral em Londres havia decretado que tais mandados eram meio legítimo de implementação da Lei de Navegação. A Inglaterra pagou caro por esse incremento de receitas decorrente dos tributos de importação e das multas impostas: esses fatos marcaram o início de um estranhamento entre as colônias e a Pátria-mãe.

Logo após a Guerra dos Sete Anos, que havia fortalecido a autoconfiança das colônias, a Inglaterra determinou aos seus oficiais alfandegários que cobrassem os tributos aplicando a lei com máximo rigor. Os americanos interpretaram tal ordem como uma forma de tributação com a qual não haviam consentido. Até esse momento, os impostos de importação e exportação na América estavam associados à regulação do comércio. Ninguém apostava que essas exações um dia seriam adotadas para efetivamente financiar o Tesouro britânico às custas dos americanos. A exigência não seguia o padrão constitucional pelo qual as colônias governavam a si próprias, sob mera supervisão inglesa. O americano comum considerou tais medidas como sendo sintomáticas das aspirações do Rei Jorge[144] ao poder absoluto.

Durante a Guerra dos Sete Anos, o governo de Londres já havia tentado impedir o contrabando realizado pelos colonos, autorizando aos agentes alfandegários o acionamento da força policial em casos suspeitos. Imediatamente após a guerra, o Parlamento aprovou uma lei prevendo que, mesmo em tempos de paz, navios de guerra britânicos ficassem atracados em águas americanas, o que permitiu à Marinha auxiliar os fiscais da alfândega. O mesmo já havia ocorrido na própria Grã-Bretanha.

Ademais, foram atribuídos poderes mais amplos aos oficiais alfandegários e criados tribunais especiais para assegurar, de modo mais efetivo, o

....

[144] Nota do tradutor: Jorge III reinou de 1760 a 1820, ano de sua morte.

ESTADOS UNIDOS DA AMÉRICA (1765-1801)

cumprimento das regras que proibiam a importação de certos itens. Esses passos eram inicialmente direcionados a aumentar o fluxo de receitas oriundas da América para o Tesouro britânico. Madeira, ferro, potássio, couro e peles foram também adicionados à relação de *commodities* que não poderiam ser exportadas da colônia para a Europa (sem passar, inicialmente, pela Inglaterra).

A Lei do Açúcar (1764), apesar de reduzir as tarifas de importação sobre o açúcar bruto e o melaço, elevou as tarifas sobre o açúcar refinado, o índigo, o café, o vinho e os têxteis, sujeitando esses produtos aos tributos de importação e, com isso, deflagrando uma série de protestos contundentes, que foram acompanhados pela publicação de panfletos denunciando as medidas britânicas. A mensagem imediata foi a de que a tributação não consentida pelos cidadãos por meio de seus representantes os fazia perder a liberdade, transformando-os em escravos. Ao fim, apesar do amplo alcance financeiro e econômico da Lei do Açúcar, a oposição acabou se limitando a protestos por escrito.

Problemas com o novo sistema alfandegário

John Robinson, agente fiscal em Newport, Rhode Island, nomeado em decorrência da reforma do sistema alfandegário, logo descobriu que a implementação das novas e rígidas regras aduaneiras seria bastante difícil.

Inicialmente, os comerciantes locais prometeram-lhe razoável quantia se concordasse em fazer vista grossa quando carregamentos ilícitos aportassem. Mas Robinson era homem honesto e não tinha intenções de sucumbir às costumeiras práticas de suborno. Rapidamente, contudo, ele descobriu que os contrabandistas flagrados por ele ou por seus homens eram sistematicamente liberados pelo tribunal local. De fato, tanto o juiz como o promotor aparentavam possuir grande amizade com a população – incluindo os comerciantes.

Em abril de 1765, Robinson confiscou a escuna Polly, por não ter declarado sua carga de melaço em Dighton, Massachusetts. Robinson deixou o navio sob custódia e retornou a Newport. Ele contratou uma tripulação para levar Polly de Dighton a Newport, onde seriam ultimados os procedimentos para confisco da carga. A dificuldade de encontrar marinheiros em Dighton para executar o serviço deveria tê-lo alertado de que Polly carregava mais problemas do que o melaço. Após a partida de Robinson, a população local retirou as velas dos mastros, destruiu os cabos e âncoras, descarregou o melaço e fez buracos no fundo do navio, de modo que ele naufragou parcialmente e encalhou. Quando Robinson e sua tripulação incauta chegaram a Dighton, uma multidão convenceu os recém-chegados de que seria melhor buscar outros afazeres. Ao inspecionar o navio parcialmente arruinado, Robinson foi preso pela polícia. O proprietário de Polly havia aparentemente prestado queixa por danos ao barco, estimados em 3.000 libras, além da perda da mercadoria roubada. Sob escolta policial e acompanhado por ruidosa multidão que o insultava, Robinson foi forçado a caminhar oito milhas até Tauton, onde vivia o proprietário da escuna. Como não tinha dinheiro para a fiança e ninguém por perto para ajudar, teve que passar dois dias na prisão. Seus amigos em Newport providenciaram sua soltura quando souberam do ocorrido, mas, nesse momento, Robinson já era um homem desiludido.

98

A LEI DO SELO (1765)

Um ano após a Lei do Açúcar, o Parlamento inglês adotou direção oposta ao sancionar a Lei do Selo. O novo diploma normativo exigia a compra, pelos americanos, de selos vendidos pelo governo britânico, cujos preços variavam de meio centavo a dez libras. Esses selos deveriam ser apostos em contratos, documentos judiciais, indicações para cargos públicos, conhecimentos de cargas, liberações de importações, cartas de baralho, licenças para venda de bebidas alcoólicas e outros papeis legais, assim como em panfletos e anúncios de jornais.

O governo em Londres não tinha se preocupado em familiarizar os colonos norte-americanos com o novo imposto sobre o selo. Apesar de ter se referido a essa exação em reunião com alguns representantes coloniais, o Primeiro-Ministro britânico não fornecera maiores informações sobre ela. Assim, a Lei do Selo foi uma surpresa para os americanos.

Imediatamente, os colonos pegaram em armas. Foram distribuídos panfletos, proclamando que o Parlamento britânico não tinha o direito de tributar as colônias sem o consentimento destas. Somente as assembleias coloniais poderiam anuir com a tributação, hipótese na qual as respectivas receitas deveriam ser consideradas contribuição voluntária ofertada à Coroa pelos seus cidadãos.

James Otis, advogado de Massachusetts, combateu o argumento britânico de que os americanos teriam efetiva representação no Parlamento inglês, já que sua posição seria em tese a mesma dos habitantes de grandes cidades que também não possuíam delegados, tais como Manchester e Sheffield. Otis argumentou, em contraponto, que a representação parlamentar dessas cidades inglesas derivava da própria lógica.

Em outro encontro entre o Primeiro-Ministro e os agentes coloniais, mesmo assentindo que era razoável a divisão do fardo financeiro com a metrópole, aqueles últimos insistiram que as próprias colônias deveriam determinar o montante a ser pago. Nesse ínterim, petições e protestos inundavam a América. As reclamações eram acompanhadas por inúmeros motins, instigados por grupos de cidadãos patrióticos que se autodenominavam "Filhos da Liberdade". Com atos de violência e terror, os Filhos da Liberdade tentavam evitar a implementação da Lei do Selo. Uma das formas mais inocentes de protesto da população consistia no enforcamento simbólico de algum personagem desagradável, levado a cabo pelas multidões usualmente embaladas por álcool livremente distribuído por seus líderes.

Após muita resistência violenta em Boston, a Lei do Selo provou-se inexequível devido a bloqueios, por multidões obstinadas, ao transporte dos pacotes de selos, sendo que muitos oficiais sequer esperaram a irrupção da violência para renunciar a seus postos. Um oficial da alfândega de Connecticut, Jared Ingersoll,[145] mostrou-se mais relutante. Contudo, após discutir por horas, ele foi capturado pela multidão, atacado e ameaçado de forma tão séria que, ao final, sucumbiu à pressão.

No entanto, a batalha política em torno da Lei do Selo ainda estava por ser travada. Reunidos em Nova York, delegados de nove colônias redigiram a "Declaração de Direitos e Queixas dos Colonos na América", enviada ao Rei Jorge e a ambas as Casas do Parlamento britânico. A declaração rejeitava a noção de que a Inglaterra possuía o direito de tributar os americanos. Outrossim, alegava-se que a Lei do Selo violava o princípio básico da Constituição britânica de que "não há tributação sem representação". Foi também decidido que, a partir de 1º de janeiro de 1766, não seriam mais importadas mercadorias da Inglaterra. Como essa foi a primeira vez em que representantes legais de várias colônias se reuniram não apenas para discutir temas de interesse comum, mas também para adotar uma posição e partir para a ação, o impacto político desse encontro foi considerável.

Os Filhos da Liberdade, já se manifestando como partido político, passaram a bombardear os jornais com uma enxurrada de cartas para os editores que, a seu turno, não ousavam se recusar a publicá-las. De tempos em tempos, os Filhos da Liberdade variavam suas ações, queimando selos e enforcando bonecos de palha para pacificar as multidões insufladas. Como resultado desses protestos, a Lei do Selo foi revogada um ano após sua instituição. Inobstante, a ideia de envolver os americanos na restauração das finanças britânicas não fora abandonada pelos ingleses.

....

[145] Nota do tradutor: Jared Ingersoll (1749-1822) foi advogado e o primeiro Procurador-Geral do Estado da Pensilvânia.

ESTADOS UNIDOS DA AMÉRICA (1765-1801)

Protestos em Boston devido à Lei do Selo

Em Boston, Andrew Oliver foi designado para implementar a nova Lei do Selo. Uma multidão violenta enforcou dois bonecos de palha em uma árvore, representando Oliver e o Primeiro-Ministro inglês Lorde Bute. Alarmado com o ocorrido, o Governador Sir Francis Bernard procurou o conselho da cidade. Os conselheiros disseram que o fato nada mais era que uma brincadeira de criança. Bernard posteriormente ordenou a remoção dos bonecos pela polícia, que se recusou a fazê-lo. Após o pôr do sol, a multidão se dirigiu à residência de Oliver com os "enforcados" – sendo que, no caminho, coletaram madeira para acender uma fogueira. O Tenente-Governador, Thomas Hutchinson, e o Chefe de Polícia foram ao local ver a cena, porém saíram de lá apedrejados. No dia seguinte, Oliver renunciou ao cargo de responsável pela implementação da Lei do Selo em Boston.

A multidão atacou novamente, dez dias depois. À noite, invadiram a casa do inspetor alfandegário, demolindo seus móveis antes de se dirigir à residência de Hutchinson – equivocadamente considerado pelos revoltosos como o criador da Lei do Selo. Ao longo da noite, quase nada foi deixado intacto, à exceção do chão e das paredes. Portas foram arrombadas, móveis despedaçados, roupas, camas e cobertores arremessados para fora. Livros e manuscritos que haviam sido coletados por Hutchinson ao longo de trinta anos foram destruídos e jogados na rua. Novecentas libras em barras de ouro foram roubadas e todo o metal desapareceu. Os arruaceiros demoraram duas horas para retirar a cúpula do telhado e, ao amanhecer, já o destelhavam.

Os Líderes Patriotas de Boston, chocados com essa explosão de violência sem precedentes e temendo represálias britânicas, prometeram ao governador a manutenção da ordem com ajuda da milícia. Os líderes convocaram uma reunião no dia seguinte, na qual repreenderam duramente os eventos da noite anterior. A polícia, agindo sob o comando do governador e do conselho, prendeu o prócer dos atos de violência. Os efetivos instigadores do protesto, temendo que o preso os delatasse, ameaçaram retirar o apoio da milícia se ele não fosse solto, o que ocorreu no dia seguinte. Os líderes populares concluíram então que o ataque à casa de Hutchinson teria sido feito por pessoas desconhecidas, uma visão compartilhada pela maior parte dos cidadãos influentes de Boston.

O Parlamento foi sitiado com petições de comerciantes dos grandes portos marítimos, cujas empresas tinham sofrido prejuízos. As exportações para a América haviam sido prejudicadas pelo boicote aos produtos britânicos. Os comerciantes pediam rejeição rápida da lei que tanto dano estava causando às suas relações comerciais. O declínio econômico inglês se agravava. A agitação sem tréguas nas colônias se tornara tópico frequente de discussão. Entretanto, o debate na Câmara dos Comuns foi largamente devotado às deliberações sobre o direito britânico à imposição de tributos sobre as colônias. A oposição insistia no fato de que o governo não possuía tal direito e, baseada em princípios da Carta Magna e leis subsequentes, sustentava que os cidadãos britânicos somente poderiam ser tributados mediante aprovação e consentimento – sendo certo que os imigrantes das colônias seriam detentores desse direito.

101

O governo inglês discordou, sustentando que o apelo da oposição à Constituição[146] era demasiado inflexível. Ele sustentou que a Constituição ainda estava evoluindo e que um sistema fixo de representação por meio da Câmara dos Comuns somente fora implementado a partir de Henrique VII.[147] O governo defendia ser imperativo considerar a relação entre a Inglaterra e as colônias como um todo. Afinal, os britânicos ofereciam proteção aos colonos, em troca da qual esperavam subserviência. A tributação era assim destinada a mitigar parcialmente os custos de manutenção das colônias, devendo ser considerada suplemento às já existentes leis de comércio e navegação. Essa construção legal, por consequência, submetia os americanos às leis do Parlamento, pois considerava ter havido o seu consentimento a elas pelo fato de serem cidadãos britânicos.

Inobstante, o Parlamento sabia que somente poderia fazer valer a Lei do Selo se enviasse considerável exército à América – e estava relutante em dar esse passo. Após várias semanas de debate, em 17 de março de 1766, por ampla maioria, o Parlamento votou pela revogação da Lei do Selo. Eufóricas, as colônias celebraram o acontecimento. Quase nada do abismo existente entre a Inglaterra e as colônias era visível. Os Filhos da Liberdade dissolveram seus grupos em várias localidades. Pensava-se que agora os direitos básicos das colônias haviam sido reconhecidos e que não haveria mais obstáculos no caminho para a prosperidade e riqueza norte-americanas.

Boneco de palha representando um coletor de impostos sendo enforcado.

---

[146] Nota do tradutor: apesar de a Inglaterra não possuir uma Constituição escrita e consolidada em documento único, como ocorre com a maior parte dos países ocidentais, existe um conjunto de regras e princípios regentes do direito inglês – oriundos tanto do Judiciário como do Parlamento e da própria interpretação doutrinária – que é denominado "Constituição britânica", também referida como "Constituição não escrita".

[147] Reinou de 1485 a 1509.

AS LEIS TOWNSHEND (1767)

Com um pouco mais de tato britânico, essa situação (de aparente restabelecimento da normalidade) poderia ter continuado. A revogação da Lei do Selo não significava que o Parlamento renunciara ao seu direito de tributar as colônias. Ao mesmo tempo em que a referida lei fora abolida – e como pré-condição para tanto – um ato declaratório foi adotado, dispondo que o Parlamento tinha o direito de obrigar as colônias e a população americana por meio de leis e estatutos "em todos os casos, quaisquer que fossem". William Pitt[148] e outros empreenderam infrutífero *lobby* para remoção dessas palavras. Os parlamentares viam o Império britânico como um Estado unitário, sobre o qual a mais elevada autoridade era detida por eles próprios.

As colônias, ainda em clima de celebração, não haviam percebido essa situação. Logo após o referido ato declaratório, alguns projetos de autoria de Charles Townshend foram aprovados pelo Parlamento e, como resultado, tornaram-se as "Leis Townshend". O imposto de importação sobre o chá, com alíquota de 25%, havia sido abolido anteriormente, já que sua cobrança tornara essa *commodity* a preferida entre os contrabandistas.[149] Com tal medida (e a redução do custo do chá para os americanos), decidiu-se tentar recuperar uma parcela desse tributo para o Tesouro inglês. A nova legislação estabeleceu uma cobrança à alíquota de 2,5%, na América, sobre chá e outros artigos para lá despachados, como chumbo, vidro, papel e corante.

Ao mesmo tempo, as leis propunham o fortalecimento do sistema alfandegário. Sob esse prisma, cinco comissários assalariados, pagos pela Coroa, seriam indicados para administrar e monitorar as alfândegas coloniais. Seu quartel-general seria em Boston, presumivelmente em razão da magnitude das violações locais às Leis de Comércio e Navegação.

Os americanos rebelaram-se contra os britânicos devido à instituição do novo tributo sobre o chá, que consideraram punitivo, e, uma vez mais,

....

[148] Nota do tradutor: William Pitt, o Velho, foi Primeiro-Ministro britânico entre 1766 e 1768. Foi pai de William Pitt, o Jovem, alçado ao posto de Primeiro-Ministro aos 24 anos (o mais jovem entre todos na história da Grã-Bretanha).

[149] Nota do tradutor: apesar de no Brasil haver distinção entre o contrabando (importação de produtos ilícitos) e o descaminho (importação de produtos lícitos, sem pagamento de tributos), o uso do termo contrabandista (em inglês, *smuggler*) foi aqui adotado por motivos literários (tecnicamente, a importação do chá não era proibida, apenas excessivamente tributada).

ESTADOS UNIDOS DA AMÉRICA (1765-1801)

a inquietação civil ressurgiu, com protestos organizados e distribuição de panfletos inflamados. Em 1769, adveio novo boicote aos produtos britânicos. Juntamente aos protestos populares, surgiram artigos escritos por advogados que consideravam inconstitucionais as medidas britânicas.

Águas revoltas para a alfândega

Escaramuças constantes, ocasionalmente desaguando em violência, ocorreram com oficiais alfandegários em razão do contrabando de chá e outros bens enquadrados nas Leis do Comércio. Exemplo desses conflitos ocorreu em 1770. John Swift, o chefe do serviço alfandegário da Filadélfia, sofreu uma experiência perturbadora. Quando se espalhou em Londres a notícia de que um navio com carga de chá havia deixado o continente em direção à América, as autoridades alfandegárias nas colônias foram diligentemente notificadas. Em novembro, Swift recebeu relatório estatuindo que o Speedwell havia deixado Gotemburgo (Suécia) com um carregamento de chá e se dirigia à Filadélfia. A escuna aportou no dia seguinte após Swift receber o relatório. Ele imediatamente entrou a bordo do Speedwell, mas encontrou o porão repleto apenas de carvão. Como Swift suspeitava estar sendo enganado, ordenou o interrogatório da tripulação, a despeito do pedido do capitão para ser liberado, pois tinha que seguir imediatamente para a Carolina. Os membros da tripulação que foram localizados se recusaram a testemunhar, alegando que não poderiam ser forçados a cooperar no que poderia resultar em processo legal contra eles próprios. Swift foi forçado a sair do navio, convencido de que o capitão utilizara a conhecida tática de deixar o chá às margens da foz do Rio Delaware antes de seguir viagem acima. Como nesse ínterim o carvão havia sido desembarcado e reembarcado em vão, com os custos arcados pela alfândega, Swift aprendeu uma cara lição. Em seu relatório para Londres, escreveu melancolicamente: "Nesse país um oficial alfandegário precisa pensar com muita cautela antes de se aventurar a fazer uma busca, devendo estar certo de ter todas as dificuldades possíveis colocadas em seu caminho; ele é visto como inimigo da comunidade e tratado como tal, nunca sendo perdoado, tendo ou não sucesso em suas atividades, devendo se considerar pessoa de sorte caso a sua punição seja adiada para dia futuro...".

John Dickinson, causídico da Filadélfia, novamente levantava a questão fundamental: se as colônias eram ou não representadas no Parlamento britânico. Dickinson sustentava que o Parlamento não tinha o poder de tributá-las, já que a Constituição não fazia referência a esse ponto e, ademais, impedia a diferenciação entre tributos "internos" e "externos". Essa distinção também apareceu nas Leis Townshend e, de fato, foi aceita por alguns líderes americanos, incluindo Benjamin Franklin. Seu entendimento era o de que a tributação das transações internas das colônias competia a estas, mas as decisões sobre impostos de importação e assemelhados, nas quais o mundo exterior às colônias estava envolvido, eram de titularidade da Coroa britânica.

Novamente, o governo inglês foi forçado a recuar. Em 1770, o imposto de importação de 2,5% sobre outros produtos foi abolido, sujeitando apenas o chá a essa tributação. Consequentemente, o boicote contra o chá inglês continuou. A ordem cívica foi restabelecida, apesar de alguns poucos

104

ESTADOS UNIDOS DA AMÉRICA (1765-1801)

incidentes. A extensão da calmaria pode ser mensurada, durante os anos de 1771 e 1772, pela ausência de debates sobre questões americanas na Câmara dos Comuns. Ao revés, a Câmara devotou-se à crise em torno das Ilhas Malvinas. Enquanto em 1773 a América não ocupava espaço em nenhuma coluna de jornal, não menos do que 142 dentre 180 colunas dedicavam-se a ela em 1775.

Entretanto, apesar de os membros do Parlamento britânico não terem debatido a tributação das colônias americanas desde 1773, isso não significava que a questão havia escapado por completo à sua atenção. Naquele ano, o Parlamento irlandês considerou instituir a cobrança de dois *shillings* por libra de peso sobre os frutos das terras cujos proprietários não residissem na Irlanda. O governo irlandês, pressionado pela necessidade de recursos, abraçou gananciosamente a ideia. Os britânicos estavam preparados para aceitar o tributo desde que ele se restringisse exclusivamente à Irlanda. Mas os proprietários ingleses que possuíam terras na Irlanda – muitos deles com assento em uma das Casas do Parlamento britânico – levantaram-se em protesto. Uma requisição assinada por alguns dos mais ilustres nomes no país foi enviada ao Conselho Privado do Reino Unido,[150] requerendo urgentemente a rejeição do projeto de lei irlandês. William Pitt, já Lorde Chatham e com assento na Câmara dos Lordes, recusou o pedido. Ele entendia que seria contrário aos princípios da Constituição britânica proibir a imposição de um tributo considerado aceitável pela Câmara dos Comuns irlandesa. O projeto de lei foi finalmente derrotado no Parlamento Irlandês por pequena maioria. Os proprietários de terras ingleses aparentemente tinham maior influência em Dublin do que em Londres. Essa derrota evitou o vergonhoso espetáculo de se fazer uma reclamação à Câmara dos Comuns inglesa – que desejava impor tributos sobre os americanos sem o consentimento destes – contra a pretensão do Parlamento da Irlanda de tributar os proprietários ingleses sem que estes consentissem.

A Pátria-mãe identificou demasiadamente tarde quanto dinheiro havia sido sugado das colônias em benefício do Tesouro. Em 1776, após o início da Revolução, um astuto – porém anônimo – membro do Parlamento britânico indagou qual a receita que o cultivo de tabaco na Virgínia e em Maryland

....

[150] Nota do tradutor: o "Conselho Privado de Sua Majestade" – hoje com função meramente cerimonial – é o órgão de assessoramento direto do monarca, composto por poucos e nobres políticos britânicos.

havia carreado para o Tesouro inglês antes da guerra. Feitas as deduções devidas, chegou-se ao valor de 274 mil libras esterlinas ao ano, no período entre 1761 e 1775, ou aproximadamente dois terços de todas as despesas que as colônias haviam gerado para a Inglaterra. Esse valor fora pago por produtores americanos de tabaco (que venderam seus produtos a preços baixos) e consumidores britânicos (que pagaram caro pelo tabaco). Esse cálculo refletia apenas uma *commodity* – o tabaco – e em apenas duas colônias. Fica-se, então, com a impressão de que, se o governo britânico tivesse dado a devida atenção à contabilidade pública, teria ficado claro que as colônias já haviam recolhido tributos suficientes para o Tesouro. Isso era exatamente o que os americanos pensavam. Não que os colonos fossem dotados de visão financeira mais apurada. Eles apenas sentiam, de modo intuitivo, que o valor pago por força das Leis de Comércio e Navegação já era suficiente. Logo, o elevado ideal de que "não há tributação sem representação" se reduz a uma simples questão matemático-financeira.

A FESTA DO CHÁ DE BOSTON (1773)

Em Boston, qualquer relativa tranquilidade foi apenas "a calmaria antes da tempestade". As receitas anuais do imposto de importação de 2,5% sobre o chá levado para a América remontavam a apenas quatrocentas libras esterlinas, devido ao boicote sobre o chá inglês, em oposição à arrecadação inicialmente estimada de vinte mil libras esterlinas. Os americanos não pararam de beber chá, logo, provavelmente, houve forte crescimento do contrabando desse produto.

Em 1773, a Companhia Inglesa das Índias Ocidentais, importadora da maior parte do chá europeu – seu produto mais lucrativo – encontrava-se em dificuldades financeiras. Uma das razões era o excesso de estoque. Apenas o excedente de chá montava a dezoito milhões de libras esterlinas, incluindo nesse montante os tributos de importação pagos em Londres, à alíquota de 25%, que não eram reembolsados na exportação. Visando a tornar possível aos comerciantes vender os estoques fora dos leilões compulsórios dos atacadistas, a Câmara dos Comuns teve que conceder uma permissão especial de exportação, com ressarcimento do imposto de 25%. A América era um bom mercado para o chá, desde que o boicote fosse quebrado. Os importadores, que haviam sido cuidadosamente selecionados nos portos americanos, deveriam

ESTADOS UNIDOS DA AMÉRICA (1765-1801)

emitir notas de câmbio em Londres para cobrir o tributo de 2,5% a ser pago na América. Os colonos imediatamente viram que esse gasto consistia em ardil no qual os tributos eram pagos em Londres, em vez de nas colônias.

Os eventos acima foram os instrumentos que levaram à infame Festa do Chá de Boston. Em um domingo, 28 de novembro, o primeiro navio de chá, o Dartmouth, seguido poucos dias após por outras duas embarcações com a mesma carga, singrou pelas ilhas próximas a Boston. O Capitão Hall ancorou próximo a um local estratégico, a algumas centenas de jardas[151] de Long Wharf. Assim, o Dartmouth chegava a Boston. Do ponto de vista legal, a situação do navio e da sua carga era a seguinte: o proprietário deveria fazer o desembaraço aduaneiro imediatamente após a chegada, no máximo em quarenta e oito horas, sob pena de multa; os oficiais alfandegários poderiam reter os bens caso o pagamento dos tributos alfandegários não fosse recebido em até vinte dias; havendo a retenção, tanto o navio como o chá seriam confiscados nos termos de uma lei de 1721, que proibia a devolução do produto para a Inglaterra. O prazo para que a carga do Dartmouth fosse desembarcada era 17 de dezembro. Sem autorização concedida pelo governador, o navio não podia navegar além de Castle Williams, o quartel-general naval dos britânicos. O que se seguiu foi uma guerra de nervos sobre quem conseguiria aguentar o maior tempo possível: as hordas de patriotas na costa ou o governo ao mar?

Na própria Boston, a inquietação cresceu com a aproximação do fim do período de espera de vinte dias. Em 16 de dezembro, dia melancólico e gelado, o último antes do prazo fatal, a tensão havia se elevado a um ponto insustentável. Às dez horas daquela manhã, mais de 5.000 pessoas se encontraram na Old South Meeting House,[152] que mal conseguia acomodar todos. A única forma de se solucionar pacificamente o impasse era requerer ao governador, Thomas Hutchinson, que emitisse autorização para que o navio deixasse o porto. Quando o proprietário do navio, após a visita ao governante, informou a recusa deste em emitir a autorização, pareceu por um momento que a multidão iria quebrá-lo em pedaços. Mas a ordem foi restabelecida, e duas perguntas foram-lhe feitas: se desejava mandar seu navio e a carga de volta à Inglaterra ou se pretendia descarregá-lo. Ele respondeu

....

[151] Nota do tradutor: uma jarda equivale a 91,44 centímetros.

[152] Nota do tradutor: Igreja puritana construída em 1729, em Boston, famosa por ter sido o palco do discurso de Samuel Adams, convocando os colonos norte-americanos para a Festa do Chá, evento-chave para a deflagração da Guerra da Independência dos Estados Unidos, em 1776.

ESTADOS UNIDOS DA AMÉRICA (1765-1801)

que não poderia enviar sua embarcação de volta, pois isso representaria sua própria ruína; e adicionou que somente descarregaria o navio se fosse forçado a tanto pelas autoridades.

A Festa do Chá de Boston: patriotas vestidos como índios jogam o chá ao mar.

Sam Adams, a força motriz por trás dos Patriotas de Boston, escolheu esse momento para se levantar e protestar arguindo que não podia imaginar o que mais o povo poderia fazer para salvar o país. Esse provavelmente foi um sinal pré-combinado, pois das varandas ecoou um grito de guerra, respondido por pequeno grupo de pessoas em pé na entrada, vestidas como índios.

ESTADOS UNIDOS DA AMÉRICA (1765-1801)

Seguido pelas massas, esse grupo saiu do prédio e se dirigiu ao porto, onde o Dartmouth e o Eleanor estavam lado a lado, cada qual com 140 engradados de chá a bordo. Ali perto, estava atracado o veleiro Beaver, com 112 engradados de chá, totalizando 90.000 libras de peso[153] e valendo mais de 900 libras esterlinas. Em curto espaço de tempo, vários agrupamentos de pessoas – muitas das quais disfarçadas de índios para evitar reconhecimento – haviam subido a bordo. Alguns engradados foram cortados com machados, enquanto outros foram içados com equipamentos (para, então, serem jogados ao mar). A essa altura, o tempo ruim havia melhorado, e, com o auxílio do brilho da lua e de lanternas acesas pelos espectadores em terra, às nove da noite – três horas depois – os grupos haviam completado a tarefa de jogar os fardos de chá ao mar. Uma multidão calada, mas concordando com tudo, assistia distante. Os grupos se certificavam de que ninguém estava levando chá para casa. Um homem, tolo o suficiente para tentar, foi surpreendido e espancado.

A reação inicial do governador foi de surpresa. Tal como os destinatários da carga, ele esperava que, ao final, o chá fosse descarregado. Não lhe ocorreu que os Patriotas recorreriam a ações tão violentas. Sua próxima reação foi convocar o Conselho para punir os responsáveis. Demorou algum tempo antes que se conseguisse marcar a reunião – reiteradamente adiada por falta de quórum. Quando o Conselho finalmente deliberou, houve recusa em apoiar qualquer ação além de requerer ao Advogado-Geral que investigasse o problema e submetesse suas conclusões ao júri para um possível processo. Como previsto, nada resultou dessa apuração.

Notícias da "Festa do Chá de Boston" chegaram inicialmente à Inglaterra em 20 de janeiro de 1774. O governo britânico estava furioso. Como parecia ser impossível processar indivíduos, optou-se por dar uma lição geral aos bostonianos. O porto foi fechado, privando a cidade de sua única razão de existir. A democracia interna dos órgãos governamentais do Estado de Massachusetts foi severamente restringida. Os poderes do governador foram ampliados, e os das assembleias de munícipes, reduzidos. Essa reação, precipitada e cruel, uniu os colonos de Boston, bem como os dos demais Estados, atuando como catalisadora da revolta, iniciada aos 19 de abril de 1775 com escaramuças entre as tropas britânicas e as milícias locais em Lexington e na Concordia. No começo do levante, advogados americanos defendiam a tese de que o Parlamento britânico não possuía autoridade nas colônias, que

....

[153] Nota do tradutor: equivalente a 40,8 toneladas.

109

seriam "Estados soberanos", sobre os quais o único "poder supremo" seria exercido pelo rei inglês. Isso teria significado o retorno ao passado, afastando a influência do Parlamento, não fosse o próprio monarca tão antiamericano. No início da guerra, essas ideias foram rapidamente esquecidas.

OS ARTIGOS DA CONFEDERAÇÃO (1777-1787)

Anos de batalhas heroicas se seguiram à assinatura da Declaração de Independência, aos 4 de julho de 1776, na qual as colônias se declararam Estados autônomos. Os países da Europa continental, liderados pela França, juntaram-se posteriormente à disputa. O auxílio militar francês à jovem nação norte-americana foi decisivo. Mesmo a República da Holanda – apesar de reduzida a posição secundária, tanto militar como politicamente – envolveu-se na luta. Comerciantes da ainda dominante Província da Holanda mantiveram o comércio com a população local, incluindo os rebeldes. O apoio holandês teve início em 1780, quando, na ilha caribenha de Santo Eustáquio – um trampolim para o contrabando entre os holandeses e os rebeldes –, disparou-se o primeiro tiro em saudação a um navio de guerra americano. Com isso, a Holanda foi a primeira nação independente a reconhecer a bandeira norte-americana em mar aberto. De fato, os empréstimos que as ex-colônias receberam dos comerciantes holandeses não eram menos bem-vindos que o auxílio militar e financeiro dos franceses. A Guerra de Independência levou a um tratado de paz com a Inglaterra, firmado em Paris, no ano de 1783.

Uma das maiores dificuldades que a nova e emergente nação enfrentava era sua frágil situação financeira. O Congresso, formado por delegados dos Estados, não era mais que um clube de debates, que se movia de cidade em cidade. A maioria dos seus membros era formada por congressistas de meio expediente, sem experiência em governo conjunto e desprovidos dos instrumentos necessários ao exercício do poder, que precisavam ser moldados um a um. Considere-se, por exemplo, a dificuldade de se transformar as milícias locais em exércitos permanentes. A necessidade de mantê-los, aliada a outros fardos da guerra, consumiu largas somas de dinheiro. Era inconcebível, entretanto, permitir ao Congresso ignorar os chefes de governos locais e tributar diretamente os cidadãos para financiar a nação. Afinal, as Treze Colônias haviam lutado para conquistar a autodeterminação contra um governo central que pretendia tolher essas ambições. A proteção aos direitos

ESTADOS UNIDOS DA AMÉRICA (1765-1801)

humanos, o governo como um consenso entre governantes e governados e o conceito de "sem representação não há tributação" eram princípios atávicos em cada americano. Entretanto, como seus horizontes não se estendiam para além das fronteiras de sua própria colônia, os antigos colonos não conseguiram aplicar esses mesmos princípios à novel Confederação dos Treze Estados. A primeira Constituição, denominada "Artigos da Federação" e adotada pelo Congresso no início da guerra (1777), somente se tornou efetiva em 1781. Ao mesmo tempo que esse documento continha vários enunciados de elevada estatura sobre cooperação, ele deixava o Congresso, o único órgão que exercia o poder central, em posição extremamente frágil, pois várias responsabilidades governamentais cruciais haviam sido delegadas aos Estados.

Os americanos reconheciam que a tributação era a chave para o exercício do poder e, por isso, não poderia ser deixada para o Congresso, devendo ser delegada individualmente para as ex-colônias. Para levantar os fundos necessários à guerra, o Congresso foi forçado a recorrer aos Estados, que, apesar de obrigados a contribuir com sua parcela, tinham autonomia para estipular o nível de tributação necessário para fazer face à sua cota.

A questão-chave nesse sistema de tributação girava em torno de qual critério deveria ser utilizado para definir a parcela de cada Estado na contribuição geral. O primeiro rascunho dos Artigos da Confederação, feito por John Dickinson, da Pensilvânia, utilizava o número de habitantes como regra de repartição. Essa proposição foi veementemente repelida pelos Estados com grande população negra. Se os escravos fossem contabilizados, os sulistas pagariam fatia bem maior. Os representantes de Maryland propuseram, então, que apenas os brancos fossem considerados, já que os escravos integravam o patrimônio do seu proprietário, sendo bens pessoais. A proposta de Maryland foi rejeitada por pequena maioria e meses de debates sobre a questão da repartição se seguiram, começando no verão e continuando até outubro de 1777.

Três planos alternativos foram, ao cabo, apresentados: a proposição original descrita acima, baseada na divisão do tributo conforme o número de habitantes; uma outra, assentada no valor das terras; e uma terceira, que considerava a riqueza geral. Apesar da forte oposição dos Estados da Nova Inglaterra, decidiu-se utilizar como critério o valor da terra. Esse método, entretanto, afetou desfavoravelmente os Estados do Norte, mais densamente povoados e com terras mais valiosas que os do Sul. Para o bem comum de todos, entretanto, os nortistas se resignaram com essa decisão.

111

Nesse ínterim, comitês permanentes do Congresso, que lidavam com as tarefas diárias do governo, depararam com o problema de financiar a guerra. Por um lado, eles poderiam capitalizar a onda de sentimento patriótico, solicitando aos Estados que fizessem contribuições; por outro, era preciso conceber métodos para a obtenção de empréstimos estrangeiros. O Congresso emitiu seu próprio papel-moeda e passou a imprimir cada vez maiores quantidades de dinheiro. Isso resultou em hiperinflação. O dólar caiu, em poucos anos, a dois ou três por cento do seu valor original e, na primavera de 1782, chegou a ser retirado de circulação. Os custos da guerra precisavam, portanto, ser arcados de outra forma. Uma alternativa empregada, similar à utilizada mil anos antes por Carlos Magno, foi a de pagar soldados com terras, nesse caso, utilizando o território entre os Montes Allegheny[154] e o Mississipi. O exército era frequentemente obrigado a requisitar alimentos, suprimentos e transporte. Como esperado, essa forma de tributação *in natura*, altamente arbitrária, levou a amarguras e discórdia. Ademais, número significativo de americanos não acreditava na necessidade da revolução. Pequenas guerras civis eclodiam localmente, de tempos em tempos, entre proponentes e opositores da independência.

Claramente algo precisava ser feito. Do contrário, os americanos ganhariam a guerra, mas perderiam a revolução. E algo efetivamente aconteceu. Iniciando-se em 1780, contramovimentos, frequentemente referidos como a contrarrevolução, surgiram em vários Estados. Cidadãos mais conservadores haviam conseguido reverter o curso dos eventos com um programa de elevada tributação, dinheiro com lastro e livre iniciativa. Eles davam pouco crédito à afirmação de Thomas Paine[155] de que a propriedade estaria segura nas mãos do povo. Ao revés, enquanto esses "conservadores" reconheciam que a divisão desigual da renda era de fato a mais significativa fonte de conflito humano, eles desejavam, inobstante, manter essa desigualdade na riqueza e na renda – já que, em sua visão, isso traria prosperidade para todos e, especialmente, para eles. Servia aos seus interesses um governo forte o suficiente para evitar que grupos sociais ameaçassem as vidas uns dos outros. Foi essa a opinião que prevaleceu no Congresso, de 1781 até o fim da guerra. Os adeptos dessa corrente descartavam as leis destinadas a estabilizar a moeda e regular os preços, por eles tidas como inúteis.

---

[154] Nota do tradutor: os Montes Allegheny integram a Cordilheira dos Apalaches na Costa Leste dos Estados Unidos da América e do Canadá.

[155] Thomas Paine, 1734-1809.

O Congresso acreditava piamente que finanças sólidas, baseadas no livre empreendedorismo, ganhariam a guerra. Com isso em mente, começaram reorganizando o exército em uma força permanente de combate. O governo central foi reformado para aumentar a eficiência. Os departamentos do Tesouro, Relações Exteriores e Navegação foram constituídos, e, à sua frente, em vez de colocar comitês como se fazia até então, designou-se um dirigente que não era sequer parlamentar. Antigos e desacreditados líderes Patriotas decepcionaram-se com essa situação, mas estavam sem forças para resistir à nova onda de entusiasmo pelas inovações que varria o país – a qual levou até mesmo os comerciantes a levantar fundos voluntariamente para auxiliar o governo.

O prócer dos novos conservadores era um homem chamado Robert Morris,[156] comerciante da Filadélfia que havia ampliado sua já considerável fortuna ao combinar exitosamente contratos governamentais e negócios privados. Em 1781, Morris foi nomeado Superintendente de Finanças. Desde a vitória em Yorktown, aos 17 de outubro de 1782, a guerra estava se aproximando do fim, fazendo com que as despesas militares caíssem consideravelmente. Empréstimos estrangeiros também lhe propiciaram algum fôlego. Ao cortar o orçamento, demitir pessoal, reduzir custos e eliminar tarefas, Morris conseguiu restaurar o crédito público do governo central. Entretanto, sua tentativa de criar um Banco Central foi infrutífera, deixando os comerciantes com uma profusão de moedas cunhadas por doze Estados distintos – muitas severamente danificadas, demasiadamente leves ou falsificadas. Ademais, havia variedade perturbadora de papel-moeda nacional e estadual, o que reduzia sobremaneira o seu valor monetário.

Em 1780, reunidos em Hartford, delegados de Nova York e dos Estados da Nova Inglaterra adotaram medidas que eram características do clima então dominante. Para terem um governo central mais forte, conferiram ao Comandante-em-Chefe, George Washington, poderes para o uso da força de modo a compelir os Estados relutantes a pagar sua parcela em prol do esforço de guerra, bem como atribuíram ao Congresso o direito de instituir impostos de importação. Esta última resolução, em particular, possuía consequências de amplo alcance.

....

[156] Robert Morris, 1734-1806.

ESTADOS UNIDOS DA AMÉRICA (1765-1801)

Assim foi que, em 1781, o Congresso propôs um imposto de importação de 5%, a ser arrecadado pelos agentes do governo central e cujos valores seriam destinados ao pagamento das dívidas por este contraídas. Essa proposta contradizia os Artigos da Confederação, que atribuíam exclusivamente aos Estados o poder de tributar e, portanto, a prerrogativa de ser a base das finanças governamentais. Se esse projeto fosse adiante, os Artigos da Confederação precisariam ser emendados e ratificados por todos os treze Estados.

O objetivo mais importante de Morris era libertar a União dos caprichos financeiros dos Estados. Isso somente seria alcançado se o Congresso pudesse instituir tributos para cobrir as despesas do governo central e, ao mesmo tempo, as receitas tributárias gerassem segurança suficiente para pagamento dos juros das dívidas e amortização do principal. Morris enxergava as dívidas contraídas durante a revolução como bênção disfarçada e possível "cimento para a União" – afinal, elas justificavam os tributos que pretendia criar.

Morris apoiou integralmente o resultado da reunião de Hartford, que propôs emendar os Artigos da Confederação de modo que o governo central pudesse instituir tributos. Ele lançou sua considerável influência em uma campanha, valendo-se de toda forma de publicidade: pressionou autoridades locais, escreveu panfletos e artigos de jornal, mas seus esforços foram em vão. Para emendar os Artigos da Confederação, exigia-se a unanimidade dos treze Estados. Rhode Island, o menor deles, recusava-se a ratificar a emenda. Consequentemente, nenhuma mudança no sistema tributário foi efetivada. A tentativa de moldar a Confederação em Estado Federal por meio da mudança da estrutura tributária falhara.

Outro plano também não logrou êxito. Este envolvia um tributo especial para pagar os débitos de guerra da jovem nação, a ser cobrado por vinte e cinco anos. Tal forma de tributação teria reforçado a influência do governo central. Um movimento de oposição ganhava corpo. Alguns Estados estavam trocando seus próprios títulos de dívida por papéis emitidos pelo governo central. O governo daquele Estado se tornava, com isso, o detentor da dívida política. Morris e Alexander Hamilton,[157] advogado de Nova York, entenderam muito bem que, se outros Estados agissem dessa forma, a solidariedade entre eles ruiria. Eles consideravam que a dívida nacional era fator de aglutinação em

----

[157] Alexander Hamilton, 1755-1804.

114

ESTADOS UNIDOS DA AMÉRICA (1765-1801)

favor da Confederação. Com efeito, os habitantes da Pensilvânia, Estado-chave e credor da maior parte das dívidas do Congresso, tomaram essa decisão a despeito dos protestos de Morrison e seus amigos.

Não era mais inconcebível que a Confederação pudesse se desfazer em pequenos grupos de Estados como os da Nova Inglaterra, os do Atlântico Central (incluindo ou não a Virgínia) e os do Sul. Apenas quando o movimento por uma União forte obtivesse amplo apoio entre as camadas sociais e, ao mesmo tempo, a Constituição conseguisse balancear os poderes do Estado, é que chegaria o momento de colocar a tributação sob o controle do governo central. O poder de tributar, então, seria a chave da porta que abriria caminho para uma nação esplêndida e autoconfiante.

A NOVA CONSTITUIÇÃO (1787)

Aquele momento chegou antes do esperado. O fim da Guerra da Independência abriu novas perspectivas não apenas para a retomada das relações comerciais com a Inglaterra, mas também para os negócios com a França e a Holanda. O comércio americano teve um início mais difícil do que se esperava devido a vários fatores, como a falta de crédito e de produtos para exportação, necessários para operar em mercados estrangeiros, bem como os baixos preços do tabaco. Entretanto, após algum tempo, os negócios floresceram e viabilizaram uma recuperação econômica altamente necessária. Era tarde demais, entretanto, para salvar os Artigos da Confederação. Ouviam-se críticas de todos os lados em razão da falta de comando do governo. Proprietários de títulos do Tesouro, industriais e comerciantes não eram os únicos grupos a advogar um governo central forte; havia também outros cidadãos nacionalistas que, da mesma forma, aguardavam o dia em que os Estados Unidos assumiriam seu lugar dentre as nações poderosas do mundo.

Apesar de inexistirem barreiras comerciais entre os Estados, cada um deles efetivamente cobrava seus próprios tributos de importação, a bem dos cofres estaduais. Essas exações levavam inevitavelmente a batalhas internas. Bens europeus – não mais exclusivamente ingleses, já que França e Holanda haviam se tornado importantes parceiros comerciais – destinados a Nova Jersey precisavam ser desembaraçados nos portos de Nova York e Filadélfia. Quando Nova York se recusou a repassar o tributo a Nova Jersey, esta tributou um

115

ESTADOS UNIDOS DA AMÉRICA (1765-1801)

farol localizado em seu território, porém pertencente a Nova York. Apesar de esse tipo de embaraço não ser frequente, ele ilustra as limitações dos Artigos da Confederação quanto à regulação do comércio interestadual.

A tibieza do Congresso também era clara nas fronteiras ocidentais da União, onde batalhas irrompiam contra os índios e o comércio podia ser obstado pelos espanhóis, que controlavam a foz do Rio Mississipi. Problema adicional foi criado pelas enormes dívidas de guerra contraídas individualmente pelos Estados. Alguns destes tentaram, de modo unilateral, reduzir os seus passivos, argumentando que as dívidas haviam sido contraídas em momento de preços elevados e dinheiro sem lastro. Logo, seria impróprio pagar a mesma quantia nominal em dinheiro com lastro, inclusive porque os preços haviam caído nesse ínterim.

As dívidas de Massachusetts atingiram proporção tal que, em 1785, o Estado teve que instituir os tributos mais elevados de todos os tempos para coletar os recursos necessários ao pagamento dos empréstimos. Se havia um único Estado no qual a população fosse controlada de modo imaculável, esse era Massachusetts, e, até mesmo lá, a tributação agravada levou a uma pequena revolta, conhecida como Rebelião de Shay. O nome refere-se a um veterano de guerra, que liderou pequeno exército de não mais do que mil agricultores, armados apenas com forquilhas e espingardas. Aqueles que aderiram à rebelião se recusavam a aceitar o aumento de tributos. Eles não estavam completamente errados, todavia. A Constituição de Massachusetts, aprovada por maioria acachapante seis anos antes, estatuía que as autoridades locais deveriam pagar a remuneração e as despesas de viagem dos delegados do corpo de representantes. Para as pobres regiões do Oeste, entretanto, esses custos eram tão elevados que seus delegados simplesmente não conseguiam comparecer às sessões. A opinião destes era de que o aumento de tributos não lhes dizia respeito, já que essa decisão fora tomada pelos cidadãos ricos de Boston e outras localidades portuárias. Esse ponto de vista era disseminado localmente em encontros de cidadãos insatisfeitos que, todavia, eram considerados ilegais pelos seus oponentes em Boston. Como os tempos haviam mudado em comparação a treze anos antes!

Mesmo tendo a Rebelião de Shay sido rapidamente reprimida pela milícia, ela gerou uma comunhão de esforços entre os adeptos de um governo central mais forte, devido ao medo dos cidadãos afluentes de que as massas tentassem buscar o poder.

116

ESTADOS UNIDOS DA AMÉRICA (1765-1801)

Deflagrada por disputas entre Virgínia e Maryland acerca da navegação no Rio Potomac, uma convenção em Anápolis, Maryland, foi realizada em setembro de 1786 para lidar com problemas do comércio interestadual. A iniciativa veio de Alexander Hamilton, que, tal como Robert Morris, era um fervoroso defensor de um governo central forte. Ele havia servido como ajudante de Washington, o que lhe permitiu experimentar em primeira mão os inconvenientes de um governo central fraco. Apenas cinco Estados foram representados na convenção e os delegados não foram capazes de conciliar os interesses locais e os do governo central, chegando a um beco sem saída. Hamilton então levantou a ideia de se requerer ao Congresso que organizasse novo encontro para "a única e expressa finalidade de revisar os Artigos da Confederação". O Congresso, reconhecendo sua própria fraqueza, estava ciente de que somente ganharia força se tivesse o poder de instituir tributos. Com o pensamento sobre a Revolução de Shay ainda falando alto, o Congresso concordou com a proposta de Hamilton. Como resultado, a Assembleia Constitucional realizou sua primeira sessão em 25 de maio de 1787.

Cinquenta e cinco delegados, sob a presidência de George Washington,[158] iniciaram a difícil tarefa de moldar uma nova Constituição. Eles logo perceberam que remendar os Artigos da Confederação seria exercício de futilidade. Todos os Estados estavam representados, à exceção de Rhode Island; este seria, inclusive, o último a ratificar a Constituição. Os delegados incluíam James Madison,[159] Benjamin Franklin,[160] Alexander Hamilton e outros pesos-pesados, faltando apenas os velhos radicais. Dentre eles, havia dezoito produtores rurais, sete comerciantes e oito advogados; dezenove eram senhores de escravos.

Suas reuniões eram a portas fechadas, e, somente após meio século, com a publicação das notas de Madison, os frequentemente acalorados debates se tornaram de conhecimento público. Madison, fazendeiro de Virginia e *expert* em direito constitucional, protagonizou importante papel na redação da nova Constituição, defendendo a teoria dos freios e contrapesos baseada na doutrina da separação dos poderes proposta por Montesquieu em 1748. A tese de Madison descrevia como as diferenças entre ricos e pobres, agricultura e comércio, religião e política deveriam ser mantidas em equilíbrio, cada qual agindo como contrapeso para o outro.

....

[158] George Washington, 1732-1799, Comandante-em-Chefe das Forças Americanas durante a Guerra de Independência e primeiro Presidente dos Estados Unidos da América, 1789-1797.

[159] James Madison, 1751-1836.

[160] Benjamin Franklin, 1706-1790.

Os delegados concordaram que o governo federal deveria ter o poder de tributar, regular o comércio interestadual, estimular o desenvolvimento econômico e representar os interesses americanos no exterior. Os Estados não mais se ocupariam desses temas individualmente, evitando praticar, especialmente, o que era definido à época como "ataque à propriedade". O controle do governo nacional estaria nas mãos dos "ricos, bem-nascidos e capazes", como Hamilton os definia. Os autores da Constituição eram crias do Iluminismo e estavam confiantes de que conseguiriam, sozinhos, iluminar a sociedade.[161]

A tributação era uma das questões centrais. Nesse ponto, assim como no comércio, o Norte e o Sul eram separados por um abismo, que se aprofundou durante o século XIX. Apesar de ter sido alcançado rapidamente um acordo sobre o comando contido na Constituição de que "todas as tarifas, impostos e tributos em geral devem ser uniformes nos Estados Unidos" (art. 1º, Seção 8.1), a forma de aplicação desse princípio foi um ponto em torno do qual houve ampla margem de discussão. Os tributos diretos afetavam a liberdade e a propriedade e precisavam ser cobrados com cuidado. Como resultado, o critério para repartição dos tributos diretos passou a ser baseado no número de habitantes em cada Estado e não mais no valor da terra. O art. 1º, Seção 9.4, da Constituição foi finalmente assim redigido: "Nenhuma capitação ou outro tributo direto deve ser instituído, salvo em proporção ao Censo ou Enumeração a ser realizado".

Décima Sexta Emenda à Constituição americana

Nos Estados Unidos, assim como em vários países europeus ao longo do século XIX, a carga tributária era imposta de forma desigual. Quando razões orçamentárias tornaram necessário o aumento da tributação, o Partido Democrata propôs, em 1893, a instituição do imposto de renda com alíquota de 2% sobre os rendimentos excedentes a 4.000 dólares (anuais). Isso alcançaria aproximadamente 2% da população, sendo que a maior parte dos afetados estaria nos Estados ricos do Leste, com seus muitos milionários. Após forte oposição, a proposta – descrita pelo Senador John Sherman como "socialista, comunista, diabólica" – foi adotada. Em 1895, a Suprema Corte (Pollock *versus* Farmers' Loan and Trust Company) declarou que não apenas o novo tributo era um imposto direto, mas também que os próprios autores da Constituição o consideravam como tal. Como não havia sido observada a exigência de repartição uniforme do tributo pelos Estados, baseando-se no número de habitantes, o imposto de renda foi declarado inconstitucional. O conhecido economista americano e historiador fiscal E.R.A. Seligman[158] se opôs à decisão e, em particular, ao seu argumento histórico.

Para desviar do problema, quando se introduziu um imposto sobre a renda das corporações, em 1909, ele foi revestido com a roupagem de um tributo especial: imposto sobre o privilégio de fazer negócios utilizando-se a forma de corporação. O imposto sobre a renda foi reintroduzido nos Estados Unidos somente após a aprovação da Décima Sexta Emenda, em 25 de fevereiro de 1913, por meio da qual o Congresso recebeu o poder de instituir tributos sobre a renda de qualquer fonte, ainda que sem repartição (do fardo tributário) com outros Estados.

---

[161] Edward Robert Anderson Seligman, 1861-1939.

Antes de chegar a essa definição, os delegados precisaram chegar a um consenso sobre o significado da palavra "população". Os escravos deveriam integrar essa conta? Os sulistas eram da opinião de que, ao determinar o número de delegados que um Estado poderia enviar para a Câmara de Representantes, os escravos deveriam ser considerados pessoas. Os nortistas, entretanto, tinham ponto de vista diferente. Para eles, os escravos eram propriedade. Elbridge Gerry, delegado de Massachusetts, articulou esse ponto de vista: "Por que deveriam os negros, que eram propriedade no Sul, valer mais para fins de representação do que o gado ou cavalos no Norte?". Quando se tratava de distribuir o fardo fiscal entre os Estados, o Norte e o Sul tinham diferentes opiniões: de acordo com os sulistas, os escravos não deveriam contar; já para os nortistas, era necessário considerá-los.

Um compromisso prático, inobstante ilógico, foi eventualmente alcançado. Cinco escravos deveriam ser contabilizados como se fossem três cidadãos, tanto para fins de representação como de tributação.

No que concerne às exações indiretas, havia também diferenças consideráveis entre Norte e Sul. Este último, eminentemente agrícola, possuía dois importantes produtos: algodão e tabaco, exportados especialmente para a Europa. O interesse do Sul era o de obter nível baixo – ou até mesmo inexistente – de tributos de exportação e importação. Lado outro, o Norte, com seu interesse em comércio e navegação e, em alguns Estados, uma nascente base industrial, queria elevados tributos de importação para proteger sua indústria da competição estrangeira. O Norte também desejava medidas fiscais protecionistas para estimular a navegação e construção de navios. Um compromisso foi finalmente firmado. A Constituição proibiu tributos de exportação e os anseios do Norte foram contemplados pela autorização da edição de leis sobre navegação e pela criação de tributos de importação.

Outro ponto de discussão era o comércio de escravos. Restrições a este foram proibidas por vinte anos, exceto pela instituição de um imposto de importação de no máximo dez dólares por pessoa. A palavra "escravo" não constava como tal na Constituição, mas aparecia na descrição de escravo fugido, que poderia ser requisitado de volta pelo seu Estado original de residência como "Pessoa destinada ao Trabalho ou Serviço". A liberdade, portanto, ainda era restrita à população branca, embora isso não fosse dito claramente.

ESTADOS UNIDOS DA AMÉRICA (1765-1801)

A ERA FEDERALISTA (1789-1801)

A nova Constituição havia sido redigida, mas, de acordo com suas próprias exigências, precisava ser ratificada por nove dos treze Estados antes de entrar em vigor. A questão sobre ser a favor ou contra a nova Constituição foi discutida com vigor na maioria dos Estados. Hamilton e Madison tomaram partido, publicando o periódico intitulado *O Federalista*. Neste, defendiam um governo central forte e sustentavam que uma tributação comum seria o meio para moldar uma única grande nação. Seus apoiadores foram rapidamente denominados "federalistas", e, seus oponentes, "antifederalistas". O nome era um pouco capcioso, pois os federalistas eram a favor de um governo central forte, não de uma federação "frouxa". Perante a opinião pública, isso lhes conferiu pequena vantagem psicológica.

> **Jefferson e Hamilton**
>
> As diferenças políticas entre Jefferson e Hamilton eram inconfundíveis. O primeiro, oponente de um governo central forte, defendia ideais da Revolução Francesa e advogava uma sociedade agrícola, livre de pressões da industrialização, urbanização e do mundo financeiro organizado. O outro, diametralmente oposto, era apoiador de um governo forte formado por um grupo de elite e não por meio de órgãos representativos – pois não acreditava na perfeição do ser humano e na sua capacidade de governar a si próprio – objetivando apoio ativo da indústria e dos armadores, bem como a apropriação justa das várias fontes de riqueza. Hoje, Jefferson poderia ser considerado democrata, e, Hamilton, republicano.

Em dezembro de 1787, Delaware e os importantes Estados da Pensilvânia e Nova Jersey já haviam ratificado a Constituição. Eles foram seguidos em janeiro por Geórgia e Connecticut. Os Estados nos quais se travaram os mais aguerridos debates foram Massachusetts, que aprovou a Constituição em fevereiro por uma votação de 187 contra 168; Virgínia, que a ratificou em junho por 89 votos contra 79 e, um mês após, Nova York com sua votação de 30 a 27. A Constituição era, agora, fato consumado. As eleições de 1788 deram aos federalistas ampla maioria, permitindo-os dominar o cenário político até 1801, quando foram apeados do poder pela presidência de Jefferson.[162]

A descrição aqui feita da "Era Federalista", que, em vários outros campos, moldou a jovem nação, será restrita às suas questões financeiro-fiscais mais relevantes. Para o novo governo do Presidente George Washington, cujos membros mais importantes incluíam o Ministro da Fazenda Alexander Hamilton (desde 1789) e o Ministro das Relações Exteriores Thomas Jefferson

....

[162] Thomas Jefferson, 1743-1810, terceiro Presidente dos Estados Unidos da América, 1801-1809.

ESTADOS UNIDOS DA AMÉRICA (1765-1801)

(desde 1790), a questão mais urgente em debate era como assegurar que a União tivesse sólidas bases financeiras. Isso envolvia a transformação dos parágrafos fiscais da Constituição em efetivas leis tributárias, bem como a busca de solução para o problema da dívida. Um não seria possível sem o outro.

A opinião geral no Congresso era a de que a receita deveria vir dos impostos de importação. Como a maior parte dos produtos industrializados utilizados pela população precisava ser importada juntamente com diversas matérias-primas, esses tributos deveriam assegurar ao governo considerável fonte de renda. Como lidar com esse problema, entretanto, era algo que ainda precisava ser solucionado entre nortistas e sulistas. Madison, liderando a Câmara de Representantes, capitaneou as discussões e conseguiu, habilmente, engendrar um compromisso entre uma política mercantilista de tarifas e outra baseada em requisições governamentais. Ao cabo, chegou-se a um acordo para aplicação de uma alíquota geral de 5% sobre a maior parte dos produtos sujeitos aos tributos de importação. Contudo, alíquotas especiais, de até 50%, seriam cominadas ao aço, navios e sua aparelhagem, tabaco, sal, índigo, têxteis e alguns outros itens.

No caso do melaço, o principal ingrediente utilizado na preparação do rum, a Câmara de Representantes inicialmente assentiu com a alíquota de 6 centavos por galão. Esse era um compromisso entre os produtores de rum da Nova Inglaterra e os representantes do Sul, para os quais beber rum era um luxo imoral. O Senado, então, interveio, e uma alíquota de 2,5 centavos foi fixada.

Enquanto a Lei de Tarifas foi aprovada de modo razoavelmente harmônico, as propostas de Madison acerca da tonelagem[163] seguiram caminho completamente oposto. A Câmara de Representantes concordou em favorecer os navios americanos sobre aqueles de bandeiras estrangeiras, mas a proposta de discriminar entre os estrangeiros, a depender se o país de origem tivesse ou não assinado um tratado com os EUA, encontrou forte resistência. As nações efetivamente envolvidas eram a Grã-Bretanha, que havia recusado o pacto, não desejando sequer discuti-lo nas negociações de paz de 1783, e a velha aliada França, com a qual o acordo existia desde 1778. De acordo com a

....

[163] Nota do tradutor: a tonelagem era cobrada sobre a capacidade de carga do navio, expressa em número de toneladas.

proposta, os navios britânicos pagariam, ao adentrar os portos americanos, 60 centavos por tonelada de frete; já os franceses recolheriam apenas 30 centavos.

Isso provavelmente levaria a uma guerra comercial com a Inglaterra, mas Madison acreditava que a França assumiria o lugar dos ingleses. Os empresários do Norte não estavam tão confiantes de que tudo terminaria bem. O sistema mercantil britânico discriminava em favor dos Estados Unidos, em comparação com outras nações: tabaco, madeira, potássio e bicarbonato, máquinas, equipamentos e ferro forjado eram isentos ou pagavam menos tributos quando levados da América para a Inglaterra, e os navios americanos tinham o mesmo tratamento conferido às embarcações das colônias britânicas. De fato, essas vantagens competitivas desapareceriam. Eles também temiam que, juntamente com o comércio inglês, o capital britânico, necessário para instalação das indústrias americanas, vanesceria. Inobstante, a Câmara aprovou a proposta, mas, em razão do tratamento desigual conferido à Inglaterra e à França, ela foi bloqueada pelo Senado. Como resultado, 50 centavos por tonelada passaram a ser devidos em todas as importações via portos americanos, exceto quando o navio tivesse bandeira dos EUA, hipótese na qual o montante seria de 6 centavos.

As leis de tarifas e de tonelagem eram, portanto, tributos de caráter fortemente mercantilista. O Sul, exportando secos e molhados, precisava pagar mais por transporte, e, como resultado, sua indústria ainda em desenvolvimento era mais onerada com os impostos de importação. Madison, sulista que era, não podia negar o fato. Havia alegações de que ele preferia um tributo sobre a propriedade rural, porém Hamilton não tolerava essa ideia, já que tal exação tornaria o governo bastante impopular. O descontentamento no Sul acerca desse tema era, portanto, elemento-chave para solucionar-se a questão da dívida.

Esse problema requeria atenção imediata, já que afetava o crédito da nova nação. Juros não podiam ser pagos, sendo apenas adicionados ao valor do principal. Posições diplomáticas no exterior eram preenchidas com dificuldade pela falta de fundos, e, ademais, oficiais franceses que haviam lutado na Guerra de Independência não haviam recebido, desde 1785, nenhum pagamento da pensão à qual faziam jus. Em 1789, a dívida doméstica montava a mais de 50 milhões de dólares. A parcela não doméstica, correspondente a 11.710.378 dólares, consistia em débitos junto aos governos da França e Espanha e aos banqueiros holandeses.

ESTADOS UNIDOS DA AMÉRICA (1765-1801)

Em 1790, Hamilton enviou um "Relatório sobre Crédito Público" ao Congresso. Ele continha propostas sobre como agregar e consolidar dívidas, bem como estabelecia os termos pelos quais as obrigações financeiras da nação deveriam ser adimplidas. Não havia discordância quanto ao pagamento da dívida externa, considerada questão de honra. Mas havia diferenças de opinião em relação ao déficit governamental doméstico, concentrado nas mãos de poucos especuladores e contraído em tempos de preços e inflação elevados. Apesar de Hamilton entender as objeções levantadas, ele estava convencido de que, no futuro, o pagamento integral seria condição essencial para a confiança no crédito da União. Hamilton também esperava que o governo central encampasse sua posição, como forma de garantir apoio político da comunidade empresarial, que era detentora da maior parte dos títulos de dívida domésticos. Diferentes grupos de pessoas, muitos dos quais advindos da população rural, que haviam sido forçados a abrir mão de seus títulos com grandes descontos, opunham-se a esses planos. Foi apenas após seis meses de acalorados debates no Congresso que Hamilton conseguiu levar adiante seu projeto.

As dívidas contraídas individualmente pelos Estados eram fonte de discórdia ainda maior. Hamilton desejava que a União assumisse essa responsabilidade – um objetivo razoável, já que os Estados sofreram restrição em seu poder de tributar com a nova Constituição, cedendo à União o direito de instituir tributos de importação. O problema residia nas grandes diferenças entre os Estados em relação às suas dívidas. Alguns deles não haviam feito absolutamente nada para pagá-las, enquanto outros, em particular a Virgínia, que possuía a maior superfície e a mais numerosa, rica e orgulhosa população, havia pago além da metade de suas dívidas por meio da imposição de tributos, venda de terras e oferta de papel-moeda sem valor aos bancos, dentre outras medidas. Logo, se a União fosse pagar os débitos de todos os Estados por meio da tributação federal, os cidadãos da Virgínia iriam, indiretamente, contribuir para tanto. Sem surpresas, a Virgínia se opôs de modo contundente a essa proposta, enquanto os Estados da Nova Inglaterra, os maiores devedores, foram a favor. Outra razão para a oposição, nesse caso dos Estados do Sul, era o fato de que a dívida estadual seria consideravelmente elevada se a proposta fosse aceita, resultando no crescimento da influência do governo federal. Aos 12 de abril de 1790, portanto, essa proposta foi rejeitada pela Câmara dos Representantes em uma votação de 31 a 29.

A questão havia chegado a um impasse. Hamilton e Jefferson se encontraram em uma manhã de junho de 1790 em frente à casa do Presidente.

123

Hamilton parecia deprimido e de baixo astral e confidenciou a Jefferson suas preocupações sobre o risco que ameaçava a União devido ao problema da dívida no Congresso. Jefferson não poderia usar sua influência entre os congressistas de cuja amizade privava para salvar a nação? No dia seguinte houve uma negociação em um jantar festivo na casa de Jefferson. Madison e Jefferson prometeram persuadir um número de delegados do Sul a votar em favor da regulação das dívidas. Hamilton comprometeu-se a tentar obter o apoio de Robert Morris, influente membro da delegação da Pensilvânia, para construir uma nova capital no Sul, por exemplo, no Rio Potomac, Estado da Virgínia,[164] em vez de na Filadélfia. Aos 10 de julho, a Câmara decidiu, em uma votação de 32 a 29, que a nova capital seria estabelecida no Rio Potomac, e, duas semanas depois, o projeto de federalização das dívidas de guerra foi aprovado por 34 votos a 28.

Como resultado da assunção das dívidas individuais dos Estados pelo governo central, a soma total dos débitos federais subiu a 80 milhões de dólares. Juros e pagamento do principal montavam a 80% das despesas governamentais anuais, e, entre 1790 e 1800, mais de 40% da receita pública foi gasta apenas em juros.

Respondendo a pedido urgente de Hamilton, em 1790 o Congresso instituiu um tributo sobre o uísque à alíquota de 25% sobre o preço de venda. A despeito de altamente impopular, a renda gerada pela nova exação seria essencial para o serviço da dívida federal. Os moradores das áreas rurais de Oeste longínquo eram os mais ferrenhos opositores desse tributo.

A resistência advinha basicamente da elevada alíquota, da motivação do tributo (pagamento das dívidas federais) e do fato de que, em áreas do Oeste distante, praticamente inexistiam notas e moedas em circulação, consistindo o uísque em meio de pagamento – com inúmeras pequenas lojas trocando bens "molhados" por "secos".

As pessoas dessa região não se impressionavam com o argumento de Hamilton de que esse tributo era justo, porquanto dividido igualmente entre toda a população, tampouco pela sua observação de que, se alguém não desejasse pagar o tributo, bastava parar de beber uísque, o que, inclusive,

....

[164] Nota do tradutor: o Rio Potomac divide os Estados da Virgínia e de Maryland, entre os quais se situa o Distrito de Colúmbia.

ESTADOS UNIDOS DA AMÉRICA (1765-1801)

faria bem à saúde, conforme alguns médicos lhe haviam afiançado – sendo que os americanos estavam bebendo demais, de todo modo.

Após ser cozinhada em fogo brando por quatro anos, uma rebelião eclodiu em 1794 nos quatro distritos do Oeste da Pensilvânia. Os agentes fiscais foram aterrorizados, a carruagem oficial foi roubada, maquinário foi apreendido pelos revoltosos e os soldados que protegiam o inspetor-chefe de tributos foram forçados a depor armas e se render aos rebeldes, que ameaçavam atacar Pittsburgh. Até aquele momento, as autoridades locais permaneciam despreocupadas em relação à situação, mas o governo federal decidiu entrar em ação. Um juiz da Suprema Corte entendeu pela existência de um estado de insurreição no Oeste da Pensilvânia, e, logo em sequência, George Washington marchou à frente de um exército de 12.900 soldados para dar uma lição a essa região rebelde – bem como enviar um aviso aos habitantes de outros Estados que pudessem estar considerando atividades análogas. Washington esteve junto à expedição militar por apenas algumas semanas, enquanto Hamilton lá permaneceu por toda a campanha, que foi decepcionante, já que poucos rebeldes apareceram. Um pequeno total de vinte prisioneiros foi feito – sendo que apenas dois foram sentenciados à morte por alta traição – mas todos foram posteriormente indultados por Washington.

Nos dias de declínio dos federalistas, ocorreu uma pequena batalha conhecida como Rebelião de Fries – que, em verdade, não chegou a ser relevante. Dois amigos de John Fries, leiloeiro, estavam sonegando tributos. Após afugentar uma dupla de agentes fiscais, foram presos por um policial. Na sequência, foram libertados por John Fries, à frente de um grupo de homens armados. O exército foi enviado. Fries foi preso com seus dois amigos e condenado à morte, porém recebeu o perdão do Presidente Adams.

Em 1798, já nos estertores do governo dos federalistas, que incluía John Adams,[165] o Congresso aprovou proposta de tributação direta sobre residências, terras e escravos. O valor devido por escravo era de 50 centavos. A receita projetada dessa exação era de 2 milhões de dólares. Conforme as diretrizes da Constituição, a lei deveria ser instituída de tal forma que o fardo financeiro fosse distribuído de forma equânime entre todos os Estados. Devido a lacunas na legislação, houve evasão fiscal em larga escala.

....

[165] Presidente de 1797 a 1801.

ESTADOS UNIDOS DA AMÉRICA (1765-1801)

A tributação exerceu importante papel na histórica jornada da América do Norte em sua busca por independência. Parafraseando Benjamin Franklin, a tributação agiu de modo a fazer "treze relógios soarem como um". Essa influência positiva, entretanto, não esconde o fato de que as primeiras leis tributárias marcaram o início da separação entre Norte e Sul. Elas eram sinal do pensamento mercantilista do governo e, consequentemente, antes desse conceito se tornar conhecido, foram as precursoras da política de "isolamento esplêndido",[166] que durante muito tempo guiou os Estados Unidos da América.

---

[166] Nota do tradutor: o isolamento esplêndido, política externa adotada nos séculos XVIII e XIX pelos Estados Unidos da América, consistia, em síntese, na busca da manutenção de boas relações com todos os países por meio do não envolvimento americano com os assuntos internos das demais nações.

PARTE 3

A tributação no Império dos Grão-Mogóis (1526-1709)

HINDUSTÃO[167] DESDE A CONQUISTA DE BABUR (1526) ATÉ A MORTE DE AURANGZEB (1709)

Pessoas de fora da Índia que relataram viagens pelo país no século XVII quase sempre expressavam o seu espanto com o flagrante contraste, no Império dos Grão-Mogóis, entre a massiva riqueza do imperador e de seus emires, que formavam uma finíssima classe superior, e a terrível pobreza das massas, que viviam no limite da subsistência e, com frequência, mesmo abaixo dele. Centenas de milhares e, às vezes, milhões de indivíduos morriam em épocas de escassez, que ocorriam regularmente.

Visitantes, em especial aqueles oriundos do Ocidente, eram surpreendidos não apenas pelas contradições do Império, mas também por outros aspectos. De um lado, eles observavam que a classe dominante era truculenta, cruel e corrupta – muito mais do que estavam acostumados em seus países de origem –, sem nenhuma compaixão pelo destino das massas; e a elite administrativa não tinha nenhum senso de responsabilidade pelo correto funcionamento do Estado, que parecia existir apenas para cobrar tributos e travar as guerras de conquista. Por outro lado, os visitantes tinham evidências de uma cultura sofisticada, com construções monumentais e uma incrível arte de pintura com magníficas caligrafias e miniaturas. Os estrangeiros também presenciavam um ritual palaciano aliado a uma polida e elegante etiqueta. Havia interesse genuíno na ciência, que geralmente acompanhava a posse de grandes bibliotecas. Alguns imperadores demostravam carinho para com suas esposas, ainda que seus haréns fossem grandes.

....

[167] Equivalente à metade Norte do subcontinente indiano.

IMPÉRIO DOS GRÃO-MOGÓIS (1526-1709)

Manual para este Capítulo

Valor da moeda

De acordo com o volume I do *The Cambridge Economic History of India*, o valor da rúpia em 1600 pode ser equiparado a 20 rúpias em 1970. Considerando a inflação desde então, que fez o índice de preço das mercadorias ser multiplicado por 6, podemos equiparar uma rúpia em 1600 a 70 rúpias em 1995 ou a aproximadamente 2 dólares americanos em 1998. A rúpia era dividida em 40 dams. Em quase todos os lugares deste livro, referindo-nos às numerosas moedas da Era Mogol, trabalharemos com a rúpia e o dam. O dam, por exemplo, era usado para pagar as classes mais baixas.

Glossário

emir (também denominado *ameer, amir*): autoridade (*mansabdar*) sobre contingente de 500 a 2.500 soldados; grande emir, autoridade (*mansabdar*) com fileiras de 3.000 soldados ou mais.

firman: decreto imperial.

jagir: distribuição das receitas fiscais líquidas de uma ou mais vilas ou cidades para uma autoridade civil ou militar em substituição ao salário e a qualquer recompensa devida pela manutenção e mobilização de uma unidade militar.

jagirdar: beneficiário do *jagir*.

jama: receita fiscal líquida, após a dedução dos custos e dos salários relacionados à atividade de fiscalização e cobrança de tributos; a *jama* pode dizer respeito a uma exação específica, mas também a todos os tributos, assim como a uma parte do Império ou a todo este.

jizya: tributo incidente sobre os não muçulmanos como forma de convertê-los ao islamismo.

khalisa: terras da Coroa, cujas receitas fiscais eram diretamente apropriadas pelo imperador.

kharif: colheita do outono (algodão, feijão, trigo, cevada).

mansab, mansabdar: patente, titular de patente; cada uma das 33 patentes corresponde ao número de soldados comandados, que varia de 10 a 5.000.

mulá: professor ou expositor das leis religiosas e doutrinas do islamismo.

pargana: subdistrito para propósitos militares e policiais, abrangendo de 10 a 150 vilas.

rabi: colheita da primavera (arroz, leguminosas, colza).[168]

rajputs: membros de antiga casta militar indiana.

sharia: o corpo das leis religiosas e sociais, baseado no Alcorão.

zabt: sistema de arrecadação dos tributos sobre a terra, em que se estabelecem quantias fixas de dinheiro por quantidade de terra, variáveis de acordo com a espécie de colheita; a terra submetida ao *zabt* é sempre medida.

zakat: tributo especial para os muçulmanos, cujas receitas devem ser gastas com a caridade.

zamidar: membro da nobre classe paramilitar indiana, com certos direitos aos rendimentos da terra e, eventualmente, às receitas do tributo sobre a terra.

A grafia dos nomes, cargos e conceitos é baseada em Abraham Eraly, *The Last Spring. The Lives and Times of the Great Mughals*, Nova Delhi, 1997.

Traduções com base no *A-in-i Akbari*, de H. Blochmann (volume I) e de H. S. Jarret (volumes II e III), retiradas da reimpressão de 1997.

....

[168] Nota do tradutor: denominação comum a diversas plantas do gênero Brássica, cujas sementes são utilizadas como fonte de óleo.

IMPÉRIO DOS GRÃO-MOGÓIS (1526-1709)

Os relatos de viagem trazem uma bem-vinda e crítica contribuição para as crônicas da Corte. Estas últimas foram escritas por ordem dos governantes, de maneira que suas façanhas eram frequentemente retocadas com fino pincel. Sob o Imperador Jahangir,[169] havia até mesmo uma equipe de revezamento de escritores, que o seguia aonde quer que fosse, anotando cada observação e ação sua. Como resultado dessa mania de gravar fatos e figuras, existem fontes de pesquisa razoavelmente confiáveis da estrutura financeira e fiscal do Império dos Grão-Mogóis, tendo-se, hoje, multiplicidade de informações sobre sua economia, agricultura, transporte, população, padrões financeiros, distribuição de renda, etc.

Uma das fontes de informação mais relevantes sobre o período é o monumental trabalho de Abul Fazl,[170] integrante da Corte de Akbar,[171] que escreveu espécie de enciclopédia, na qual a vida no Império Mogol foi descrita em detalhes. Ela inclui não apenas minúcias da vida cotidiana, mas também o estado da sociedade, religião e cultura, estrutura administrativa do Império, leis, tecnologia militar, economia, colheitas e preços dos produtos, a maneira

Akbar, o mais importante dos grão-mogóis.

de refino do ouro, o método para lustrar prata com cinzas, a avaliação das casas, o peso de diversos tipos de madeira, a cunhagem de moedas, receitas para a preparação de refeições e regras para jogos de cartas. Naturalmente, ele também deu atenção às questões tributárias – às receitas, aos seus destinatários e à principal rubrica de despesa: os salários dos servidores públicos. O trabalho de Abul Fazl, considerado razoavelmente confiável pelos historiadores, foi formalmente concluído em 20 de março de 1598, o último dia do quadragésimo segundo ano do governo de Akbar, embora a maioria das informações estatísticas seja do quadragésimo ano de governo (1595-1596).

....

[169] Reinou de 1605 a 1627.
[170] Abul Fazl, 1551-1603.
[171] Reinou de 1556 a 1605.

Durante séculos, inquietas tribos islâmicas das estepes da Ásia Central e das áreas montanhosas ao redor invadiram os vales férteis do Rio Ganges e do Rio Indo para roubar e saquear, mas isso nunca conduziu ao seu assentamento na Índia. Tal situação mudou quando um novo conquistador, Muhammad de Ghur,[172] deixou seu antigo escravo e general Qutb-ud-din Aibak como representante nas áreas invadidas, de modo a viabilizar um domínio muçulmano duradouro. O sultanato de Delhi surgiu após a morte de Muhammad, em 1206. Era um Estado islâmico no coração do Hindustão, em um mundo dominado pelos hindus e, em especial, pelos poderosos clãs rajput. Dentro do sistema de castas hindu, os rajputs pertenciam à estirpe militar. Seus clãs, que governavam pequenos reinos, lutavam entre si todo o tempo e estavam, por conseguinte, em constante estado de guerra. O fato de que habilidades marciais, coragem e forte senso de honra eram considerados importantes virtudes, que precisavam ser sempre testadas, colaborou para essa situação. Com o estabelecimento e expansão do sultanato de Delhi, o raio de atuação dos rajputs ficou limitado à parte ocidental do seu antigo domínio, chamado Rajaputna e hoje conhecido como o Estado indiano do Rajastão.

Entre 1206 e 1526, o sultanato de Delhi teve cinco dinastias sucessivas de governantes. Todos conseguiram expandir seu território para o Sul e para o Leste, sem, todavia, criar um Estado unido e politicamente poderoso. Sempre que o centro se enfraquecia, ainda que momentaneamente – por exemplo, devido a problemas hereditários –, áreas recém-conquistadas eram perdidas, com governantes periféricos se rebelando e fundando reinos independentes.

Contudo, em 1526, o mapa político da Índia mudou radicalmente. Uma nova dinastia, os mogóis, assumiu o poder e expandiu o sultanato de Delhi, que se tornou uma poderosa unidade política. Enquanto as linhagens dos governantes anteriores eram principalmente afegãs, o território tribal dos mogóis ficava no Turquistão, designação histórica para a área que abarca o Cazaquistão, Uzbequistão, Turcomenistão e Quirguistão. Babur,[173] o progenitor dos mogóis, veio de uma dinastia local. Ele era descendente do grande conquistador Tamerlão,[174] na linha paterna e, também, do ainda

....

[172] Nota do tradutor: Um'izzad-Din Muhammad, também conhecido como Muhammad de Ghor, 1149-1206.
[173] Reinou de 1526 a 1530.
[174] Tamerlão, 1336-1405.

maior conquistador mongol Genghis Khan.[175] Por causa deste último, Babur e seus descendentes eram chamados mogóis (a palavra persa para mongóis).

Babur, nascido em 1483, tinha apenas 21 anos quando conquistou Cabul. Ele passou vários anos lutando, conquistando e perdendo cidades. Experimentou humilhações e privações, mas sabia exatamente o que queria. Não se contentou com Cabul; ao contrário, olhou para o Leste, onde o Hindustão estava brilhando atrás do Passo Khyber. Como Tamerlão governara Delhi por curto período de tempo em 1398, Babur pensava que o sultanato lhe pertencia. Envolvido em todo tipo de preocupações em seu próprio território, foi somente em novembro de 1525 que Babur conseguiu avançar sobre Punjab e marchar por Delhi. Em 20 de abril de 1526, a batalha decisiva foi travada em Panapat, 80 quilômetros ao Norte de Delhi, contra as tropas do sultão Ibrahim Lodi, muito mais numerosas do que os 12.000 homens do exército de Babur que, entretanto, possuía artilharia de campo. Em virtude de sua sagaz estratégia, Babur ganhou a batalha, o sultão foi morto, e ele pôde se apossar do sultanato.

Os soldados de Babur ficaram bastante chocados ao ouvir que seu líder pretendia ficar em Delhi. Eles pensaram que a campanha era apenas uma de suas várias investidas para pilhagem, similar àquelas feitas no Hindustão. Eles preferiam voltar para o clima temperado de Cabul, em vez de permanecer no calor do verão de Delhi. Contudo, a generosidade de Babur os recompensou, na medida em que este lhes deu todo o tesouro capturado – sem nada guardar para si. Para consolidar sua vitória, no entanto, Babur precisava lidar com os rajputs, que aproveitaram a oportunidade para se rebelar. Um ano mais tarde, eles também foram fragorosamente derrotados.

Babur era generoso por natureza. Somos capazes de concluir pelo seu diário que ele era um observador atento e bastante capaz de distinguir entre bajulação e lealdade genuína no seu séquito. Porém, como era mais conquistador do que administrador, falhou em realizar a transição de uma monarquia mais ou menos nômade para aquela sobre um reino estabelecido. Seu único feito no campo da administração foi a divisão dos territórios conquistados entre os emires, que podiam governar seus domínios conforme bem entendessem.

....

[175] Genghis Khan, 1167-1227.

IMPÉRIO DOS GRÃO-MOGÓIS (1526-1709)

Babur não tinha sequer um sistema tributário organizado. A pilhagem era a principal fonte de renda do Estado, chegando Babur a escrever em seu diário que tinha decidido avançar sobre a área a Oeste de Agra no momento em que precisasse de dinheiro, porque ali existiam algumas colheitas disponíveis. Em outubro de 1528, Babur teve que cobrar um tributo de seus emires correspondente a 30% dos seus salários, uma vez que ele dissipara todos os haveres da Índia e não tinha mais fundos suficientes para aquisição de equipamentos de guerra, pólvora e operação dos canhões. Em 1530, apenas quatro anos após a conquista do sultanato de Delhi, Babur morreu – foi um período de tempo muito pequeno para dar ao Império uma sólida fundação.

Seu filho, Humayun,[176] que contava com 23 anos de idade quando o pai faleceu, tampouco poderia cumprir essa tarefa. Ele era um indeciso, caprichoso e despreocupado sonhador, que se ocupava de astrologia e não se enquadrava dentre os beligerantes emires que deveria comandar. Além disso, existiam inúmeros inimigos: os rajputs, que ameaçavam se rebelar mais uma vez; os irmãos invejosos, que também gostariam de suceder o trono ou, pelo menos, ter um sub-reino; e, às vezes, os seus próprios seguidores, que se tornavam desleais, porque era possível fazer mais pilhagem sob o comando de outra pessoa.

Sher Shah,[177] oficial que havia trilhado caminho com manipulações sem fim até se tornar o efetivo governante de Bihar e cuja maior ambição era conquistar Delhi, tornou-se o inimigo mais importante de Humayun. Em 1540, Humayun foi ruidosamente derrotado por seu oponente, embora suas tropas excedessem em 15.000 os 40.000 soldados de Sher Shah. O revés se deveu, principalmente, à falta de motivação de seus combatentes. Alguns dos emires desertaram antes da batalha e, além disso, seu irmão Kamran colaborou com o inimigo.

A primeira tarefa do novo governante foi consolidar sua posição. Sher Shah cumpriu esse objetivo em espaço de tempo incrivelmente curto, sobretudo porque criou uma efetiva organização administrativa. O país foi dividido em distritos cujos administradores trocavam de lugar a cada dois anos, evitando a consolidação de poder. Os distritos, por sua vez, foram fracionados

....

[176] Reinou de 1530 a 1540 e 1555 a 1556.
[177] Reinou de 1540 a 1545.

132

IMPÉRIO DOS GRÃO-MOGÓIS (1526-1709)

em subdistritos, com grandes cidades tornando-se unidades administrativas separadas – cada uma com o seu próprio prefeito municipal. Sher Shah não alterou a organização tradicional das vilas, embora tenha efetivado importante mudança ao tornar os seus respectivos líderes responsáveis pelos crimes nelas cometidos. A filosofia por trás disso era a de que nada acontecia na vila sem o conhecimento do chefe. A nova estratégia fez com que o número de crimes caísse consideravelmente, embora o líder fosse, algumas vezes, punido no lugar do real criminoso.

Mais cedo em sua carreira, quando ainda servia ao governante em Sasaram, Sher Shah se ultrajou com a maneira rude e corrupta com a qual os coletores de tributos e os líderes das vilas cobravam as exações dos agricultores. Ele investiu severamente contra essa situação, não porque considerasse a corrupção e o crime represensíveis do ponto de vista moral, mas, sim, porque mitigavam a eficiência administrativa. Como resultado, o sistema tributário foi aprimorado. As experiências anteriores de Sher Shah permitiram-lhe instituir um sistema tributário mais evoluído no novo território conquistado. Esse sistema, que será tratado em detalhes a seguir, foi mais tarde assumido por Akbar e, posteriormente, constituiu a base da tributação sob o jugo britânico.

Sher Shah não apenas conduziu reformas administrativas. Ele também realizou melhorias na infraestrutura, construindo várias novas fortalezas e aprimorando o sistema rodoviário, que, a propósito, possuía dimensão bastante modesta. As principais rodovias eram ladeadas por árvores a fim de criar sombras e prover frutas. Muitas centenas de caravançarais[178] foram construídos, um a cada 6 quilômetros, não apenas para oferecer segurança e conforto para o viajante, mas também para funcionar como posto de observação para o serviço secreto.

No intento de poupar os agricultores e promover os seus interesses, Sher Shah chegou a orientar as tropas sob seu comando para destruir o mínimo possível as plantações nos campos. De fato, sempre que os soldados se desviavam desse princípio, Sher Shah enviava seus oficiais para compensar os agricultores pelos danos causados. Essa foi uma abordagem completamente nova, pois os agricultores eram considerados mais que dispensáveis.

....

[178] Nota do tradutor: caravançarai, que em persa significa literalmente "palácio das caravanas", é o termo utilizado para designar uma espécie de hospedagem destinada aos mercadores viajantes.

O regime de Sher Shah foi favorável, ademais, para os comerciantes. Os tributos sobre o comércio foram simplificados, sendo autorizada sua cobrança apenas na importação, exportação e venda para o consumidor. Todos os tributos irregulares foram proibidos, e os oficiais passaram a ser compelidos a comprar objetos pelos preços usuais nos bazares.

Sher Shah caiu em 23 de maio de 1545, morto em uma explosão enquanto atacava uma fortaleza. No seu curto período de governo, as realizações foram surpreendentes. Outrossim, ele conferiu ao Império sólida fundação, que faltara sob a gestão de Babur, em que pese não ter construído novas cidades e palácios. De fato, dentre os marcos arquitetônicos da época, registram-se apenas o seu mausoléu em Sasaram, assim como a antiga fortaleza em Delhi (Purana Qila), um prédio comprido, sombrio e desolador, que ainda hoje se ergue perante milhões de pessoas que ficam aos pés de suas grandes paredes.

Islam Shah,[179] filho de Sher Shah, seguiu os passos de seu pai no sentido de aperfeiçoar ainda mais o sistema de administração. Ele criou a prática de enviar ordens escritas aos chefes dos distritos, nas quais cuidadosamente os instruía sobre o modo de lidar com importantes questões religiosas e políticas.

Sua principal preocupação era tornar os emires totalmente subordinados à autoridade real. Com esse fim em mente, começou a recompensá-los de variadas formas tanto quanto possível. Islam Shah pagava-os com dinheiro do Tesouro em vez de remunerá-los de acordo com o habitual sistema do jagir, que será discutido exaustivamente a seguir, no qual as receitas fiscais líquidas de certa área eram partilhadas com os emires em substituição ao recebimento de salário e ao custeio de suas despesas. Islam Shah também tolheu dos emires o privilégio de possuir elefantes. Ele aprimorou a organização do exército, posicionando guarnições em lugares estratégicos, expandindo a rede de espiões e, ao mesmo tempo, construindo ainda mais caravançarais. Após um governo de 9 anos e meio, Islam Shah morreu e foi sucedido por seu filho, Adil Shah,[180] caçador de fortunas e *bon vivant*, que deixou as rédeas do governo com Hemu, hindu de baixa casta.

A maré mudou no mês de novembro de 1554, no qual Islam Shah morreu: Humayun, que fora afugentado de Delhi por Sher Shah 14 anos antes,

....

[179] Reinou de 1545 a 1554.
[180] Reinou de 1554 a 1555.

IMPÉRIO DOS GRÃO-MOGÓIS (1526-1709)

marchou para lá com seu exército a partir de Cabul, visando a reconquistar seu antigo Império. Após brigar com os irmãos para ganhar uma base forte na área ao redor de Cabul, onde eles governavam em seu nome – mas somente o aceitariam se fosse para matá-lo –, Humayun finalmente conseguiu se estabelecer como rei em Cabul.

A invasão de Humayun foi um sucesso surpreendente, e, como resultado, ele foi capaz de derrotar Hemu e suas tropas e reconquistar Delhi, em 23 de julho de 1555. Havia um novo futuro reservado para ele. Contudo, seis meses depois, Humayun caiu da escada em sua biblioteca e morreu.

Akbar tinha apenas 14 anos quando seu pai faleceu. Nessa idade, seu avô Babur já era veterano na guerra e na política. Por mais 4 anos, porém, Akbar deixou as responsabilidades do governo para um de seus guardiães, Biram Khan, antes de assumir as rédeas por si mesmo. Akbar esgotava a paciência de seus três professores quando criança. Era praticamente analfabeto, mas, como fez as pessoas lerem para si em voz alta durante toda a vida, adquiriu vasto repositório de conhecimento. No entanto, apesar de sua erudição e capacidades intelectuais, as quais sempre demonstrava, Akbar era mais um senhor da guerra cruel e sanguinário, guiado pela cobiça de ainda mais terras e que considerava o combate prazeroso passatempo. Até sua morte, travou batalhas por mais de 40 anos – internamente contra os rebeldes e externamente contra os vizinhos. Quando estes últimos eram subjugados, obviamente surgiam novos para serem atacados. E o jogo começava uma vez mais.

> **O *A-in-i Akbari* sobre a jizya**
>
> "O próprio Muhammed entrou em acordo com a população cristã, garantindo-lhe segurança e cobrando dela certo tributo. A situação constitucional da questão era, formalmente, como segue: todos os territórios sob o controle muçulmano se enquadravam em três divisões: (I) os obtidos pelas forças armadas; (II) os apropriados sem lutas, após a saída de seus antigos donos; (III) os adquiridos por tratados. Nesta última hipótese, o título do solo remanescia com seus proprietários originais, que pagavam apenas um tributo sobre as respectivas produções: a jizya, que deixava de ser cobrada quando se aderia ao islamismo. Quando as terras passavam para um muçulmano, o tributo também não podia ser exigido".
>
> *A-in-i Akbari*, Vol. II, 60,61.

Akbar não era apenas guerreiro apaixonado, que com frequência liderava pessoalmente os ataques ao inimigo, mas também estrategista político e militar. Vivendo com um número relativamente pequeno de muçulmanos em meio a uma população na qual predominavam os hindus, Akbar adotava uma política de duas vias: aqueles que estavam sujeitos ao seu governo e com ele cooperavam tinham a perspectiva de generosas recompensas. Mas os que perseveravam na oposição enfrentavam impiedosas repressões – como, por

135

IMPÉRIO DOS GRÃO-MOGÓIS (1526-1709)

vezes, o massacre da população inteira de uma cidade. Tal política rendeu-lhe generosos frutos. Akbar não somente foi capaz de assumir o comando da área do Rajastão, onde os rajputs reinavam, como também conquistou aliados entre os próprios rajputs.

Akbar teve uma espécie de sexto sentido para a melhor forma de lidar com os rajputs – povo orgulhoso, com grande senso de honra. Sempre que submetidos ao governo de Akbar, seus líderes eram tratados como leais "irmãos de armas", sendo-lhes atribuído o comando de grandes contingentes militares. A eles era permitido comparecer armados em audiências públicas, nas quais eram mostrados com honras, e os tambores eram batidos sempre que passavam pelos portões da cidade. Seus próprios domínios, confiscados pelo Império, foram-lhes restituídos e transformados em espécie de feudo hereditário. Os rajputs, em suma, estavam em melhor situação como lordes semiautônomos no grande Império de Akbar do que como falso-independentes governantes de mini-Estados que poderiam ser usurpados pelos vizinhos a qualquer momento. Em sintonia com essa política, adveio o casamento de Akbar e, depois, os dos seus filhos, com princesas rajputs.

Quando Akbar era criança, seu professor persa, Mir Abdul Latif, instruiu-o na doutrina da tolerância com todos os que eram desprezados pelos muçulmanos ortodoxos. Essa provavelmente foi a razão pela qual ele decidiu tratar seus súditos de maneira equânime e humana desde o início. O próprio Akbar era muçulmano ortodoxo e assim permaneceu, ao menos na aparência, durante toda a vida. Entretanto, seu governo não possuía orientação religiosa; ao contrário, era tão secular quanto possível naquela época. Ele tentou banir o casamento de crianças, evitar a cremação de viúvas, regular o jogo, controlar a prostituição, restringindo-a a bairros específicos da cidade, introduzir a padronização das caóticas unidades de pesos e medidas indianas e trazer um sistema de educação mais eficiente e liberal.

Em 1562, Akbar proibiu a escravização de prisioneiros de guerra, uma vez que, em sua opinião, eram também seus súditos e possuíam justo direito à proteção. Um ano depois, aboliu o tributo sobre os peregrinos, que somente se aplicava aos hindus. Em 1564, tomou uma decisão com implicações muito mais amplas ao abolir a jizya, tributo que deveria ser pago pelos não muçulmanos, em um Estado muçulmano, com a intenção de os converter à fé verdadeira. A jizya extinta por Akbar era um tributo *per capita*, conquanto originalmente fosse baseada na produção da terra.

136

IMPÉRIO DOS GRÃO-MOGÓIS (1526-1709)

Akbar apresentou dupla motivação para extinguir a jizya. Ele não queria segregar seus súditos por motivos religiosos, porque aos seus olhos todos eram iguais. Além disso, acrescentou, seu Tesouro já estava suficientemente repleto. Esta última afirmação parece ser inconsistente, mas havia uma ressalva tática destinada a satisfazer os muçulmanos descontentes. Por causa de sua política liberal, visando à reconciliação entre muçulmanos e hindus, Akbar atraiu a raiva de parte de seus oficiais muçulmanos. O ódio deles cresceu à medida que Akbar admitia mais hindus como altos oficiais no seu exército e até mesmo os tolerava no seu entorno imediato. Os mulás se sentiram irritados com Akbar, não só em virtude do seu estilo de vida despojado (ele possuía um canil, por exemplo!), mas especialmente porque ele havia se autointitulado árbitro supremo em matérias religiosas, repreendendo aqueles que, contrariamente às regras, transferiam recursos de fundos islâmicos beneficentes para seus próprios apoiadores.

A tensão se elevou a tal ponto que uma perigosa rebelião militar irrompeu em 1580, tendo sido debelada com grande dificuldade por Akbar. Para satisfazer os oficiais rebeldes, entretanto, ele teve que sacrificar um bode expiatório na pessoa do impopular, e até mesmo odiado, Tesoureiro Mansur, que foi enforcado após um julgamento espetaculoso.

Akbar desenvolveu ainda mais o excelente sistema administrativo introduzido por Sher Shah, aprimorando-o especialmente nas áreas fiscal e financeira. A despeito de todas as tentativas de melhorar a administração, havia um obstáculo que o impedia (e, aos imperadores mogóis subsequentes, ainda mais): o problema da comunicação e do transporte, que tornava extremamente difícil o cumprimento dos decretos imperiais nos rincões mais longínquos do vasto país. Desde que os governantes locais se ativessem às diretrizes políticas, militares e fiscais gerais, eles poderiam se comportar como governantes autônomos e, assim, ignorar todos os *firmans*, como eram denominados os decretos especiais do imperador.

Os últimos anos de Akbar foram manchados por causa de seu presumível sucessor, Salim, que estava farto de esperar para assumir as rédeas do reino – tanto que se rebelou e caiu no consumo excessivo de álcool e ópio. Salim recusou-se a obedecer quando Akbar ordenou que avançasse sobre o inimigo com o exército que lhe era confiado. Ao contrário, deu meia volta e marchou na direção de Agra, então residência imperial. A disputa foi resolvida pela mediação das grandes damas do harém – Salima Begum, esposa favorita de Akbar, e Hamida Banu Begum, mãe de Akbar – e Salim se submeteu a

137

IMPÉRIO DOS GRÃO-MOGÓIS (1526-1709)

O destino do Ministro das Finanças Mansur

"Mansur iniciou sua carreira como contador no 'Departamento do Perfume'. No vigésimo primeiro ano (do governo de Akbar, em 1577), o imperador nomeou-o para cargo equivalente ao de Ministro das Finanças. Ele pagou os valores atrasados e começou a transformar o modo pelo qual o tributo sobre a terra era cobrado. Findou com o hábito de deixar coletores experientes dos tributos determinarem eles próprios o valor devido, porque isso conduzia a diferenças locais inaceitáveis, e introduziu um sistema no qual a tributação seria feita da mesma maneira em todos os lugares. Como ele também desvendou complexa rede de ações corruptas dos emires e diminuiu suas remunerações, logo se tornou o oficial mogol mais odiado do seu tempo. Além disso, era descortês, indelicado e tinha temperamento azedo, o que não ajudava.

Por causa da insatisfação generalizada com Mansur, Akbar retirou-o do cargo, porém, logo depois, teve que nomeá-lo novamente, uma vez que não era capaz de prosseguir sem ele. Isso aumentou o ódio dos emires, porque 'um oficial honesto em um sistema corrupto é como um cachorro em uma casa cheia de gatos'. Os emires corruptos o acusaram de alta traição e surgiram com cartas para prová-la. Mansur jurou sua inocência para Akbar, mas o fez de forma bastante indelicada, pelo que foi entregue aos emires a fim de que julgassem seu caso. O julgamento foi apenas uma formalidade e, imediatamente após o veredito, Mansur foi enforcado na primeira árvore disponível, sem que ninguém protestasse.

Mais tarde, as cartas aparentaram ser falsificações. Akbar lamentou o ocorrido, não em virtude do assassinato judicial que tinha sido cometido, mas sim porque, depois disso, ele jamais teve um tesoureiro tão bom quanto Mansur."

Eraly, 152,153.

---

uma desintoxicação. O conflito infligiu duro golpe à já debilitada saúde de Akbar, que morreu em seu leito de enfermidade aos 63 anos, no dia 21 de outubro de 1605.

Uma semana depois, Salim ascendeu ao trono e adotou o nome Jahangir, significando: "ele que toma o poder pelo mundo". Jahangir mostrou os mesmos traços humanos de seu grande avô Babur e, assim como ele, manteve um diário. Quando seu filho Khusraf se revoltou contra ele no início de seu governo – uma rebelião logo sufocada – Jahangir escreveu no diário: "soberania não diz respeito à relação entre pai e filho". Talvez ele estivesse pensando na sua própria malsucedida rebelião contra Akbar. Revoltas do filho contra o pai ocorreram tantas vezes depois, como nós veremos, que se tornaram quase uma epidemia na época dos mogóis. Interessante notar que o expediente do assassinato do soberano não era usado, a não ser quando lutavam entre si irmãos que descendiam de mulheres diferentes e não haviam crescido juntos.

Quando Jahangir assumiu o poder, imediatamente promulgou vinte *firmans* que diziam respeito a várias questões, como: proibição de cobrança de impostos não autorizados, normas para garantir a segurança nas estradas, proteção da propriedade, compensação dos agricultores por perdas em virtude de operações militares, abolição de punições com efeitos mutiladores, como o corte de orelhas e narizes, etc. Jahangir mostrou boa vontade por meio desses decretos, mas suas consequências práticas foram limitadas, uma vez que ele não controlava suficientemente a máquina administrativa para aferir a implementação sistemática das regras e tomar medidas corretivas quando fossem violadas (assumindo-se que ele gostaria de ter feito dessa forma).

Em comparação com Akbar, Jahangir era homem inferior, mas, por ter seguido o curso que seu pai havia estabelecido e, especialmente, por ter prosseguido com a política de tolerância, seu governo, de modo geral, foi bem-sucedido. O fato de só ter precisado lidar com três rebeliões, aproveitando muitos anos de paz, contribuiu para o sucesso, embora parte deste possa ser creditado ao próprio Jahangir. Em relatos de viagem, ele é descrito como alegre e sentimental, embora também fosse pessoa bastante sádica, que, por exemplo, tinha elevada dose de prazer em assistir a criminosos e indivíduos que caíam em desgraça serem pisoteados por pesadas patas de elefante.

Assim como seus antecessores, Jahangir era muito interessado em ciência e arte. Ele amava em especial a pintura e, assim, promoveu amplamente os magníficos quadros mogóis. Agentes das grandes companhias comerciais do Ocidente, tentando impressioná-lo, traziam consigo afrescos europeus – que ele também apreciava muito – e impunham novos desafios para os artistas locais. Por outro lado, um grande pintor, como Rembrandt,[181] também desenhava miniaturas indianas.

Todavia, ainda existiam tarefas militares a ser cumpridas. Uma delas era a conquista e parcial reconquista do Decão.[182] Em 1616, Jahangir enviou para a missão seu filho mais velho, Khurram, com um considerável exército e 10 milhões de rúpias no bolso. Combinando pressão militar com diplomacia, Khurram conseguiu reduzir vários nababos locais do Decão ao *status* de vassalos, o que significou o reconhecimento da soberania dos mogóis e o pagamento de tributos, embora, por outro lado, eles permanecessem independentes. Quando Khurram retornou da sua bem-sucedida missão, seu pai, literalmente, enterrou-o sob joias e peças de ouro, ascendendo-o ao posto mais alto – especialmente criado para a ocasião – de mansabdar

----

[181] 1606-1669.
[182] Nome livremente dado à parte Sul do subcontinente indiano.

(autoridade) sobre 30.000 homens. Ademais, foi nomeado governante da província de Guajarate e também agraciado com o título de Shah Jahan,[183] "Lorde do Mundo", nome que adotou desde então. Poucos anos mais tarde, Shah Jahan teve que agir novamente no Decão, com 10 milhões de rúpias no bolso, como na primeira vez. Ele obteve sucesso uma vez mais e sujeitou os nababos desleais ao "inferno", obrigando-os a pagar um tributo de 5 milhões de rúpias.

Jahangir, em grande parte, deveu seu sucesso como governante à mulher com quem se casou em 1611. Ele tinha 42 anos de idade, e ela era uma viúva de 31. Embora tivesse várias esposas, além de muitas concubinas, sua relação com essa mulher, a quem chamava de Nur Jahan, "Luz do Mundo", era diferente. Era mais um companheirismo entre duas almas semelhantes, que compartilhavam muitos interesses, como a caça e a pintura. Ela tinha beleza deslumbrante e uma personalidade talentosa, influente e diplomática. Nur Jahan deu ao imperador grande dose de autoconfiança e tomou vários deveres governamentais de suas mãos. Na verdade, ela atuou como a segunda pessoa no Império, talvez até mesmo como a primeira.

O presumível sucessor, Shah Jahan, provavelmente estava irritado com o poder crescente de sua "madrasta" – se é que essa palavra pode ser usada no contexto das complicadas relações familiares na Corte Mogol. Se Jahangir morresse, ela poderia tentar empurrar outros pretendentes para o trono com vistas a preservar sua posição de poder. Essa foi talvez a razão pela qual Shah Jahan se rebelou, sem sucesso, contra seu pai, em 1622. Como logo foi derrotado, viu-se obrigado a fugir e teve bastante sorte ao ser, por um favor, reintegrado e enviado para um posto avançado como governador, três anos depois.

Lá, ele esperou inquieto até o momento em que seu pai morreria. Shah Jahan teve que exercitar a paciência por mais alguns anos, pois foi somente em 7 de novembro de 1627 que Jahangir faleceu, com 58 anos de idade, depois de longa enfermidade. Shah Jahan estava longe demais para exercer, ele próprio, influência sobre os desdobramentos dessa morte, mas, naturalmente, tinha agentes na Corte para cuidar de seus interesses, em especial, seu sogro, Asaf Khan, irmão de Nur Jahan e mais importante oficial do Império. Quando a Asaf Khan foi facultado escolher entre seu genro e sua irmã, ele optou pelo

---

[183] Reinou de 1627 a 1658.

primeiro. Naturalmente, diante das notícias da morte de seu pai, Shah Jahan avançou de imediato para a capital. Ele mandou uma rápida mensagem para Asaf Khan no caminho, com um comando escrito por ele mesmo para eliminar os outros potenciais pretendentes ao trono. Estes eram o seu irmão, que já havia se autoproclamado imperador, e os quatro netos de Jahangir. Mais tarde, Shah Jahan justificou tais assassinatos com o argumento de que um derramamento de sangue muito maior fora evitado dessa maneira. A partir dessa data, as sucessões da maioria dos imperadores mogóis foram acompanhadas de massacres semelhantes.

Shah Jahan era o clássico exemplo literário de grão-mogol. Ele se sentava em seu trono de pavão, inescrutável e impassível, vestido magnificamente com a mais fina seda e com o mais fino robe de cetim, bordado com linhas de ouro e prata, recoberto com as joias mais caras. O trono de pavão fora feito por ordem dele próprio para sua posse como imperador, sendo exemplo sublime da arte dos joalheiros. A colocação dos mais preciosos diamantes, rubis, esmeraldas e safiras teve custo superior a 10 milhões de rúpias. O turbante utilizado na ocasião foi adornado com uma tiara custando um milhão, duzentas e cinquenta mil rúpias.

Tal qual seu pai, Shah Jahan recebeu muito apoio de uma de suas esposas durante a carreira. Em 1612, ele se casara com Arjumand, filha de Asaf Khan e sobrinha de Nur Jahan. Foi um feliz relacionamento, que durou 19 anos, até sua morte ao dar à luz o 14º filho. Em sua ascensão ao trono, Shah Jahan chamou-a de Mumtaz Mahal, "brilhante exemplo do palácio", e honrou-a com uma seleção de joias e 600.000 rúpias, bem como com um auxílio anual de um milhão de rúpias. Seu casamento com ela foi quase monogâmico, pois ele já não mais se preocupava com suas demais esposas. A morte precoce de Mumtaz, aos 38 anos, foi um golpe irreparável para ele, mudando o curso de sua vida. Em memória de Mumtaz, Shah Jahan construiu o mausoléu conhecido como Taj Mahal, que é considerado uma das Maravilhas do Mundo. Além deste, Jahan também construiu muitos outros belos monumentos da arquitetura mogol.

Os imperadores mogóis sempre lançaram olhares de cobiça sobre o Decão e suas riquezas, mesmo que apenas para poder cobrar tributos. Em 1636, Shah Jahan retornou ao Decão para restaurar o prestígio mogol na área, que a rebelião dos nababos locais tinha desfeito. Ele foi capaz de forçar os sultões de Golconda e Bijapur a reconhecer a soberania dos imperadores mogóis e a pagar um tributo anual de 600 mil e de 2 milhões de rúpias, respectivamente. Além

IMPÉRIO DOS GRÃO-MOGÓIS (1526-1709)

disso, quatro províncias do Decão, prometendo elevadas receitas tributárias, também foram anexadas. A paz estabelecida na região durou por 20 anos.

As coisas não correram tão bem em outros lugares. Tentativas de ganhar terreno na Ásia Central falharam completamente, em virtude da resistência dos uzbeques e da selvageria das tribos turcomanas. Todas elas custaram 20 milhões de rúpias. Três tentativas de recapturar a cidade de Kandahar dos persas se mostraram ainda mais desastrosas. Os custos dessas três campanhas, conduzidas no final dos anos 1640 e no início dos anos 1650, totalizaram 120 milhões de rúpias. Essa soma equivalia a mais da metade das receitas anuais de todo o Império. Shah Jahan era rico o bastante para lidar com essas perdas financeiras, mas a perda do prestígio que as derrotas significaram era mais do que ele podia suportar. Ele culpou seu terceiro filho, Aurangzeb,[184] pelo fracasso da segunda tentativa de recuperar Kandahar, o que era bastante injusto, pois a terceira e, de longe, mais cara investida tinha sido feita pelo seu filho mais velho e favorito, Dara.

Em 1656, Aurangzeb foi enviado para o Decão como governante. Embora ali reinasse a paz por 20 anos, as províncias pertencentes ao Império estavam em más condições e, de maneira contrária a todas as expectativas, custavam dinheiro ao Tesouro. Potencialmente, contudo, eram províncias ricas, e, assim, Shah Jahan não queria enviar recursos extras para lá, tendo aconselhado seu filho a incrementar a tributação. Aurangzeb aceitou o encargo: introduziu o sistema tributário de Akbar, datado de três quartos de século, concedeu empréstimos aos agricultores e demitiu oficiais corruptos e ineficientes. Eram, porém, soluções de longo prazo, que não atendiam às necessidades imediatas.

Conquistar novos territórios e tomar suas riquezas era um método mais rápido. Golconda, o sultanato que fora subjugado vinte anos antes e que pagava tributo desde então, era presa fácil, especialmente porque o sultão era um homem idoso, não mais capaz de se defender. O país era imensamente rico, fértil e bem cultivado, com uma florescente indústria têxtil e de tapetes, além de famosas minas de ouro e diamante. Logo foi encontrado um pretexto para a invasão: o sultão estava em atraso com o pagamento de tributos, e, ademais, existiam problemas internos em seu sultanato. Sem oferecer nenhuma resistência, Golconda foi invadida por Aurangzeb. O sultanato não foi anexado, pois Shah Jahan não o desejava, mas teve que arcar com uma

[184] Reinou de 1658 a 1707.

142

IMPÉRIO DOS GRÃO-MOGÓIS (1526-1709)

compensação de 10 milhões de rúpias e reafirmar sua obrigação de pagar tributos. A próxima vítima foi o sultanato de Bijapur, que, todavia, pagava corretamente seus impostos desde 1636. Dessa vez, não havia qualquer pretexto possível, exceto o frágil argumento de que o sultão não seria filho do seu predecessor. Assim, a invasão de Aurangzeb, em janeiro de 1657, foi uma flagrante violação ao tratado de paz de 1636. Ao cabo, Bijapur livrou-se do pior com o pagamento de uma compensação de 15 milhões de rúpias e a entrega de algumas fortalezas.

Pouco tempo depois, Shah Jahan ficou doente de maneira tão grave que houve receio por sua vida. Esse foi o sinal para que seus quatro filhos se preparassem para as lutas pelo trono. Dara (42), o filho mais velho, que morava com o imperador em Delhi, era por ele apoiado e controlava as imensas riquezas do Tesouro real, possuindo as melhores credenciais. Os outros filhos eram Shuja (41), Aurangzeb (39) e Murad (33). Todos os três comandavam grandes exércitos, em diferentes partes do vasto Império, que poderiam ser utilizados para realizar as ambições pessoais de seus comandantes. Shuja e Murad só queriam governar sozinhos. Por conseguinte, eles imediatamente se autoproclamaram imperadores e avançaram com suas tropas sobre a capital. Enquanto isso, Dara e Aurangzeb tinham outros interesses. Eles se diferenciavam completamente em suas opiniões políticas acerca do futuro do Império e, além disso, representavam estilos de vida totalmente diferentes.

Dara era um príncipe popular, não apenas amado pelo povo, mas também por seu pai, Shah Jahan, que o havia apontado mansabdar sobre 40.000 homens. Essa foi uma posição que, até então, nunca havia sido conferida a ninguém. A nomeação veio acompanhada de uma renda anual de 15 milhões de rúpias. Posteriormente, tal posição foi elevada para mansabdar sobre 60.000 homens, com salário de 20 milhões de rúpias. Dara era homem refinado, simpático e, às vezes, um pouco orgulhoso, que não se dava muito bem com os emires. Isso não apenas por causa de seus comentários jocosos, mas também porque ele tinha pouca ou mesmo nenhuma experiência militar – ostentando apenas uma campanha, que tinha sido um fracasso. Ele carecia da crueldade necessária para comandar o exército: sua atitude com os companheiros era muito civilizada, o que, no tempo dos mogóis, consistia séria deficiência.

Sua atitude liberal acerca da religião, que o fez tentar reconciliar hinduísmo e islamismo, foi ainda pior. Seu interesse no Novo Testamento, no Talmude e nos trabalhos dos sufis tornou-o suspeito aos olhos dos muçulmanos ortodoxos. Seu comentário de que "paraíso é onde não existem

143

mulás" tampouco contribuiu para sua popularidade junto a esse grupo profissional.

Aurangzeb era um homem completamente diferente. Para começar, era muçulmano ortodoxo fanático, que sempre desejara participar da luta pelo trono para proteger o Império contra as ideias liberais catastróficas de Dara. Não se tratava apenas de homem discreto, cheio de maquinações, sangue frio e impiedoso; acima de tudo, era enganador e hipócrita. A forma como traçava seus assassinatos prova isso. Ele sempre se certificava de que tais crimes poderiam ser aprovados em nome do Alcorão. Ao cabo, não negava seus artifícios e simulações; contudo, de forma invariável, defendia-os como apelos dos propósitos de uma ordem superior. Naturalmente, ele também possuía pontos fortes. Era brando com seus súditos e, de fato, tentou melhorar suas condições. Vestia-se de maneira simples, como demandava o seu estilo de vida ascético. Não é necessário dizer que pessoas opostas como Dara e Aurangzeb se odiavam e desprezavam. Ambos tinham fiéis seguidores e apoiadores, na Corte e no harém. Suas próprias irmãs também tiveram que tomar partido.

O destino de Murad

"Um dia, quando Murad retornava de uma caçada passando pela terra de Aurangzeb, foi induzido por um de seus assistentes – presumivelmente subornado por Aurangzeb – a fazer-lhe uma visita. Aurangzeb recebeu Murad com grande cordialidade, e os irmãos festejaram juntos, até o momento em que Murad se embriagou com o vinho. Então, Murad foi convidado para descansar um pouco na tenda ao lado, e uma bela escrava foi enviada com o fito de massageá-lo para dormir.

Quando Murad adormeceu, a escrava saiu. Apenas seu guarda pessoal permaneceu na tenda, armado e alerta. Contudo, ele também foi induzido a se afastar – chamado pelo próprio Aurangzeb, como se quisesse consultá-lo sobre algo – e, na sequência, garroteado pelos homens à espreita do lado de fora da tenda. As armas de Murad foram, então, silenciosamente retiradas de seu lado, onde ele as havia posicionado quando dormiu. Os oficiais de Aurangzeb entraram na tenda e ataram os pés de Murad – em grilhões de ouro, como em tributo ao *status* principesco. As sacudidas acordaram Murad, mas ele achou inútil resistir e se submeteu em silêncio, apenas amaldiçoando Aurangzeb por quebrar sua palavra empenhada sobre o Alcorão. Aurangzeb respondeu que o que estava sendo feito era para o seu próprio bem e para o bem do Estado.

Murad passou quase três anos na prisão. Nesse momento, Aurangzeb tramou um meio de liquidá-lo sob o manto de uma decisão judicial, que era sua maneira preferida para os assassinatos políticos. Um filho de Ali Naqi, um emir que Murad havia matado alguns anos antes em momento de fúria, foi convencido a apresentar queixa contra o príncipe nas Cortes e a insistir na aplicação da lei islâmica de sangue por sangue. Aurangzeb dirigiu-se à Corte em Gwalior, onde, 'depois de um julgamento legítimo, concluiu-se que uma retaliação pelo sangue deveria ser exigida do príncipe'. Murad recusou-se a apresentar defesa no caso. Sentenciado à morte, foi executado em dezembro de 1661, sendo seu corpo enterrado no Cemitério dos Traidores, no Forte de Gwalior".

Eraly, 358, 359.

IMPÉRIO DOS GRÃO-MOGÓIS (1526-1709)

Descrever a guerra civil que irrompeu nesse momento poderia desviar a discussão. Em primeiro lugar, Aurangzeb uniu seu exército ao de Murad, que sobressaía em relação aos outros irmãos como um competente general. Ele jurou para Murad que iria se retirar quando a vitória fosse alcançada, para que Murad fosse tornado rei. Com a ajuda de Murad, Aurangzeb conseguiu derrotar, primeiramente, o exército de Shuja e, na sequência, o de Dara. Pouco depois, Shah Jahan, que havia se recuperado da doença já há algum tempo, mas não possuía um exército para se defender, foi feito prisioneiro. Agora, Aurangzeb não precisava mais de Murad; conseguira prendê-lo e, mais tarde, iria eliminá-lo.

Após ser derrotado, Shuja rumou para o Leste, onde todos os seus vestígios desapareceram. As coisas passaram-se de maneira diferente com Dara. Ele perdeu a guerra, mas rumou com suas esposas e seu filho de 15 anos, Siphir, na direção da Pérsia. Pouco antes da passagem de Bolan, onde estaria livre de uma vez por todas, descansou alguns dias na casa de um chefe local, de cuja esposa ele já havia salvado a vida; então, tanto quanto possível, esse homem realmente lhe devia algo. Pelo tempo em que os refugiados aproveitaram a hospitalidade, nada lhes aconteceu, pois a honra da tribo assim não permitia. Mas, imediatamente após partirem, foram feitos prisioneiros e entregues para Aurangzeb, que elevou o cargo do chefe local como recompensa. Os tumultos que irromperam em Delhi quando Dara e Siphir foram conduzidos acorrentados pelas ruas somente lhes aceleraram a morte, na medida em que tal popularidade poderia se tornar uma ameaça para Aurangzeb. Instigada por este, uma assembleia de emires proferiu a sentença capital. A pena, contudo, não foi executada, pois, quando os escravos tentaram levá-lo para a execução, Dara sacou uma faca e foi abatido no local.

Até sua morte, em 1666, Shah Jahan permaneceu preso na fortaleza de Agra, com vista para o Taj Mahal, completamente isolado do mundo exterior, mas tratado com dignidade. Embora no início pai e filho trocassem cartas com censuras mútuas, Aurangzeb nunca mais visitou seu pai, não participou de seu funeral e sequer pisou em Agra durante os nove anos de encarceramento. Para justificar a usurpação do trono, Aurangzeb encontrou um jurista disposto a declarar que Shah Jahan era incompetente para governar e, por consequência, o trono estava vago, legalizando, dessa forma, sua ocupação.

Tão logo tomou assento, Aurangzeb começou a realizar seu objetivo político: fortalecer a influência do islamismo às custas dos hindus. Assim procedendo, ele pensava estar agindo inteiramente de acordo com as instruções

145

da sharia. Templos hindus não mais poderiam ser construídos, e os já existentes permaneceriam sem restauração, já que naquele momento não era permitido destruí-los. Contudo, uma década mais tarde, o próprio Aurangzeb começaria a derrubá-los. Antigos imperadores mogóis também haviam feito isso (abandonar os templos hindus), mas sempre incidentalmente. A destruição sistemática significou uma ruptura com o passado. Essa prática veio junto com medidas como a restrição das festas hindus e a abolição dos seus costumes, assim como a imposição da regra pela qual os cortesãos estavam autorizados a cumprimentar uns aos outros apenas com *salaam alekum*.

Em 1671, Aurangzeb estabeleceu que, a partir de então, apenas muçulmanos estariam habilitados a coletar tributos. Entretanto, haja vista que a administração saiu dos trilhos quase que imediatamente, ele logo revogou a medida. O número de hindus no exército, em especial nas patentes mais altas, também foi reduzido. O ritual da Corte foi bastante simplificado – e até mesmo a música foi banida. Naturalmente, o consumo de álcool foi restringido.

A expressão mais cabal e politicamente abrangente da conduta anti-hindu de Aurangzeb foi a reintrodução da jizya, em 1679. Em 1564, Akbar tinha abolido esse tributo, devido apenas pelos não muçulmanos, pois considerava todos os seus súditos iguais; agora, a cobrança fora reintroduzida por Aurangzeb, pois ele pensava o oposto. A reação furiosa dos hindus, que tentaram barrar seu caminho aos milhares, diminuiu depois de Aurangzeb ordenar o esmagamento por elefantes de vários agiotas, mercadores de tecidos e lojistas que protestavam.

Para além dessas expressões do puritanismo islâmico, Aurangzeb tentou realizar reformas e melhorar a eficiência da administração pública. Em especial, ele queria proteger os interesses dos agricultores. Para tanto, enviava instruções detalhadas aos coletores de tributos com vistas a prevenir danos aos interesses agrícolas decorrentes das suas ações, bem como a proteger os agricultores dos líderes das vilas e de outros oficiais menos graduados, que, eventualmente, eram trazidos para fazer a coleta de tributos suavemente, mas, em verdade, acabavam retendo a maior parte da arrecadação para si próprios. Infelizmente, essas regras bem-intencionadas não surtiram efeito, pois, assim como os éditos similares editados por seus predecessores, os de Aurangzeb foram praticamente ignorados pelos notáveis locais. Não havia qualquer controle, e, ademais, os infratores não eram punidos, uma vez que Aurangzeb acreditava que a punição seria uma transgressão às leis e às práticas islâmicas.

IMPÉRIO DOS GRÃO-MOGÓIS (1526-1709)

Apesar de sua astúcia, Aurangzeb era um administrador medíocre. Ele pode ter trabalhado bastante em vida, mas sua gestão saiu completamente dos trilhos. Não apenas por falta de imaginação e coragem política para tomar medidas impopulares, mas sobretudo devido ao fato de que ele não confiava em ninguém e achava que tinha que fazer tudo sozinho. Por óbvio, isso era impossível. Ao fim de sua vida, Aurangzeb viu o Império – que havia se expandido de modo considerável durante as décadas anteriores – escapar vagarosamente por entre seus dedos.

Aurangzeb lutou quase tantas guerras e ganhou quase tantas batalhas quanto Akbar, tendo expandido o Império até as fronteiras do subcontinente indiano. Tal qual seu predecessor, sua cobiça por mais terras era insaciável. Durante a primeira metade do seu governo, conquistou Assam, a Leste de Bengala, superando muitos problemas e incorrendo em inúmeros sacrifícios. Também explorou os limites com a Pérsia em lutas sem fim e brigou com alguns rajputs, que havia alijado em face de sua política anti-hindu.

Os rajputs rebeldes seduziram o filho de Aurangzeb, Akbar, para que colaborasse com eles e se autoproclamasse imperador, tornando inevitável uma batalha. Todavia, Akbar hesitara muito, permitindo que Aurangzeb colocasse os diferentes partidos uns contra os outros, por meio de ameaças e promessas que atraíssem os seguidores para longe de Akbar. Este se viu forçado a fugir, primeiro para o Decão e, mais tarde, para a Pérsia. Quando morreu, em 1704, ainda tinha a cabeça firme sobre seus ombros.

Na segunda metade do seu período de governo, Aurangzeb concentrou as atividades militares no Decão. Contudo, as lutas com os príncipes rajputs continuavam, e, ademais, um novo foco de instabilidade surgiu. Os maratas – tribo de selvagens das montanhas, originários dos planaltos rochosos do Decão, que haviam se transformado de agricultores pobres em mercenários e que não tinham nenhum escrúpulo em pilhar – surgiram como um poder político de seu tempo. Todavia, não conseguiram endurecer suas ações, pois a discórdia implodiu sua própria organização hierárquica. Aurangzeb teve número crescente de maratas em suas linhas, pois os considerava melhores soldados que os rajputs.

Perto do final da década de 1780, Aurangzeb parecia ter alcançado seus objetivos no Decão. Golconda havia sido recapturada e anexada, agora de uma vez por todas. O sultão foi mandado embora com uma pensão anual de 50.000 rúpias, mas o butim de Aurangzeb alcançou o valor de 68 milhões de rúpias, sem contar ouro e prata. Os maratas foram – ou ao menos pareciam ter sido – subjugados, intento alcançado por Aurangzeb ao explorar exitosamente suas tradicionais desavenças internas.

No entanto, apesar desse momento de triunfo, as sementes da queda já haviam sido plantadas. A expansão do Império caminhava *pari passu* com seu enfraquecimento, não apenas porque sua administração ficava mais complexa – por exemplo, as linhas de comunicação se tornavam cada vez mais extensas –, mas também devido ao número crescente de tribos que o povoavam, com tradições e costumes completamente diferentes, sempre prontas para rebeliões. Assim, quando Aurangzeb parecia ter alcançado tudo, ele estava, em verdade, sobre areia movediça. Nos anos restantes, até sua morte em 1707, aos 89 anos de idade, Aurangzeb foi compelido a permanecer no Decão, para consolidar suas vitórias e reprimir os maratas, que haviam se insurgido novamente. Nos anos seguintes, as lutas se tornaram mais e mais perversas. Os êxitos dos maratas, embora geralmente fossem de natureza temporária, inspiraram outras tribos a atormentar o Império. Eraly colocou a questão de maneira bastante poética: "as hienas e as aves carniceiras estavam se aproximando do leão moribundo".

As lutas não terminaram, mas os recursos financeiros, sim. Nos estetores do governo de Aurangzeb, as receitas tributárias haviam caído consideravelmente e se tornaram, então, incapazes de custear as despesas cada vez maiores com as guerras. Isso decorreu da fraqueza administrativa geral, da falta de controle, da crescente resistência dos emires, que haviam sido forçados a morar em tendas por dezenas de anos, e da oposição passiva dos agricultores, que, por vezes, revoltavam-se contra o pagamento de tributos valendo-se da força das armas. O imperador foi compelido a utilizar os tesouros acumulados pelos seus predecessores. Com frequência, não havia dinheiro para remunerar os soldados, cujos pagamentos eram muitas vezes adimplidos com até três anos de atraso.

Em 1706, Aurangzeb decidiu deixar o Decão e rumar para casa, no Hindustão, do qual estava ausente há décadas e onde o caos começava a surgir. Ele nunca chegaria. Morreu aos 3 de março de 1707, como um homem que havia superado e sobrevivido a si mesmo.

Aurangzeb foi sucedido por seu filho, Babadur Shah, que era velho quando assumiu e, por isso, governou por apenas cinco anos. A ele, seguiram-se diversas figuras fracas, e o poder estrangeiro aproveitou a oportunidade para lidar com o Império enfraquecido, golpe após golpe. Durante todo o século XVIII, os maratas, os rajputs, os afegãos e os persas lutaram pelo Império, que vagarosamente decaía, até que os britânicos tomaram o poder por volta de 1800. Os imperadores mogóis reinaram simbolicamente até 1857, conquanto seu Império tivesse sido reduzido à fortaleza de Delhi. Quando uma revolta eclodiu em 1857, o então rei, um idoso de 82 anos de idade, foi deposto pelos britânicos e exilado em Rangum. Esse foi o golpe final contra os mogóis.

A ESTRUTURA ECONÔMICA, FINANCEIRA E SOCIAL DA SOCIEDADE MOGOL

Em seu auge territorial, o Império Mogol abrangia 4,5 milhões de quilômetros quadrados. Para efeitos de comparação: a Índia atual cobre 3.268.000; o Paquistão, 800.000, e Bangladesh, 143.000 quilômetros quadrados.

Estimativas sobre a população indiana por volta de 1600 variam entre 100 e 142 milhões. Esse número crescia muito pouco, provavelmente menos de 1,5% ao ano. Cerca de 15% viviam nas cidades – algumas das quais possuíam entre 250.000 e 500.000 habitantes. Como resultado da tributação, sabem-se alguns detalhes sobre o número de vilas. No tempo de Akbar, havia 120 cidades e 3.200 parganas (subdistritos, que compreendiam entre 10 e 150 vilas). Já sob Aurangzeb, existiam 400.000 vilas.

O número de habitantes em cidades como Agra e Delhi, que se alternavam como capitais, diminuía de modo considerável quando o imperador movia sua Corte. De acordo com algumas estimativas, em meados do século XVII, não menos do que três quartos da população de Delhi, de 400.000, partiam quando o imperador viajava. Para carregar somente a bagagem pessoal de Akbar, eram necessários 100 elefantes, 500 camelos, 400 carruagens e 100 portadores; parte da bagagem consistia em uma carruagem puxada por elefantes que continha banheiros. Um século depois, o acampamento totalizava 100.000 cavaleiros e 200.000 animais, incluindo cavalos, mulas, elefantes e camelos. De fato, o acampamento era uma cidade móvel, com os haréns do imperador e dos grandes emires, bazares, comerciantes, prostitutas e todas as atividades humanas concebíveis. Foi apenas na segunda metade do governo de Aurangzeb que o acampamento se reduziu ao estado de miserabilidade devido à falta de dinheiro, embora ainda tivesse 45 quilômetros de circunferência e totalizasse 250 bazares, 30.000 elefantes, 50.000 camelos e soldados, fora o meio milhão de pessoas ao redor.

Uma reconstrução das receitas e despesas do Império Mogol relativa aos anos 1595-1596, feita por S. Moosvi e baseada no *A-in-i Akbari*, mostra que a arrecadação montava mais de 200 milhões de dólares, dos quais 81% eram alocados para os salários dos mansabdares e suas despesas; 9% para as despesas militares imperiais, como cavalos, elefantes e seus cuidadores, armas e artilharia; e 6% para as despesas da família imperial, gerando uma sobra de meros 4%. Dentre os gastos do imperador e sua família – que custeavam comida, livros, equipamentos, materiais de acampamento, etc. – dois itens se destacavam. Primeiro, o custeio do harém, especialmente das remunerações, que alcançavam quase 2 milhões de dólares. Segundo, as compras de joias e pedras preciosas, superiores a 2 milhões de dólares, que correspondiam a mais de 1% de todo o orçamento.

Esses detalhes demonstram como o mundo dos mogóis girava em torno do imperador. Seus servos constituíam a classe dominante, fornecendo serviços aos campos militar, administrativo e religioso, enquanto os outros súditos tinham que cuidar da produção. O primeiro grupo era constituído principalmente por muçulmanos; o segundo, essencialmente por hindus. Porém, no contexto da política de integração conduzida por Akbar e continuada por seus sucessores, cargos mais elevados passaram a ser acessíveis aos hindus; mas as posições realmente superiores eram, com frequência, assumidas pelos persas, considerados os melhores em aspectos culturais e organizacionais. Apesar dessa diferença de classes, os muçulmanos, que moravam principalmente nas cidades, e os hindus, que povoavam sobretudo o campo, viviam geralmente em harmonia. Os intocáveis e os escravos estavam na base da pirâmide social. Apesar de contrário à escravidão, Akbar não conseguiu aboli-la. Normalmente, um escravo custava entre 15 e 20 rúpias, mas, em tempos de fome, o preço caía de forma considerável. Devedores insolventes e fraudadores do fisco também eram submetidos à escravidão, sina que eventualmente era estendida às suas esposas e filhos.

Os mansabdares, palavra que pode ser traduzida literalmente como "titular de patente" (*mansab* significa patente), eram os servos mais próximos do imperador. Cada uma das trinta e três patentes exprimia o número de soldados que seu titular deveria, em tese, comandar. O número variava entre 10 e 5.000, sendo que aos príncipes de sangue era facultado ir além do teto. Outrossim, cada patente era dividida em três classes. A definição da classe exigia saber se o número de soldados comandados *de facto* era igual, metade ou mais ou menos a metade do número de homens que deveriam ser liderados de acordo com a patente. Os mansabdares com patentes entre 500 e 2.500 eram os emires; aqueles com patentes de 3.000 ou mais, grandes emires. O sistema imperial dependia em larga medida das habilidades marciais, administrativas, políticas e empreendedoras dos mansabdares. Infelizmente, sua lealdade e honestidade muitas vezes ficavam aquém do desejado.

Havia dois sistemas para a remuneração dos mansabdares. No primeiro, eles recebiam salário fixo, variável conforme suas patentes e classes, além de compensação pessoal pelos cavalos, elefantes, burros de carga e carruagens utilizados para o trabalho e, finalmente, recompensa pela unidade militar de homens e cavalos que deveriam manter operacional. Todos os salários e compensações atinentes aos vários níveis eram registrados contabilmente.

Com o segundo sistema de remuneração, era-lhes distribuído um jagir, o que significava que os mansabdares possuíam permissão para coletar, por sua conta e risco, o tributo sobre a terra em certa área, que podia abranger uma ou mais vilas. Nesse caso, o oficial financeiro da Corte do imperador calculava a jama (receita fiscal líquida) da área e verificava se ela correspondia à soma dos seus salários e recompensas de acordo com o registro. Não era incomum que os oficiais da corte, deliberadamente, superestimassem o valor da jama, contra o que os mansabdares se defendiam com subornos.

O sistema do jagir era vantajoso para o governo central, que se livrava do encargo de coletar os tributos em grandes partes do país, vasto e pouco controlável, enquanto as incertezas e os riscos com a arrecadação eram transferidos para os mansabdares. Estes tinham a vantagem de frequentemente obter mais do que receberiam com seus salários e compensações. Contudo, isso era um desastre para a população, pois os jagirdares, como eram chamados os titulares do jagir, queriam tão somente retirar do povo o máximo possível.

O fato de os mansabdares serem transferidos de tempos em tempos, geralmente uma vez a cada três ou quatro anos, só agravava a exploração dos agricultores. Akbar havia introduzido essa transferência regular para prevenir que os mansabdares desenvolvessem uma classe hereditária e fechada, constituindo potencial ameaça ao trono. A exploração da qual os mansabdares eram habitualmente culpados minou a economia no período mogol de forma lenta, porém constante. Ademais, a violação às prescrições gerais relativas à cobrança e coleta dos tributos era punida de forma branda – isso se a Corte descobrisse as violações. O sistema do jagir, além do esgotamento da produção agrícola, tinha outra desvantagem: como os jagirdares eram usufrutuários temporários da terra, isso impediu o desenvolvimento de uma forte aristocracia rural que poderia contrabalancear os autocráticos imperadores mogóis.

A distribuição das rendas

A distribuição desigual do produto da arrecadação tributária pode ser demonstrada em números. No governo de Shah Jahan, o total das receitas tributárias em 1646/47 – oriundas principalmente do imposto sobre a terra pago pelos agricultores – somou 220 milhões de rúpias, dos quais 36% foram destinados para 68 nababos e grandes emires, e 25%, para os demais 587 oficiais e emires. Consequentemente, 61,5% das receitas tributárias eram atribuídas a 665 indivíduos, média de 210.000 rúpias para cada um, por ano. O vizir de Shah Jahan, seu sogro Asaf Kahn, tinha renda líquida de 5 milhões de rúpias, tendo deixado uma fortuna de 25 milhões quando morreu. Essas eram as receitas da realeza, ainda que se leve em consideração que seus destinatários eram obrigados a manter grande número de servos e soldados; além disso, possuir servos também poderia ser considerada forma de gasto privado. Ao tempo de Akbar, a distribuição de renda era ainda mais desigual: 30% das receitas tributárias destinavam-se a apenas 25 pessoas.

A renda nacional somente pode ser determinada por estimativa. De acordo com historiadores econômicos, a arrecadação tributária respondia por algo entre um terço e metade das receitas do país. Na época de Shah Jahan, com receitas tributárias de 220 milhões de rúpias, a renda nacional teria sido entre 440 e 660 milhões de rúpias. Se pensarmos em termos de 600 milhões – com uma carga tributária de 37%, o que parece ser mais plausível do que 50% – a renda nacional *per capita* da população seria de 5 rúpias, ou 10 dólares. Caso se tome em consideração que 135 milhões de rúpias, equivalentes a 22% da renda nacional, foram entregues a 665 altos oficiais, teria restado uma média de 4 rúpias por pessoa para a população.

Tendo em vista que os mansabdares precisavam custear a unidade militar sob seu comando – pouco importando se com seus próprios salários, compensações ou com parte das receitas líquidas do tributo sobre a terra eventualmente cobrado –, o governo central foi liberado da responsabilidade de recrutar e vigiar o exército e de tudo o mais a este relativo. Os salários e compensações eram fixados de tal modo que os mansabdares desfrutavam de renda bastante confortável. Calcula-se que uma autoridade com comando sobre 5.000 homens, que tivesse renda mensal de 30.000 rúpias e um auxílio para as despesas de 10.000 rúpias – arredondando – conseguia amealhar entre 200.000 e 300.000 rúpias por ano. Além disso, eles podiam auferir montante extra considerável pelos presentes que recebiam (tanto graciosamente como para fins de suborno) e, também, por força da tributação ilegal (ou pseudolegal) que podiam tentar impor nas áreas que lhes eram atribuídas em jagir.

IMPÉRIO DOS GRÃO-MOGÓIS (1526-1709)

Entretanto, a posição de mansabdar era menos agradável do que essas descrições fazem parecer. Seu cargo não era hereditário, mas sim temporário; podiam ser dispensados pelo imperador a qualquer tempo e por qualquer razão quando não mais o agradassem, bem como transferidos para outros distritos, o que acontecia com frequência. Ainda pior era o fato de que o imperador não titubeava em confiscar a herança dos mansabdares quando de sua morte, frequentemente sob a alegação, justificada ou não, de que o falecido era devedor do governo central. A base desse raciocínio era a de que os servos da Coroa deveriam possuir magnífica renda durante sua carreira, mas nada podiam legar. Por consequência, os mansabdares levavam vida pródiga – mais ainda do que podiam arcar – e contraíam dívidas mediante adiantamentos dos seus salários futuros, o que conferia ao imperador justa causa para confiscar suas heranças quando morriam. Por vezes tentava-se ocultar a herança, o que precisava ser feito com bastante cuidado, na medida em que servos delatores mal podiam esperar para conseguir um centavo extra pela "recompensa do descobridor".

Embora os mais astutos conseguissem adquirir títulos, patentes e rendas para seus filhos, isso não era regra geral e, de nenhum modo, podia ser considerado um direito. A situação dos líderes muçulmanos, portanto, era muito pior que a dos príncipes rajputs, seus colegas hindus que geriam domínios ancestrais cujos herdeiros podiam quase sempre suceder seus predecessores. Os muçulmanos, quando desejavam assumir e galgar patentes, tinham que possuir amigos poderosos na Corte, ser capazes de presentear as pessoas certas nos momentos certos e, acima de tudo, ser iluminados pelo sol do favor imperial. Não é necessário dizer que a comunicação dos mansabdares com o imperador envolvia fingimento e bajulação, em um mundo onde os servos dependiam sobremaneira dos humores do monarca.

Sob os governantes que sucederam Akbar, a inflação de patentes aumentou; a remuneração dos mansabdares, especialmente dos emires e grandes emires, cresceu na proporção inversa da supervisão de seus atos, que foi drasticamente reduzida. Sher Shah e Akbar verificavam rigorosamente se os mansabdares tinham o número de homens e cavalos necessários e, apesar de uma tempestade de protestos, marcavam os cavalos a ferro a fim de impedir que os mansabdares emprestassem suas montarias um ao outro e, assim, enganassem os inspetores. Contudo, mais tarde, o controle foi progressivamente se afrouxando – não sendo fiscalizado nem mesmo quantos soldados se tinha sob comando efetivo. No século XVIII, existiam, inclusive, mansabdares que não comandavam nenhuma tropa; isso era comum, a

IMPÉRIO DOS GRÃO-MOGÓIS (1526-1709)

propósito, com oficiais que não possuíam deveres militares, como os agentes financeiros, os estudiosos e os médicos. Abul Fazl – autor do *A-in-i Akbari* – comandou 4.000 homens no governo de Akbar, embora seu cargo mais importante tenha sido o que nós chamaríamos hoje de Ministro da Cultura e Propaganda.

Em 1594, sob o governo de Akbar, havia cinquenta e oito pessoas com a patente de comandante de 1.000 ou mais homens; no tempo de Shah Jahan, um século mais tarde, em 1647, já existiam 218, e os custos totais com salários haviam triplicado. O número total de mansabdares subiu de 1.866 em 1596 para 3.057 em 1620, 8.099 em 1647 e 14.449 em 1690.

Akbar, sabendo muito bem que o sistema de jagir estava desvirtuado, tentou pagar os mansabdares em dinheiro tanto quanto possível, em vez de remunerá-los com um ou mais jagires. Porém, teve que reconsiderar a estratégia, pois o Império não tinha capacidade de coletar tributos dos

---

O harém imperial

"Sua Majestade constituía alianças matrimoniais com príncipes do Hindustão e outros países; e assegurava, por esses laços de harmonia, a paz mundial.

Sua Majestade construiu um grande recinto, com belos edifícios no interior, onde repousa. Embora haja mais de cinco mil mulheres, ele concedeu um apartamento individual a cada uma delas. Ele também as dividiu em seções, mantendo-as atentas aos seus deveres. Diversas mulheres castas eram apontadas como supervisoras de cada seção, e uma era selecionada para os deveres de contadora. Assim como nos gabinetes imperiais, tudo aqui também possui uma ordem adequada. Os salários são suficientemente fartos. Sem incluir os presentes, que Sua Majestade concede com generosidade, a mulher de mais alta patente recebe entre 1610 e 1028 rúpias por mês. Alguns dos servos angariam entre 51 e 20, outros, de 40 a 2 rúpias. Anexa à sala de audiência privada do palácio há uma inteligente e zelosa contadora, que supervisiona as despesas do harém e mantém relatório do dinheiro e dos suprimentos. Se uma mulher deseja qualquer coisa dentro do limite de seu salário, ela solicita a um dos caixas do serralho. Então, o caixa envia um memorando à contadora, que o verifica e remete ao tesoureiro geral, que, a seu turno, entrega-o aos diversos subcaixas para que se faça a distribuição entre os servos do palácio.

O interior do harém é guardado por mulheres sérias e ativas; as mais confiáveis são colocadas próximas dos apartamentos de Sua Majestade. Fora do recinto, ficam posicionados os eunucos; e, a uma distância adequada, há uma guarda de rajputs além dos quais estão os vigias dos portões. Ademais, nos quatro cantos, há guardas de nobres, servos e outras tropas, de acordo com suas patentes.

Sempre que as begumes, as mulheres dos nobres ou outra mulher de caráter casto desejam ser apresentadas, elas primeiro notificam sua vontade aos servos do palácio e esperam por uma resposta. Dali, eles enviam os pedidos para os oficiais do palácio, após o que as eleitas recebem permissão para ingressar no harém. Algumas mulheres de patente obtêm autorização para permanecer por um mês inteiro".

A-in-i Akbari, Vol. I, 45-57.

IMPÉRIO DOS GRÃO-MOGÓIS (1526-1709)

agricultores por meio dos seus próprios agentes fiscais. No tempo de Akbar, um jagir produzia receitas consideráveis, e os mansabdares gostavam de ser remunerados assim. Um século depois, a situação era diferente. No governo de Aurangzeb, quando o número de mansabdares tinha subido para mais de 14 mil, metade deles era paga em dinheiro, enquanto a outra metade recebia jagires. Os mansabdares preferiam pagamento em dinheiro a essa altura, pois a produção agrícola havia declinado consideravelmente, e os jagires eram, por consequência, sobrevalorizados, ao mesmo tempo em que a arrecadação de tributos estava se tornando dificultosa, já que a desintegração do Império havia começado.

O harém era um mundo próprio. Seu tamanho e o esplendor que o envolvia eram indicações do poder do monarca. Ele abrigava milhares de pessoas, em sua maioria escravos e servos. As begumes, literal e figurativamente, eram um poder invisível por trás do trono. Muitas vezes sabiam mais sobre o que estava acontecendo do que os emires, e algumas delas conseguiam desempenhar efetivo poder, embora sempre de maneira indireta, pois, naturalmente, era impensável para as mulheres agir em público por si próprias. No entanto, às vezes, a elas era facultado organizar os assuntos do harém.

O destino da maioria da população contrastava duramente com o exuberante estilo de vida das classes dominantes. Composta principalmente por agricultores, estes tinham que entregar um terço de suas colheitas e, por vezes, ainda mais, para os coletores de tributos. Viviam em cabanas simples, alimentavam-se unicamente de arroz e ervas comestíveis e andavam malvestidos. Suas cabanas possuíam um único aposento, sem janelas, apenas com a porta da rua, onde um homem dificilmente conseguia ficar em pé. O chão consistia em terra batida, pavimentada com esterco de gado seco, enquanto as paredes eram rebocadas com argila e cobertas com plantas.

Em tempos normais, a perspectiva dos agricultores de melhorar seu destino, assumindo que tivessem força mental suficiente para tanto, era nula. Porém, quando as chuvas falhavam em chegar e a fome atingia a terra, situações apocalípticas surgiam, nas quais o canibalismo não era o pior fenômeno, desafiando qualquer descrição.

Durante a grande fome que ocorreu no início do governo de Shah Jahan (1630-1632), 3 milhões de pessoas morreram. Ao longo de cinco meses, o imperador gastou 5.000 rúpias por semana para assistir os pobres; os coletores de tributos devolveram quase 7 milhões de rúpias das receitas fiscais;

IMPÉRIO DOS GRÃO-MOGÓIS (1526-1709)

os mansabdares, que possuíam permissão para coletar tributos, adotaram providências similares. Essas medidas de ajuda, porém, eram absolutamente insignificantes quando comparadas com as despesas extravagantes do imperador e dos emires. Apenas o auxílio anual recebido por Mumtaz Mahal, a amada esposa do imperador, somava dez vezes mais do que o valor por ele gasto no combate à fome.

Três quartos de século depois, a situação não havia melhorado, como se demonstrou pela fome que matou mais de 2 milhões de pessoas nos estertores do governo de Aurangzeb (1702-1704). O pior de tudo talvez fosse o fato de que as fomes ocorriam com mais frequência localmente. Havia comida suficiente em outras partes do reino, mas ela não podia ser tornada disponível, pois seu transporte era muito demorado e oneroso. Ninguém na Corte imperial jamais teve a ideia de construir depósitos de alimentos para os tempos difíceis que não fossem destinados apenas para os membros da Corte e seus animais, mas sim para toda a população. Da mesma forma, não se atentava para a possibilidade de melhoria das condições de transporte no interior do Império. Esmolas, cozinhas públicas e cortes de tributos eram vistos como melhores medidas, conquanto fossem apenas uma gota no oceano dos famintos.

Pequenos comerciantes e artesãos, que eram quase sempre independentes no campo, assim como nas cidades, tampouco estavam em melhor situação. A população, devido à sua atitude fatalista, estava preparada para aceitar seu destino, embora, de fato, dificilmente tivesse a chance de progredir, a não ser fugindo para outro lugar – mas as coisas eram melhores lá do que aqui? – ou se juntando a gangues que aterrorizavam as estradas. Contudo, a menor fraqueza da autoridade imperial podia dar causa a rebeliões. Então, a ordem era mantida, ou seja, os tributos eram coletados com pulso firme, mediante apoio do exército.

Quão elevada era a renda no primeiro degrau da escada da sociedade? Aqueles que serviam ao imperador eram mais bem remunerados. Akbar havia estipulado seus salários da seguinte maneira: um escravo da última categoria ganhava um dam por dia, com o que provavelmente mal podia subsistir; trabalhadores não qualificados, dois dams por dia; trabalhadores qualificados, três a quatro dams; carpinteiros, três a sete dams; trabalhadores da construção, cinco a sete dams diários. Faxineiros, condutores de camelo e lutadores eram pagos mensalmente, ganhando pouco mais do que um trabalhador não qualificado. Nos governos posteriores, os salários tiveram

156

IMPÉRIO DOS GRÃO-MOGÓIS (1526-1709)

pequeno aumento, provavelmente como resposta à inflação. Sob o governo de Jahangir, um doméstico ganhava entre 10 e 20 dams por dia, estando próximo de 100 rúpias por ano. Nas casas dos emires, salários menores eram pagos. Com frequência, os pagamentos sofriam atrasos. As pessoas eram então remuneradas com roupas usadas e, eventualmente, até mesmo com conselhos e alojamento. Em resumo: alguém da classe alta ganhava milhares de vezes mais do que um doméstico, que, ainda assim, podia ser incluído dentre os servos mais bem pagos.

O custo de vida, entretanto, não era alto, considerando as necessidades básicas da população. Um quilo de trigo custava um dam; uma ovelha, no tempo de Akbar, uma rúpia e meia; no período de Jahangir, podiam-se comprar trinta litros de leite com uma rúpia. Os ganhos do trabalho eram baixos, mas a produtividade também. Cada família tinha um conjunto de servos, aos quais se designavam, individualmente, tarefas específicas. Mesmo os soldados mantinham serviçais! Próximo ao fim do governo de Shah Jahan, os servos e soldados que, junto com suas famílias, eram, direta ou indiretamente, dependentes do imperador, equivaliam a mais de um quinto da população. Um milhão de soldados significavam pelo menos 5 milhões de criados e parentes, que, para o seu arroz diário, dependiam das rendas do tributo sobre as terras, isto é, da produtividade dos agricultores.

Na Índia agrária, a produção rural era o fator econômico determinante. As safras podiam ser colhidas duas ou até três vezes ao ano, para espanto dos visitantes europeus. A colheita de primavera (rabi) consistia em algodão, grama, semente de mostarda, trigo e cevada, ao passo que a colheita de outono (kharif) incluía arroz, legumes, couve, ervas, oleaginosas, cana-de-açúcar, cânhamo e índigo.

Os campos eram usualmente irrigados com a ajuda das chuvas de monção, que determinavam as estações do ano. Canais de irrigação eram conhecidos, mas usados com pouca frequência. O método primitivo de retirar as águas subterrâneas por meio de bombas manuais também era empregado. Além disso, a falta de água para o cultivo gerou redução na produção agrícola durante o período mogol, que, por conseguinte, ficou em nível inferior ao dos séculos anteriores.

Quase todas as necessidades dos habitantes podiam ser satisfeitas no âmbito das vilas. Uma vila, ou um grupo delas, não somente era capaz de produzir o alimento necessário, como arroz, farinha, manteiga, leite, feijão e vegetais, como também tecia seus fios e processava seus próprios açúcar e óleo, produtos cujas plantas-base cresciam em todos os lugares. A seu turno, o tecelão, o carpinteiro, o ferreiro e o ceramista forneciam os materiais de que toda casa precisava, como vestuário, arados, algumas ferramentas agrícolas e cerâmicas. Poucas coisas tinham que ser obtidas fora da vila. Consequentemente, era bastante compreensível que a comunidade aldeã fosse utilizada, por vezes, como unidade de arrecadação tributária.

Muitas pessoas se preocupavam com a questão de a quem pertencia a terra. Alguns visitantes europeus pensavam que o imperador possuía todo o território, porquanto observavam que os agricultores titulares do solo entregavam quase toda a sua colheita ao imperador ou aos oficiais a serviço deste, com exceção de uma parte, que era destinada à própria subsistência. Sob essa perspectiva, não se tratava de uma questão de tributação, mas de um tipo de aluguel do solo devido ao seu dono – seja o imperador, seja o Estado nos dias de hoje. Entretanto, o fato de que os agricultores tinham o direito de transferir a terra para outras pessoas e deixá-la em testamento para seus descendentes depõe contra essa ideia. Ademais, eles ainda podiam abandonar a lavoura e tentar construir nova vida em outro lugar, uma vez que não eram servos, como seriam na Europa durante a Alta Idade Média. Considerando que não havia agricultores suficientes na proporção da quantidade de terra disponível, tal migração, que com frequência significava uma vila inteira embalando suas coisas e se mudando para novo local, era a ordem do dia.

No período mogol, o resultado da produção agrícola decresceu relativamente porque o número de agricultores, em percentual da população, diminuiu. E, com certeza, era muito melhor servir um emir, ou até mesmo o imperador, do que trabalhar autonomamente até a morte como agricultor. Talvez a situação possa ser descrita de modo mais adequado assim: do ponto de vista econômico, o imperador tinha o usufruto da terra, enquanto os agricultores possuíam a nua propriedade e parte do resultado da produção, que recebiam como recompensa por seus esforços para gerar o resultado devido ao usufrutuário – mas apenas o suficiente para a subsistência em circunstâncias normais.

O sistema de rodovias era bastante precário, pois existiam poucas estradas que, não bastasse, estavam em más condições. Apenas a que ligava Agra a Lahore, via Delhi, era excelente, pois fora continuamente aprimorada em virtude de sua localização estratégica. Um obstáculo às viagens era o fato de que quase não havia pontes, exceto sobre pequenos rios. Quando o exército queria cruzar um curso d'água, era preciso usar barcos e pontes flutuantes. Os civis tinham que nadar de um lado a outro. Poucos eram os rios navegáveis. Os transportes fluviais comercial e militar eram limitados ao Rio Indo e ao Complexo Ganges-Yamuna. Havia transporte marítimo, a depender da estação. Durante as monções Sudoeste, entre junho e setembro, os navios não podiam zarpar ou atracar nos portos com segurança.

Viajar era algo perigoso por si mesmo. De fato, os viajantes tinham alguma proteção devido à regra de que a autoridade local era obrigada a recuperar quaisquer bens que tivessem sido roubados, sendo financeiramente responsável pelos danos que os transeuntes sofressem quando passassem pelo seu território durante o dia – já que a empreitada noturna era por conta e risco do indivíduo. Mas isso não fornecia garantia suficiente. Dessa maneira, as pessoas viajavam principalmente em grandes grupos, às vezes com centenas de carruagens e sob vigilância militar. Assim, ficavam protegidas de bandidos e assaltantes – desde que os guardas não se revelassem os próprios ladrões –, embora continuassem sem ter certeza de que as autoridades locais não lhes extorquiriam dinheiro e bens, sob todos os tipos de pretextos.

Akbar e seus sucessores proibiam periodicamente essas práticas de extorsão, mas, como a proibição precisava ser renovada de tempos em tempos, pode-se depreender que ela não era obedecida. Aliás, como poderia ser respeitada se, por exemplo, os próprios servos de Nur Jahan – esposa do imperador Jahangir, que, como tal, podia organizar por si mesma todas as questões do harém – instavam os viajantes de passagem a pagar o pedágio!? Pelo menos nas áreas sob domínio imperial a situação era melhor do que naquelas onde pseudoindependentes caciques locais estavam no controle. Ninguém ficava surpreso com o florescimento da corrupção. E, nesse quadro, os viajantes tentavam contrabandear tanto quanto possível. Naturalmente, os numerosos caravançarais construídos por Sher Shah, que foram aprimorados e numericamente ampliados com o tempo, consistiam em grande comodidade para os viajantes.

O SISTEMA FISCAL DOS GRÃO-MOGÓIS

Na Índia, a tributação se justificou de longa data como sendo a recompensa devida ao monarca tanto pelo exercício do governo como pela proteção de seus súditos. A exação mais importante era a que incidia sobre os resultados da terra. Como o Império dos Grão-Mogóis era essencialmente agrícola, não surpreende que o tributo sobre a terra fosse a mais importante fonte de recursos, sendo arrecadado de modo mais sofisticado e possuindo alíquotas elevadas. A cobrança propiciou receitas regulares e estáveis aos imperadores mogóis, em oposição àquelas obtidas com a pilhagem de domínios conquistados – algo que acontecia apenas ocasionalmente e cujos ganhos podiam exceder, mas também ficar aquém das expectativas. De acordo com os regulamentos da sharia, um quinto do butim deveria ir para o Estado, e o restante, para os comandantes e soldados. Contudo, essa divisão não era sempre respeitada.

Receitas tributárias apresentadas ao Grão-Mogol.

Impor tributos sobre os Estados vassalos era vantajoso para o Império na medida em que as despesas de coleta eram baixas em comparação com

IMPÉRIO DOS GRÃO-MOGÓIS (1526-1709)

as do tributo sobre a terra; entretanto, era desvantajoso na medida em que, de tempos em tempos, os Estados vassalos se rebelavam. Para conservar essa fonte de receitas, exércitos tinham de ser enviados, mas apenas se os elevados custos para tanto pudessem ser compensados pela pilhagem e saques.

Outras fontes de recursos para o imperador eram os presentes, as receitas aduaneiras de importação e exportação, o confisco dos legados dos mansabdares, os monopólios e os tributos com fundamento religioso.

Em várias civilizações, presentes eram vistos como receitas regulares do Tesouro. Às vezes, eram expressão de lealdade; em outras, destinavam-se a aplacar a ira do imperador e, eventualmente, eram súplicas por favores do governante – o que estava a um passo do suborno. Muitas vezes, o indivíduo era presenteado por aqueles que esperavam, em contrapartida, favores de sua parte. Nada obstante, havia na sociedade mogol uma cultura de presentes, na qual a fronteira com o suborno quase desaparecera.

Nas grandes cidades comerciais, nos portos oceânicos e nas fronteiras do Império, tributos de 2,5% sobre a importação e a exportação eram cobrados; mais tarde, Aurangzeb dobrou esse percentual para os hindus, que precisaram se valer de seus amigos muçulmanos para evitar essa tributação. Existiam monopólios sobre alguns bens, como sal e salitre. O monopólio sobre o índigo gerou milhões de rúpias para o Tesouro.

A jizya, o tributo para os não muçulmanos abolido por Akbar, foi reintroduzida por Aurangzeb em 1679, na forma de um imposto progressivo sobre a renda. Aqueles que ganhavam mais de 2.500 rúpias por ano pagavam 48 dirhams (somas tributárias eram expressas em dirhams, nos termos da sharia; 48 dirhams equivaliam a aproximadamente 13 rúpias); os com renda entre 250 e 2.500 rúpias pagavam 24 dirhams (aproximadamente 6,5 rúpias); os de meios limitados que tinham renda de pelo menos 52 rúpias e que podiam sustentar uma mulher e crianças pagavam 12 dirhams (aproximadamente 3,25 rúpias), e aqueles que tinham apenas a renda mínima real nada pagavam. Visando à cobrança da jizya, um serviço especial foi criado, com novos coletores de tributos. Essa atividade era coordenada por um alto oficial, que deveria controlar se a arrecadação estava acontecendo e se tinha sido feita de maneira regular. Não é sabido quanto o novo tributo gerou, mas isso também não era muito importante, pois a motivação religiosa – incentivar os hindus a se converter ao islamismo – prevalecia sobre o objetivo financeiro.

> **Outra maneira de escapar da tributação sobre heranças**
>
> "Essa narrativa será útil para demonstrar o bárbaro e antigo costume existente nesse país, de o Rei se constituir no único herdeiro da propriedade daqueles que morrem a seu serviço. Neik-nam-Kan era um dos mais notáveis Omrahs (mansabdares) da Corte, que, durante os 40 ou 50 anos nos quais ocupou cargos importantes, acumulou imenso tesouro. Esse nobre sempre viu com repulsa o odioso e tirânico costume acima mencionado – em razão do qual as viúvas de muitos grandes Omrahs eram mergulhadas subitamente em estado de miséria e pobreza, compelidas a solicitar esmolas ao monarca, enquanto seus filhos eram levados a se alistar como soldados sob o comando de algum Omrah.
>
> Vendo que seu fim se aproximava, o velho homem, secretamente, distribuiu todo o seu tesouro entre viúvas aflitas e cavaleiros pobres; após isso, encheu os cofres com ferro velho, ossos, sapatos gastos e roupas esfarrapadas. Quando conseguiu fechá-los e selá-los com segurança, fez a observação de que o seu conteúdo era propriedade exclusiva de Chah-Jehan (Shah Jahan). Com a morte de Neik-nam-Kan, os cofres foram levados para o rei, que estava participando de um durbar (audiência pública) e que, inflamado por ávida cobiça, ordenou a sua imediata abertura, na presença de todos os seus Omrahs. O desapontamento e vexame podem ser imaginados com facilidade, tanto que ele se levantou abruptamente da cadeira e precipitou-se pelo corredor".
>
> François Bernier, *Travels in the Mogul Empire. Ad 1656-1668*, reimpressão 1997, 163, 164.

Também havia um tributo especial para os muçulmanos, o zakat, originário das regras da sharia, segundo as quais os muçulmanos deveriam fazer caridade. Suas receitas eram realmente destinadas a esse fim. O zakat era arrecadado em ouro, prata, gado e mercadorias que estivessem em posse do contribuinte por pelo menos um ano. Na prática, a cobrança era evadida com frequência. Muitos muçulmanos pagavam o tributo pelo medo de provocar a ira de Alá, porém outros transferiam suas fortunas para suas esposas por curto período de tempo, uma vez ao ano, visando a escapar do zakat. Quando Akbar descobriu que até mesmo os mais altos líderes muçulmanos se beneficiavam de tais métodos, a tensão entre ele e os muçulmanos tradicionais aumentou consideravelmente. Aurangzeb, entretanto, aboliu o zakat no início de seu governo, para agradar a esses mesmos religiosos.

A despeito da variedade de exações, o tributo sobre a terra era, de longe, a maior fonte de recursos para o Império. Na estimativa de S. Moosvi, ele constituía 90% da jama (receita fiscal líquida) na época de Akbar. E esse percentual somente aumentaria posteriormente.

A maneira de organização do tributo sobre a terra não era a mesma em todos os lugares do vasto país. Descreveremos a seguir a quem as receitas tributárias competiam, os métodos utilizados para determinar o total do pagamento e quais eram os agentes habilitados a arrecadá-lo.

IMPÉRIO DOS GRÃO-MOGÓIS (1526-1709)

Que os imperadores desejavam o bem dos agricultores era visível pelas ordens recorrentemente expedidas, que visavam não apenas a alcançar uma tributação justa, mas também a estimular a produção. Por exemplo, alíquotas razoáveis eram adotadas com vistas a incentivar os agricultores a obter colheitas de alta qualidade; essas mesmas alíquotas também eram aplicadas à terra recém-cultivada. Como nos campos existiam resíduos em quantidade considerável, que constituíam boa fonte de nutrientes para a pecuária, a terra podia ser arada e tornada cultivável de maneira relativamente barata por meio do gado. Para estimular o rebanho, isentava-se de tributos a quantidade de até quatro bois, duas vacas e um búfalo por arado.

Essas medidas, embora bem-intencionadas, não faziam parte de uma política institucional, mas sim dependiam do humor momentâneo do governante. Ademais, questão inteiramente diferente era se e em que medida seus regulamentos eram executados na prática. Outrossim, se os imperadores faziam o seu melhor para aumentar a produção agrícola, era-o principalmente para elevar as receitas tributárias.

Contudo, os governantes quase não construíram canais de irrigação e até mesmo negligenciaram aqueles da época do sultanato de Delhi. O canal entre os rios Yamuna e Safidan, que possuía cem quilômetros de comprimento e fora construído pelo sultão Firuz Tughluq,[185] foi reparado no período de Akbar. Pouco depois, entretanto, já não havia mais água passando por ali, por falta de manutenção. Shah Jahan reparou o canal e acresceu-lhe outros cem quilômetros até Delhi. Todavia, não fez isso visando a melhorar a irrigação, mas sim porque estava construindo a fortaleza e seus palácios em Delhi e precisava de água para a "cidade na cidade". O projeto de irrigação mais importante que os mogóis empreenderam foi o canal destinado a abastecer Lahore e as terras adjacentes. A obra foi realizada por Shah Jahan pelo valor de 100.000 rúpias, o que não montava a um centésimo do custo do seu trono de pavão.

No tempo dos mogóis, cerca de cinco categorias de terra – que não a dos agricultores – podiam ser distinguidas em relação às exigências tributárias que sobre elas recaíam. A primeira delas era a khalisa, isto é, as terras da Coroa, e a sua contribuição para a arrecadação era enviada diretamente ao

....

[185] 1351-1388.

imperador. Ela incluía os melhores tratos de terra, cujo tamanho variava de governo para governo. Durante a gestão de Akbar, a khalisa gerou um quarto da arrecadação fiscal líquida, caindo para um vigésimo sob Jahangir, e subindo novamente para um sétimo sob Shah Jahan – neste último período (1646/1647), a jama somou 220 milhões de rúpias, dos quais 30 milhões vieram das terras da Coroa.

Na segunda categoria, estavam as terras concedidas em jagir aos mansabdares – em substituição ao pagamento de salários e compensações –, que usualmente respondiam pela maior parte das receitas tributárias. A área total de cada jagir variava, e estes se ligavam como um vaso comunicante à khalisa. À medida que o imperador pagava seus mansabdares em dinheiro, havia menos terras de jagir, as quais, outrossim, ficavam menores – e vice-versa. Às vezes, os jagirdares arrendavam a cobrança e a arrecadação do tributo a um coletor, que pagava imediatamente a quantia total devida, a título de adiantamento, podendo desenvolver a atividade por sua própria conta. Em outras ocasiões, o jagirdar nomeava oficiais para cuidar, eles mesmos, da tributação. O arrendamento da tributação, que também ocorria com a khalisa de tempos em tempos, era aceito com relutância pelo governo central. O coletor de tributos não estava autorizado a pedir dos agricultores mais do que a soma devida – mas, aparentemente, isso acontecia. Além disso, o chefe da vila e seu assistente contábil não podiam atuar como coletores na sua própria vila. O modo pelo qual os tributos eram cobrados era o mesmo, tanto nas terras da Coroa como nas concedidas em jagir.

A terceira categoria era a terra no Rajastão e no Decão, onde os antigos príncipes hindus, que haviam sido subjugados e começado a colaborar com os mogóis, coletavam os tributos na área em que seus ancestrais tinham governado.

A quarta categoria era composta pelas terras cujas receitas tributárias eram distribuídas para certas pessoas como recompensa por seus méritos especiais. Isso raramente acontecia, e, somente após Aurangzeb, essas distribuições aumentaram, como consequência dos caprichos dos governantes daquela época.

Os zamindares detinham as terras da quinta categoria. Eles formavam um grupo descendente da antiga nobreza indiana, que, além de difícil caracterização, tinha composição heterogênea. Resumidamente, os zamindares eram classe paramilitar, com o direito hereditário a uma participação sobre as

IMPÉRIO DOS GRÃO-MOGÓIS (1526-1709)

receitas da terra, o que exigia o cumprimento de certos deveres públicos. Os zamindares podiam ser poderosos e autônomos chefes de clãs ou apenas uma classe intermediária nas vilas. Seus direitos sempre diziam respeito às vilas ou parte delas, nunca a áreas determinadas de superfície. Embora o direito à participação financeira dos zamindares não existisse na totalidade das vilas, ele se espraiava por todo o Império e era assegurado nas terras da khalisa, nas concedidas em jagir e nos territórios no Decão, conquistados posteriormente pelos mogóis. Isso já indica o cariz vetusto desses direitos.

A origem dos privilégios dos zamindares pode ser imaginada da seguinte forma. Há muito tempo, uma vila, cujos habitantes pertenciam a uma certa casta ou clã, foi invadida por um grupo pertencente a outra casta ou clã. Os vitoriosos exigiram parte das receitas das terras. Talvez eles tenham sido expulsos mais tarde por outros grupos, mas tais exigências permaneceram, pertencendo aos últimos conquistadores, até finalmente se transformarem em direitos hereditários sobre a terra. Tal prerrogativa também permitia a convocação dos residentes locais para servir ao pequeno exército do zamindar. Essas benesses equivaliam a quase 10% das receitas da terra.

Quando, no século XIII, os sultões muçulmanos solidificaram suas conquistas, os direitos dos zamindares foram formalmente reconhecidos. Nem todos eles eram capitães com seu pequeno exército, mas invariavelmente possuíam prerrogativas sobre as receitas dos solos. O governo mogol tentou confiná-los, tanto quanto possível, ao nível administrativo local e, dessa forma, transformá-los em servidores da Corte. Muitas vezes eram chefes das parganas (distritos locais) e, nessa função, respondiam pela cobrança e arrecadação dos tributos. Ademais, os zamindares frequentemente agiam como agentes fiscais – função transmitida hereditariamente entre eles. Em situação como essa, seu direito às receitas dos solos se misturava com o do Império, assegurando-lhes a percepção de parcela das receitas tributárias totais.

Uma vez que muitos zamindares possuíam suas próprias fortalezas e milícias, faziam contrapeso local ao poder dos imperadores. Conquanto os últimos pudessem despojar os zamindares de seus direitos diante de circunstâncias especiais – por exemplo, quando participavam de uma rebelião – os imperadores tratavam-nos com cuidado e usavam o seu poder militar para o próprio exército imperial. O *A-in-i-Akbari* afirma que os exércitos dos zamindares possuíam mais de 4,4 milhões de homens, dos quais um décimo era da cavalaria, e o restante, da infantaria. Moosvi calcula que a parcela dos zamindares no "excedente agrário" – que é a receita bruta da produção agrícola menos o que os agricultores retinham para subsistência – montava a um quinto do "excedente"; era com essa receita que eles mantinham suas próprias milícias.

Os príncipes rajput e os zamindares tratavam os interesses dos agricultores com muito cuidado quando cobravam tributos, não apenas porque eles e seus ancestrais tinham antiga ligação com a população local, mas também porque sua posição hereditária implicava que as receitas das gerações futuras deveriam ser protegidas. Esta última consideração também desempenhava papel relevante no modo como os oficiais tributários do Império procediam, embora tal preocupação inexistisse por parte dos mansabdares, que faziam jus à arrecadação apenas de forma temporária e nunca por mais do que três ou quatro anos.

DETALHES DO SISTEMA TRIBUTÁRIO MOGOL

Nos tempos antigos, ou seja, antes do período mogol, o tributo sobre a terra era cobrado *in natura* (mediante entrega de parcela da safra pelo agricultor) ou por meio da estipulação de um valor presumido sobre a colheita. Neste último caso, a presunção baseava-se no tamanho da área cultivada. Já a exigência *in natura* – também denominada "divisão da safra" – podia ser implementada de três formas distintas, segundo o *A-in-i Akbari*. Na primeira delas, a colheita era dividida proporcionalmente sobre a eira, na presença do agricultor e do agente fiscal, que levava embora sua parte. Nesse caso, o cálculo e a cobrança eram feitos simultaneamente. A segunda forma de "divisão da safra" consistia em demarcar uma linha imaginária na lavoura, atribuindo a cada um dos lados a respectiva produção. Nesse caso, poderia haver fraude por parte do agricultor, ao mover as pedras com as quais a linha imaginária era demarcada. O terceiro caminho era empilhar a colheita e dividi-la. A "divisão da safra" – por qualquer um desses três métodos – era vantajosa para os agricultores, porquanto compartilhavam os riscos sazonais com o Estado. Esse provou ser um bom sistema, especialmente em tempos ruins, quando os preços caíam. A vantagem para o governo era ter uma perspectiva certeira sobre a produtividade das vilas e agricultores. Sua grande desvantagem, entretanto, eram os elevados custos, pois os guardas precisavam vigiar continuamente as lavouras em nome do Estado.

O outro método – de estabelecer o valor da colheita por presunção – era originalmente levado a cabo pelo próprio coletor de impostos responsável pela vila, que estimava o total de receitas considerando cenários otimistas e pessimistas. A seu turno, o líder da vila precisava determinar a divisão dos tributos entre os agricultores, que poderiam ou não ser consultados previamente.

Método simples, provavelmente mais recente, consistia em contar o número de arados na vila e estimar o tamanho das lavouras com base nesse dado, viabilizando, com isso, a tributação presumida. O tributo sobre o arado, que permitia um cálculo bastante rudimentar da área efetiva da lavoura, era cobrado especialmente no Decão. Após a conquista do Decão pelos mogóis, o sistema tributário destes foi lá introduzido, mas o tributo sobre o arado sobreviveu em rincões remotos e nos locais em que os agricultores haviam sido abandonados à própria sorte. Com ambos os métodos, as qualidades pessoais e a integridade do fiscal de tributos tornaram-se naturalmente muito importantes. Da mesma forma, a repartição do valor devido pela vila entre os seus moradores poderia dar azo a grandes injustiças.

A área de uma parcela de terra sendo medida com um pedaço de corda para fins tributários.

Para evitar retrocessos, o próximo passo foi medir a terra de cada agricultor e estimar sua produção. Inicialmente, o cálculo da área de superfície era feito de modo relativamente primitivo, por meio de passos e, posteriormente, valendo-se de uma corda. A corda de cânhamo utilizada encolhia quando molhada e expandia quando seca. Consequentemente, os cidadãos precisavam estar alertas para evitar que o oficial responsável pela medição tirasse vantagem desse fato, deixando a corda ao relento à noite e fazendo a medição no primeiro horário da manhã, com ela ainda úmida pelo orvalho. Naturalmente, o fiscal tinha interesse em medir a área maior do que ela efetivamente era, para que a colheita presumida e, portanto, as receitas tributárias e sua respectiva participação, fossem maiores. O verso de um poeta dizia o seguinte: "Aos olhos cheios de cautela do homem enganado, a cobra de duas cabeças é melhor que a corda de medição". Posteriormente – no décimo nono ano do governo de Akbar, quando todo o Hindustão foi novamente medido – a corda de cânhamo foi substituída por hastes de bambu com anéis de ferro, para evitar essas práticas.

O próximo estágio é descrito no *A-in-i Akbari*. Ele explica como o coletor de tributos, que, em momento inicial, deveria estimar a colheita apenas na base da observação, começou a fazer estimativas, classificando o solo conforme suas qualidades. É chegada, então, a reforma tributária de Sher Shah. Ele dividiu a terra cultivada em três categorias – boa, mediana e ruim, de acordo com sua fertilidade – e estabeleceu as receitas-padrão devidas por lavoura, com base nas médias de cada região. Foi realizada a efetiva medição da terra sob cada lavoura, e isso determinou quanto cada agricultor deveria pagar. Esse método de tributação era denominado zabt. Não havia uma alíquota estipulada para incidência sobre a lavoura, mas é fato que, sob o pálio de Sher Shah, aproximadamente um terço da colheita era entregue ao governo a título de tributos; sendo que, em alguns casos, esse percentual era superior. A tributação de um terço provavelmente também se aplicava a receitas que não as da agricultura – mas a estas comparáveis – como as decorrentes da criação de gado e da pesca.

A irrigação exercia papel importante na cobrança de tributos, já que influenciava a relevante divisão dos solos em bom, mediano e ruim. Solo sem irrigação era considerado ruim. As distintas lavouras, no entanto, deveriam ser distinguidas entre si. As intituladas "culturas comerciais",[186] cultivadas precipuamente para venda (e raramente para fins pessoais), como cana-de-açúcar e índigo, apenas poderiam ser agricultadas em terra irrigada. Já o algodão, por outro lado, apesar de também ser cultura comercial, precisava de muito menos água.

....

[186] Nota do tradutor: em inglês, *cash crops*.

É possível que Sher Shah tenha apenas confirmado uma prática já existente e determinado a sua aplicação em nível nacional. Em regiões remotas, ele aceitava o fato de que a medição da terra não ocorria, e, por isso, a "divisão da safra" reinava como método prevalente. Na "divisão", como já visto, parte da colheita era entregue a título de tributo, implicando pagamento *in natura*, técnica também utilizada na reforma tributária de Sher Shah, que preferia receber parcela da safra em vez de seu equivalente em dinheiro. Afinal, a principal dificuldade era estabelecer os preços pelos quais a conversão em pecúnia deveria ser implementada – problema que precisou ser enfrentado por Akbar.

Akbar construiu sobre as fundações alicerçadas por Sher Shah. Durante os mais de quarenta anos de sua ativa carreira como imperador, ele tentou melhorar o sistema tributário por meio de tentativa e erro, inicialmente o refinando (tornando-o mais justo) e posteriormente o simplificando (tornando-o mais efetivo). Isso demonstra que, como governante, Akbar era bastante preocupado com o estabelecimento de um bom sistema tributário. Seus esforços podem ser assim resumidos: ele tentava obter a estimativa mais acurada possível da colheita, tanto em volume como em receitas monetárias, de modo a minimizar as chances de opressão pelos oficiais, bem como a fraude e a sonegação pelos agricultores.

Sua primeira medida foi decretar que o tributo deveria ser pago em dinheiro. Desde o século XIII, o pagamento em pecúnia ocorria na parte central do Hindustão, e não é improvável que isso também já se desse em bases mais ou menos consideráveis ao tempo de Akbar. Da mesma forma, é provável que tanto o agricultor quanto o coletor de impostos determinassem o preço de conversão da parcela devida da lavoura. Contudo, quando o pagamento em dinheiro se tornou compulsório, uma regulamentação geral para a conversão precisou ser implementada.

Inicialmente, havia um único preço por lavoura em todo o Império, o que era ineficiente, pois existiam grandes diferenças locais. No décimo ano do governo de Akbar, as pautas uniformes foram deixadas de lado, e um sistema de preços locais foi introduzido. Na prática, entretanto, isso se revelou bastante complicado e foi abandonado após não mais que três anos. O método até então existente foi mais ou menos aplicado nesse ínterim, enquanto se esperava uma drástica reforma do sistema tributário.

Em 1570, confiou-se a Todar Mal – hindu que havia assumido o posto de Ministro das Finanças – a tarefa de desenhar uma reforma tributária.

A essência continuou sendo a divisão das terras em boas, medianas e pobres, mas, a partir de então, a média nacional não foi mais tomada como ponto de partida. A classificação em três categorias passou a ser feita por pargana, de modo a melhor expressar as diferenças na fertilidade do solo. O tributo a ser pago era fixado em dinheiro, tal como antes, e calculado tomando-se o valor da colheita a preços determinados pelo imperador com base em relatórios locais, feitos especificamente para cada lavoura.

Como ocorre frequentemente com reformas tributárias que buscam simplificações, o novo sistema, com todas as suas variáveis – as três qualidades de terra, as diferenças de receitas médias por pargana e por lavoura, bem como as distinções de preços por região e por estação – era muito mais complicado que o anterior. Ademais, grande desvantagem era o fato de que o imperador estava sempre em viagem, guerreando, o que dificultava sua tarefa anual de fixação dos preços.

Em verdade, o novo sistema de Akbar era demasiadamente complicado para a capacidade administrativa dos oficiais mogóis, mesmo tendo estes recebido instruções bastante detalhadas acerca da sua implementação; ou talvez *porque* essas instruções assim o eram. A complexidade oferecia inúmeras oportunidades para evasão fiscal ou para o simples não pagamento dos tributos por meio de fraude ou corrupção. Apesar de todos esses inconvenientes, o novo sistema operou sem mudanças por dez anos, até que Akbar abandonou o cálculo dos tributos com base nos preços sazonais em 1580 e introduziu valores fixos em dinheiro para cada unidade padrão de terra cultivada, com base nos preços médios das colheitas da década anterior.

Em 1584, Akbar trouxe outra inovação. Até então, a administração e, consequentemente, a cobrança de tributos eram baseadas no calendário lunar de 354 dias. Mas o ciclo de produção do agricultor, consistente em semear, plantar e colher, relacionava-se com o ano solar de 365 dias – logo, pagava-se 3% a mais de tributos, todos os anos. Naturalmente, era também complicado para a administração tributária converter as receitas de ano solar para ano lunar. Ambas as razões deram a Akbar motivo para introduzir o ano solar como base para as exigências tributárias.

As regras introduzidas por Akbar relativamente à conversão da safra em dinheiro geraram como consequência a necessidade de venda, pelo agricultor, da maior parte de sua colheita. A necessidade de caixa fez surgir uma nova classe – a dos agiotas – que se apropriava de parte da produção agrícola e

IMPÉRIO DOS GRÃO-MOGÓIS (1526-1709)

da qual os agricultores passaram a depender financeiramente, assim como também passaram a depender dos comerciantes locais, aos quais eram forçados a vender o produto de seu labor.

A situação não melhorou para os agricultores quando o governo determinou que uma parte de todas as colheitas fosse entregue *in natura*. Tome-se o caso do camponês que cultivava dois tipos de plantas: algodão para venda e arroz para subsistência. Se ele fosse autorizado a pagar a totalidade do tributo em dinheiro, poderia vender a colheita de algodão e utilizar a receita para pagar tanto a exação sobre o algodão como a incidente sobre o arroz. Mas, se o Tesouro exigisse sua parte de ambas as colheitas *in natura*, o agricultor não teria arroz suficiente para uso pessoal e precisaria comprar quantidade extra das autoridades. Estas, a seu turno, poderiam ditar o preço, que era sempre superior ao que o próprio agricultor conseguiria receber pela venda do arroz.

A despeito das regras que visavam à conversão dos tributos em dinheiro, Akbar ordenou especificamente que o trigo fosse tributado *in natura* e armazenado, de modo a ter suprimentos ao seu dispor em caso de fome. Entretanto, esse estoque não era para a população, e sim para os animais dos estábulos imperiais.

Akbar também modernizou a forma de cobrança dos tributos. Em cada estação do ano, os agentes fiscais visitavam as vilas para inspecionar as lavouras juntamente com o líder local, dividi-las em categorias e registrar o valor tributário devido. O chefe da vila, que coletava os tributos, somente era remunerado por seus esforços após o governo central efetivamente receber o valor devido, o que sempre ocorria por intermédio dos Tesouros locais e provinciais.

Quando o infortúnio gerava a perda da colheita após a medição, os valores devidos eram ajustados. Isso também era feito em caso de desastres naturais e fomes. A vantagem de longo prazo do novo sistema de Akbar era a de que ele oferecia razoável estabilidade tanto ao governo quanto ao agricultor. Este último lucrava com o sistema em anos de boa colheita, quando incrementava a produção ou os preços subiam, mas o Império ganhava em anos ruins, quando o agricultor negligenciava os cuidados com a terra ou os preços estavam em queda.

De 1575, presumivelmente, a 1580, houve experiências no governo de Akbar com um sistema concebido para elevar as receitas dos tributos sobre a terra. A khalisa foi dividida em 182 áreas mais ou menos equivalentes, e um emir foi enviado a cada uma delas. O emir era responsável por exercer o controle supremo sobre a cobrança de tributos e, ademais, tinha que obrigar os agricultores – por bem ou por mal – a cultivar terras não aproveitadas. De acordo com o *A-in-i Akbari*, o emir recebia 20% das receitas do tributo sobre a terra; Irfain Habib acredita que essa informação deriva de um erro de escrita e o percentual seria de 8%, mas Shireen Moosvi discorda disso. Como 20% era uma fatia muito grande, parece provável que essa alíquota somente se aplicava ao excesso de produção que o oficial conseguisse identificar no seu distrito. Como o novo sistema revelou-se infrutífero, foi abandonado após alguns anos.

Moosvi acredita que, ao tempo de Akbar, provavelmente um terço da receita bruta da terra era destinada ao pagamento de tributos. Todavia, a tributação era menor sobre as lavouras de alto nível, para fins de estímulo à população. Os custos não eram contabilizados – assumindo-se que existia essa noção – tampouco eram registradas despesas como as do plantio. Esse tributo era mais gravoso que o devido nos tempos do sultanato de Delhi. Por outro lado, Akbar aboliu um número de pequenas, mas incômodas, exações.

Tributos abolidos por Akbar

"Muitos impostos, iguais em quantidade à renda do Hindustão, foram remitidos por Sua Majestade como oferta de graças ao Todo Poderoso. Dentre esses, estão os seguintes:

A capitação (jizya),
Os tributos portuários,
Tributos *per capita* em lugares públicos de adoração,
Um tributo sobre cada cabeça de gado,
Um tributo sobre cada árvore,
Presentes,
Taxas de Darogha,
Taxas de Tahsildar,
Taxas do Tesouro,
Valores complementares ao receber aluguéis e assemelhados,
Tarifas de hospedagem,
Sacolas de dinheiro,
Câmbio de dinheiro,
Tarifas de mercado.
Venda de gado; também de cânhamo, cobertores, óleo, peles cruas, pesagem e medição; igualmente obrigações dos açougueiros, adestramento, jogos de dados, vale-mercadorias, turbantes, tributo sobre lareira, taxa de iluminação, taxas para compra e venda de casa, sal feito de solo nitroso, permissão para fazer a colheita, feltro, fabricação de cal, bebidas quentes, corretagem, pescaria, o produto da árvore; enfim, todos os impostos devidos pelos nativos do Hindustão sob o período de Sair Jihat foram remitidos".

A-in-i Akbari, Vol. II, 72-73.

O imposto sobre a terra era cobrado em áreas rurais e urbanas. Não se sabe muito sobre o modo pelo qual a arrecadação era levada a cabo nas cidades. As classes mais baixas – carregadores de água, microcomerciantes e sucateiros – eram isentas de tributos, mas os artesãos e os verdadeiros comerciantes não o eram. Logo, havia algum tipo de isenção tributária mínima. Não há informação sobre a cobrança, nas cidades, do imposto sobre a terra.

IMPÉRIO DOS GRÃO-MOGÓIS (1526-1709)

Inicialmente, o sistema introduzido por Sher Shah e aprimorado por Akbar se aplicava apenas às províncias centrais do Império e às áreas de jagir. Em regiões mais distantes, continuavam prevalecendo as formas tradicionais de cobrança tributária. Nos territórios recém-conquistados, a reforma fiscal de Akbar foi implementada com maior facilidade, mas lá também existia um método antigo para lançamento e cobrança de tributos. Aparentemente, os imperadores não conseguiram neutralizar as diferenças regionais de modo a uniformizar o sistema tributário em todo o Império, ou então não viam necessidade de fazê-lo enquanto tivessem receitas suficientes. Como a medição da terra – cujos dados eram inseridos em um sistema de cadastro – constituía a principal diferença entre os métodos novo (zabt) e velho, as estatísticas nos tempos mogóis sempre distinguiam entre terra medida e não medida; por isso, é possível obter informações sobre o sistema tributário então aplicado.

Há pouca informação sobre como o sistema tributário de Akbar funcionou sob o pálio de seus sucessores. Shah Jahan operou considerável mudança ao cobrar os tributos sobre toda a vila em vez de exigi-los apenas dos agricultores. Isso ocorreu de acordo com as tradições adrede mencionadas, que datavam de época anterior à chegada dos muçulmanos. Essas tradições nunca haviam desaparecido por completo, e o governo se viu forçado a adotá-las, devido ao controle cada vez mais difícil da tributação individual. A consequência dessa mudança foi que o líder da vila e seu assistente de contabilidade, que já eram responsáveis por cobrar os tributos dos agricultores, passaram a dividir o fardo fiscal entre todos os residentes locais. Desse modo, as chances de que eles e outras autoridades tributárias passassem a lucrar em demasia aumentaram consideravelmente. Aurangzeb teve que baixar reiterados decretos contra esse abuso de poder. Um de seus éditos, pelo qual, em caso de desastre natural, um reembolso tributário deveria ser pago individualmente aos agricultores – e não à comunidade da vila – pode ser visto sob essa ótica.

Shah Jahan e Aurangzeb promoveram de forma ativa a agricultura, mas também elevaram a sua tributação, que subiu de aproximadamente um terço nos tempos de Akbar, ao longo do século XVII, para metade, já no século XVIII, ao mesmo tempo em que cobranças adicionais eram incidentalmente feitas. Testemunhos de viajantes europeus e também instruções de Aurangzeb, que tentava resistir à escalada fiscal, noticiam que a carga tributária eventualmente superava os 50%. Não é impossível que essas crescentes alíquotas tenham permitido aos coletores de tributos se protegerem (do ponto de vista da arrecadação) contra o declínio da produção agrícola durante a segunda metade do século XVII. Mesmo assim, em parte devido

173

às alíquotas em ascensão, em parte devido à inflação, mas, principalmente, em decorrência da expansão do Império – a superfície cultivada cresceu 40% –, as receitas tributárias aumentaram nominalmente de 5.836,4 milhões de dams, em 1605, para 13.333,9 milhões de dams, em 1709. Isso não foi suficiente, entretanto, para cobrir as despesas, que subiram de forma ainda mais acentuada. Tal descontrole financeiro ocorreu não somente pelos desperdícios e constantes recompensas, cada vez maiores, pagas aos emires, mas também – e principalmente – pelo contínuo estado de guerra.

As receitas tributárias na Província de Khandesh de 1697 a 1707

A área da Província de Khandesh, no Decão-Oeste, que tinha população entre 2,5 e 3 milhões vivendo em 126 parganas e compreendendo mais de 6.000 vilas e cidades, chegava a quase 60.000 quilômetros quadrados. Em um ano regular, com a colheita típica e as habituais atividades comerciais, uma soma total de 5,7 milhões de rúpias ingressava no Tesouro do imperador e dos mansabdares detentores de jagir.

Apesar de Akbar ter conquistado a província em 1600, após transcorrido quase um século, o seu sistema tributário havia sido introduzido em apenas 45% das vilas. Nas demais, o cálculo e a cobrança de tributos eram feitos por meio do sistema de "divisão da safra" no momento da colheita, enquanto nas áreas mais distantes ainda se utilizava o tributo sobre o arado, que montava a tempos anteriores à dominação muçulmana. De 1697 a 1707, as receitas tributárias da província decresceram entre 3 e 4 milhões de rúpias por ano. Nesse momento, estava no auge a guerra contra os maratas, que causou enormes danos ao comércio e à agricultura. Os maratas rebeldes também instituíam tributos sobre os territórios por eles controlados e, dessa forma, reduziam as receitas do Tesouro imperial. Naturalmente, era comum que os agricultores tivessem que pagar tributos às duas partes. É surpreendente que, apesar desses problemas, de 60% a 70% da arrecadação ainda se mantinham. Isso prova que a instituição e coleta de tributos no tempo mogol eram negócios efetivamente muito bem geridos.

Durante os últimos anos de Aurangzeb, as receitas tributárias caíram dramaticamente, levando-o a fazer empréstimos para se manter, além de ignorar as urgentes requisições de dinheiro de seus comandantes, que desejavam ter suas fortalezas reparadas. Atrasos salariais emergiram cada vez mais. O Império Mogol caminhava para a falência e não podia mais ser salvo pelo aumento da tributação. É surpreendente que, mesmo nas províncias em que duras guerras foram travadas por dez anos, metade da arrecadação estimada ainda ingressava nos cofres públicos.

A coleta do tributo sobre a terra era realizada por grande número de funcionários. Assim como o Império tinha seus próprios agentes fiscais, tanto em nível central quanto local, o jagirdar também possuía os seus assistentes tributários, que cuidavam de instituir e coletar o tributo em seu nome. Seu assessor mais importante, equivalente ao chefe do departamento fiscal, era o derradeiro responsável não apenas pela instituição e cobrança das exações,

IMPÉRIO DOS GRÃO-MOGÓIS (1526-1709)

mas também pelo seu controle administrativo, cuidadosamente auditado pela Corte.

Além dos inspetores tributários da khalisa e dos assistentes do jargidar, havia oficiais locais envolvidos na arrecadação que executavam toda sorte de tarefas menores. Tinham-se o líder da vila e seu assistente contador, bem como o chefe da pargana e seu contabilista. Uma ou outra questão podia ser relevada no momento da coleta de tributos, por exemplo, no caso de perdas com a colheita, mas, uma vez que os valores tivessem sido arrecadados pelas autoridades competentes, o chefe da pargana, premido por severas punições, precisava cuidar para que o dinheiro chegasse ao Tesouro ou fosse transferido para o oficial de tributos provincial.

O cargo de contador da pargana era frequentemente hereditário e geralmente reservado a uma certa casta. Ele era a fonte permanente de informações sobre as receitas tributárias e outras estatísticas da região, costumes locais e tradições, bem como sobre outros dados necessários para se chegar a um lançamento tributário adequado. Por meio dele, o governo central conhecia as receitas de cada região, que ajudavam a saber se a jama (receita tributária líquida) em determinada área correspondia ao nível e classe de um mansabdar quando o território fosse a ele outorgado em jagir.

Quando o inspetor de tributos do Império ou o chefe do departamento de jagirdares fechava seus livros, o contador da pargana também precisava assiná-los. Sua aprovação demonstrava ao governo central que a instituição e coleta de tributos foram feitas de acordo com as regras vigentes. Isso se aplicava à khalisa, bem como às terras concedidas em jagir. Inobstante, oficiais locais e autoridades tributárias do Império frequentemente conspiravam. Aurangzeb decidiu se insurgir contra isso. Ele queria que o Estado recebesse a fatia à qual fazia jus, bem como que os agricultores fossem tratados adequadamente e protegidos contra os oficiais locais caso estes tentassem se apropriar de quantias extras. De fato, o líder da vila era, frequentemente, agricultor, mas isso não assegurava que ele não se enriqueceria às custas dos seus pares. A propósito, às vezes, forasteiros se tornavam líderes de vilas, pois o cargo podia ser vendido.

Inicialmente, os oficiais locais recebiam seus salários em dinheiro, mas, posteriormente, passaram a auferir um percentual das receitas tributárias. O chefe da pargana recebia 2,5% da arrecadação, seu contador, 1%, o líder da vila, 2,5%, e seu assistente contábil, 1%. Logo, um total de 7% ia para os oficiais locais. A esse número deveria ainda ser adicionada a fatia do zamindar nos ingressos fiscais.

IMPÉRIO DOS GRÃO-MOGÓIS (1526-1709)

O jargidar recebia parcela do imposto sobre a terra e também participava de outros tributos do Império, desde que cobrados em seu território. As receitas dessas demais exações, entretanto, eram muito pequenas em comparação com as do imposto sobre a terra.

Na área rural, havia também outros tributos, como o pedágio e a taxa para venda em mercados, que, todavia, eram relativamente insignificantes. As exações sobre o gado e pomares, entretanto, possuíam alguma importância. O tributo sobre o gado foi abolido por Akbar, mas posteriormente reinstituído. O sobre pomares era cobrado por árvore e também foi extinto por Akbar, mas parece ter sido reinstituído por Aurangzeb. Essa exação deve ser diferenciada de outras, como a tarifa para venda em mercados e a taxa de licença para bordéis e assemelhados, ambas instituídas e cobradas localmente.[187]

Apesar de os protestos serem teoricamente permitidos, raramente um contribuinte recorria à Corte Imperial para reclamar da excessiva ganância dos agentes fiscais. Uma das poucas ocasiões nas quais isso ocorreu foi quando um grupo de agricultores da vila de Hasanpur se dirigiu à Corte e ajuizou ação contra o chefe da pargana, o grande líder regional. Eles o acusavam, e ao coletor de tributos, de se apropriar do dinheiro pertencente aos agricultores, de obstruir a colheita com atos de violência, de aterrorizar a região por cinco anos e de eliminar todos os livros e registros da vila; este último ato foi provavelmente praticado para disfarçar seus malfeitos.

Esse sistema continuou durante todo o século XVII. Há um manual de 1697 no qual o método é explanado em detalhes, contando com notas descritivas nas quais os resultados das medições são listados e divididos em seis colunas, com os vários tipos de lavoura por agricultor.

O peso do tributo sobre a terra pode ter sido excessivo, mas, contra isso, pode-se dizer que a população, ao contrário da europeia em período histórico comparável, raramente foi obrigada ao trabalho forçado. Nas cidades, as pessoas eram eventualmente obrigadas a carregar bagagens, e, quando uma caçada estava em curso, os agricultores eram por vezes forçados a abrir caminho na selva, limpar as trilhas e realizar certas atividades relacionadas com a caçada, mas isso era pouco significativo.

---

[187] Não foi possível encontrar maiores informações sobre tais tributos.

EPÍLOGO

Em 1158, na Dieta de Roncaglia, antes que fosse compilada a lista com os poderes financeiros de Frederico Barbarossa, a extensão de sua autoridade como Imperador precisava ser previamente discutida. O Digesto, parte do *Corpus Juris Civilis* do Imperador Justiniano,[188] dizia que o imperador romano era o *dominus mundi*, literalmente o "senhor do mundo". A questão era saber se isso significava que o imperador, além da sua autoridade suprema, também tinha o *dominum*, a mais elevada propriedade de tudo o que estava dentro do Império. Barbarossa, que se considerava o sucessor dos imperadores romanos, desejava utilizar essa reivindicação para amparar sua política expansionista, porque ela também implicava o direito absoluto a cobrar tributos sem interferência dos contribuintes.

Seu neto, Frederico II, poderoso promotor da prática do direito romano, possuía opinião contrária, lembrando que os príncipes eram *dominus terrae* (soberanos) e não tinham permissão para tributar sem o consentimento dos *meliores et maiores terrae* (a "classe alta" do país). Como pressuposto fundamental, ele invocava a regra de direito romano *quod omnes tangit, ab omnes approbari debet* ("o que interessa a todos deve ser aprovado por todos").

Um dos temas discutidos nas páginas anteriores foi a forma como, a seu tempo, a primeira visão acima mencionada acerca do poder de tributar foi substituída pela segunda. Nesta, a participação no processo decisório da tributação foi, em momento posterior, estendida para toda a população, resultando, finalmente, na democracia como a conhecemos.

Como vimos adrede, o Rei francês Luís XIV recorreu à ajuda da Universidade de Sorbonne para impor o direito absoluto ao bolso dos seus súditos. Já os imperadores mogóis, que determinavam ainda mais agudamente os altos e baixos financeiros dos seus governados, aparentemente não sentiam a necessidade de base teórica para exercer o seu poder fiscal. Até onde se sabe, o único elemento encontrado a esse respeito é uma passagem no *A-in-I Akbari*,[189] segundo a qual um bom governante não exige dos seus súditos mais do que é

---

[188] Reinou de 527 a 565.

[189] Nota do tradutor: Constituição de *Akbar*, editada no século XVI.

necessário – mas quem decide o limite é o próprio soberano. Outra passagem diz que os súditos devem ficar satisfeitos por poderem pagar tributos.

O Rei inglês Carlos I, cujas pretensões absolutistas foram contidas à força pelo Parlamento, contemplava invejosamente os poderes tributários do seu cunhado, o Rei francês Luís XIII.[190] Contudo, posteriormente, já no século XVIII, esse mesmo Parlamento inglês que protegia os contribuintes contra a arbitrariedade da monarquia foi demasiado míope para entender que o *slogan* "nenhuma tributação sem representação" também deveria valer para os habitantes das colônias britânicas na América. A seu turno, os americanos, tais como os vencedores da Revolução Francesa, negavam às suas próprias minorias o direito às liberdades civis. Como resultado dessa visão, foi somente no século XX que as mulheres, para não mencionar minorias étnicas e religiosas, passaram a fazer jus aos direitos civis em sua inteireza. Nesse último processo, todavia, a tributação não exerceu papel relevante.

Outro tema deste livro foi o efeito da cobrança de tributos sobre a formação de Estados Nacionais, surgidos inicialmente na Europa Ocidental, por volta dos séculos XIII e XIV. Com a ajuda – ou, principalmente, por meio – do instrumento da tributação, os reis ingleses e franceses conseguiram, nos séculos subsequentes, transferir o poder das regiões para o centro e, assim, transformar seus países em fortes Estados Nacionais; na Inglaterra, o poder acabou sendo compartilhado com o Parlamento, enquanto na França a importância da Assembleia dos Estados Gerais foi se perdendo ao longo do tempo, até desaparecer no século XIX. O poder de tributar, contudo, nunca foi sinônimo de soberania. No entanto, quando uma parcela da população – geralmente unida territorialmente, etnicamente, pelo idioma, história ou interesses comuns – consegue regulamentar sua própria arrecadação e, então, investir a receita de acordo com seus próprios pontos de vista, são plantadas as sementes da sua separação e emancipação. Mais cedo vimos, por exemplo, que a cidade de Colônia conseguiu obter independência com a ajuda de sua própria tributação. Isso também explica a formação de muitos principados germânicos.

Por outro lado, vimos que, quando Estados, unidos em uma federação mais ou menos tênue, chegam a uma tributação comum, isso contribui fortemente para sua coesão e pode, ao cabo, resultar na formação de um

---

[190] Reinou de 1610 a 1643.

EPÍLOGO

único país. A construção dos Estados Unidos da América é exemplo disso. Mas a tributação comum também foi relevante para o surgimento de outras nações. Mais cedo, mencionei o papel que a Liga Geral de Pedágios dos Estados Germânicos exerceu na unificação política da Alemanha, no século XIX. Por mais de duzentos anos, a República das Sete Províncias Unidas dos Países Baixos consistiu em sete minúsculos Estados soberanos, com incipiente tributação comum, tendo conseguido se tornar um Estado unificado apenas após a Revolução de 1795; nesse processo, a tributação nacional foi tanto meio como fim.

No tempo do sultanato de Delhi, quando a Índia possuía complexa constituição política, havia forças de tributação centrífugas e centrípetas, a depender do tempo e lugar. No período mogol, a relação entre tributação comum e formação do Estado era o oposto do que descrevi para alguns países da Europa e para os Estados Unidos. Afinal, os imperadores mogóis cada vez mais expandiam seu país por meio de conquistas e, gradualmente, impunham – ou, ao menos, tentavam impor – seu próprio sistema tributário aos territórios que subjugavam. Guilherme, o Conquistador, fez o mesmo na Inglaterra, após 1066.

Os temas do controle sobre a tributação e o papel por esta exercido na formação dos Estados Nacionais, enfrentados especificamente no capítulo sobre os EUA, são inter-relacionados – afinal, ambos partem da ideia de que o homem deseja reger sua própria vida. As questões sobre o "por que" e o "como" da tributação se seguem naturalmente. Na Europa, passaram-se séculos até que as sociedades começassem a perceber a necessidade de tributar. Foi apenas quando, sob a influência do direito romano, passou a existir um conceito territorial de Estado – correspondente a uma superfície geograficamente demarcada onde um número de pessoas vive em comunidade – que veio à tona a ideia de que sacrifícios financeiros coletivos precisavam ser feitos para custear as despesas com a defesa comum e a manutenção da ordem civil naquela área. Tais obrigações haviam, até então, sido tradicionalmente adimplidas por meio da cooperação feudal entre suseranos e vassalos. Esses primeiros tributos ainda eram completamente determinados pela – e baseados na – situação agrícola.

Esse também era o caso do Império Mogol. Lá, líderes espirituais islâmicos se ocupavam fortemente de questões teológicas, mas dificilmente havia debate público sobre solidariedade e justiça sociais. Já na Europa, tais questões vinham sendo tratadas desde a Idade Média. Como extensão dessa discussão em solo

EPÍLOGO

europeu, cresceu a preocupação acerca do "por que" e "como" da tributação. Apenas muito depois, a questão de como deveria ser uma tributação equitativa foi suscitada na Europa. Teólogos, juristas e, mais tarde, políticos tentaram responder a questão dentro da moldura mais ampla de uma sociedade justa. De qualquer forma, somente a partir do século XIX, o compartilhamento do ônus entre ricos e pobres se tornaria mais equilibrado, e as despesas públicas, que não em nível local, passariam a ter como meta o bem-estar geral – exceção feita às guerras, manutenção da ordem e exultação da glória do governante. No Império Mogol, a situação era pior, em parte porque a ausência de uma classe média fez com que as diferenças entre ricos e pobres fossem maiores do que na Europa, mas também porque a tributação parecia destinar-se apenas a privar os fazendeiros das suas colheitas e a deixá-los com o mínimo para a subsistência. Outrossim, o produto da arrecadação dificilmente era investido no combate à pobreza, na melhoria das condições de vida da população ou em obras de infraestrutura: os valores destinavam-se quase integralmente à classe governante.

Os nababos[191] hindus do período pré-islâmico também não estavam muito interessados nos altos e baixos da população sujeita ao seu domínio. Se havia qualquer tributação naquele tempo, provavelmente ela era uma espécie de extensão do roubo organizado pelos nababos, que lembravam líderes de quadrilhas lutando entre si. O estabelecimento do sultanato de Delhi, no século XIII, conferiu certa ordem a esse caos. Todavia, foi apenas com o surgimento dos mogóis que uma sociedade bem ordenada floresceu. Nesta, as revoltas, rebeliões e guerras civis – embora não completamente abolidas – foram subjugadas; e a Índia, ou ao menos a parte dela que é chamada de Hindustão, teve um período de relativo sossego e prosperidade. A tributação dos mogóis pode até ter sido uma continuidade da tradição de roubar os súditos, porém foi mais refinada e bem organizada, com um toque de equidade inegavelmente presente, ou, ao menos, sinais de preocupação com isso por parte dos imperadores. Encontramos compaixão pelo destino das massas já com Sher Sha, que organizou um sistema tributário sofisticado; em Akbar, que pretendia tratar igualmente todos os seus súditos; e, ainda, em Shah Jahan e Aurangzeb, que desejavam melhorar as condições de vida dos agricultores. Mas suas ações eram unilaterais e, aparentemente, não amparadas pela sociedade, razões pelas quais cessaram pouco tempo depois.

....

[191] Nota do tradutor: o título de nababo era conferido aos governadores provinciais ou vice-reis de províncias do Império Mogol.

180

EPÍLOGO

Não se pode dizer que a situação na Europa fosse inteiramente diferente. Lá, a opressão, especialmente dos agricultores, também era a ordem do dia. Mas a diferença essencial, até onde se consegue enxergar, era a de que, diferentemente da Índia, onde ninguém se ergueu ou quis fazê-lo em prol da população hindu, havia na Europa um poder social organizado que levantava a voz contra o roubo e a usurpação. Havia a Igreja, embora nem sempre falasse alto o suficiente para ser ouvida. Ademais, ao longo dos tempos a Igreja foi tudo, menos inocente. O clero, frequentemente, andou de mãos dadas com as autoridades seculares – às vezes, até exercendo seu próprio papel no roubo da população – mas, ainda assim, foi sempre a religião que instituiu padrões morais de comportamento para os governantes e também para o povo. A Igreja considerava sua tarefa a proteção dos súditos contra os governantes. Além disso, a autoridade eclesiástica na Europa avocou responsabilidades que não eram – ou raramente o eram – assumidas na Índia, como cuidar dos pobres e doentes.

Diferentemente dos hindus, que tinham fé, mas nenhuma Igreja, a classe alta islâmica possuía uma espécie de organização religiosa, que era parte do Estado. Já na Europa, Igreja e Estado – a despeito de muitos pontos em comum – acabavam atuando como poderes separados.

A cultura urbana da Europa se desenvolveu especialmente sob a influência das corporações de ofício, o que foi sobremaneira relevante para a formação da sociedade europeia. Nada do tipo ocorreu na Índia. A ausência das guildas, que frequentemente exerciam papel decisivo na luta pela melhoria do sistema tributário, foi uma das razões pelas quais as cidades indianas não conseguiram crescer e se tornar centros econômicos e culturais, ao contrário do que ocorreu na Europa, onde as cidades, de forma pioneira, preocuparam-se em assegurar certa estrutura à sociedade. Isso pode ser ilustrado com o seguinte exemplo: enquanto na Índia ninguém procurou ou, ao menos, não encontrou solução para a recorrente questão das fomes, os administradores das cidades europeias consideravam que a utilização dos seus próprios celeiros em caso de falha da colheita era um dever para com a coletividade. Além disso, as finanças das cidades eram preparadas para lidar com potenciais desastres. As cidades-Estados italianas são exemplos precoces de adequação entre receitas e despesas em curto e longo prazos. O sistema tributário também foi importante nesse sentido, pois as cidades somente conseguiam cumprir essas obrigações (assumidas voluntariamente) se pudessem contar com seus próprios tributos.

181

EPÍLOGO

Há outra razão pela qual a estrutura da sociedade na Índia não estava a par com aquela da Europa. Por continuamente transferir os emires e frequentemente reivindicar sua herança, em prejuízo de seus filhos, que eram apenas incidentalmente elegíveis para sucessão, os imperadores mogóis impediram o desenvolvimento de uma aristocracia hereditária – aparentemente porque a consideravam uma ameaça à sua posição. De fato, isso evitou o crescimento de um agrupamento social que poderia ter contrabalanceado o governo absoluto do imperador. A afirmativa a seguir pode soar como paradoxo, mas o grande poder do imperador era justamente a sua maior fraqueza: como ele tinha apenas capachos como servos, não possuía controle sobre o efetivo cumprimento de suas ordens.

Não parece ser inapropriado concluir um livro sobre o passado com um olhar para o futuro. No que se refere aos países em desenvolvimento, inclino-me a pensar que estes, provavelmente sob influência do jugo colonial (ou como resultado deste), adotaram muito facilmente os sistemas tributários dos países ocidentais (no todo ou em parte), sem questionar se tais modelos eram adequados à sua própria realidade. Como os países em desenvolvimento muitas vezes não conseguem atender às demandas que tais sistemas impõem – tanto em matéria de capacidade administrativa como de arrecadação – eles frequentemente recorrem à *tributação presumida*. Resumidamente, trata-se de método de tributação em que a realidade, que não pode ser modificada pelas autoridades fiscais, é substituída por uma ficção passível de ser ajustada manualmente, sem que isso implique se desviar dos objetivos da regra de incidência. Em vez da noção de lucro, por exemplo, emprega-se a de faturamento, que é mais facilmente mensurável; ou então se estima o lucro com base em fatores externamente perceptíveis, como o número de empregados de uma companhia, o ramo do negócio, a localização, os bens de capital, etc. Prevê-se que a tributação presumida se tornará cada vez mais importante para essas nações no futuro.

Países ocidentais também empregam com frequência a tributação presumida, como, por exemplo: fixando o ganho de pequenos empreendedores; arbitrando o lucro do agronegócio com base na quantidade de terra lavrada ou no número de cabeças de gado existente; estipulando uma alíquota ou valor fixo para dedução de certas despesas, etc.

Embora a noção de tributação presumida possa não ter mais do que dez ou quinze anos, o fenômeno que ela indica advém de um passado distante. Nas páginas anteriores, discorreu-se sobre várias aplicações desse instituto.

EPÍLOGO

No subcontinente indiano, por exemplo, a estimativa da safra no campo foi substituída, como ponto de partida da tributação, pelo número de arados em uma vila – método baseado na percepção de que havia certa relação entre o tamanho das colheitas e a necessidade de arados. Como a "divisão da safra", que constituía forma pura de tributação da receita *in natura*, frequentemente gerava elevados custos de fiscalização e problemas administrativos, Sher Shah substituiu-a pela divisão da terra agrícola em três categorias – boa, média e ruim – passando o valor devido a depender do enquadramento em uma delas. Já na Europa, era quase impossível obrigar os comerciantes a pagar o tributo sobre o patrimônio – para não mencionar clérigos e nobres, que eram isentos. Logo, a tributação de gastos que demonstravam bem-estar e afluência passou a ser uma alternativa aceitável.

A filosofia por trás da tributação presumida pode ser a solução para problemas fiscais que os países ocidentais enfrentam na atualidade. Vamos aqui nos limitar aos integrantes da União Europeia. Questiona-se se a atual estrutura tributária, concebida para resolver problemas de repartição da carga tributária de cem anos atrás – o que, em grande parte, foi alcançado – suprirá as necessidades do século XXI. Abaixo, discutiremos os tributos sobre a produção, que denominamos impostos sobre o excedente – utilizamos esse termo para indicar o complexo de tributos sobre renda/empresas/patrimônio, que são similares nos vários países da União Europeia, possuindo muitos pontos em comum.

A questão levantada acima pode ser abordada sob dois ângulos. Por um lado, é preciso verificar se a tributação do excedente não está desgastada e, por outro, se os desafios aos quais esses tributos fazem face há mais de século ainda existem ou foram substituídos por outras necessidades. Caso o tenham sido, é imperioso identificar qual sistema tributário ofereceria a melhor resposta para os anseios contemporâneos.

A obsolescência dos impostos sobre o excedente se deve a diversos fatores. Com o crescimento das despesas públicas decorrente da transição para o moderno Estado de Bem-Estar Social, as alíquotas foram sendo cada vez mais elevadas no curso do século XX. Isso exigiu demarcação precisa dos campos de incidência e não-incidência da tributação, bem como a delimitação exata de sua base de cálculo. Tais fatores redundaram em uma legislação extremamente complexa, característica acentuada pelo desenvolvimento multifacetado da atividade econômica, tanto no plano interno como internacional.

183

EPÍLOGO

Posteriormente, em especial após a Segunda Guerra Mundial, infiltraram-se no Direito Tributário partidários de duas ideias complementares: a primeira, de que a sociedade poderia ser profundamente influenciada por políticas governamentais; a segunda, de que todas as fraturas sociais poderiam ser curadas com o gesso da tributação. A implementação desses conceitos resultou em desintegração e complexidade. O princípio-guia da capacidade contributiva foi também paulatinamente mitigado, devido à tributação idêntica das mesmas rendas, não obstante as circunstâncias subjetivas serem distintas (inobservando, assim, as distinções *horizontais* na capacidade contributiva).

No que se refere às diferenças *verticais* da capacidade contributiva (relacionadas ao auferimento de rendas desiguais, a despeito da identidade de circunstâncias subjetivas), fato é que nunca foi concebida uma sistemática de alíquotas que fizesse justiça, de forma cientificamente embasada, a essas distinções. As alíquotas são fixadas por tentativa e erro (sem que se saiba, ao cabo, se houve o almejado acerto). Isso também se aplica quando se pretende redistribuir a renda por meio da utilização de alíquotas progressivas. Essa busca provavelmente foi bem-sucedida na primeira metade do século XX, quando as alíquotas do imposto de renda ainda eram acentuadamente escalonadas. Contudo, ao longo dos anos, a prosperidade cresceu sobremaneira, especialmente para as classes mais baixas, que, como resultado, caíram massivamente na armadilha da tributação da renda. Com isso, as alíquotas automaticamente se tornaram menos escalonadas – já que a grande massa da população passou a se enquadrar em faixas mais elevadas. Atualmente, não apenas devido à transformação dos próprios tributos, mas também porque as altas rendas lucram com toda sorte de deduções – ao contrário das classes sociais mais baixas – o desiderato da redistribuição de renda por meio da tributação não é atingido.

Ainda não mencionamos um estraga-prazeres invisível. Trata-se da fraude, que pode ocorrer em todos os lugares, sendo sinal de impotência e descontentamento dos cidadãos. Ela atua de forma livre, especialmente quando o sistema tributário é complexo e mal organizado. Essa é outra razão pela qual os atuais impostos sobre excedentes não são um verdadeiro modelo de beleza.

A segunda questão levantada acima refere-se à capacidade de o sistema tributário satisfazer as necessidades da sociedade em que atua. Os problemas do século XIX com a pobreza e a distribuição desigual do ônus tributário

EPÍLOGO

desapareceram amplamente, se não por completo, nos países da União Europeia. Isso não se deu apenas pelo crescimento da prosperidade, mas também porque essa se refletiu nas despesas públicas, serviços sociais, educação, melhoria da infraestrutura, etc., que são usufruídos por toda a população. Os antigos problemas, no entanto, foram substituídos por outros. É inútil parar nas fronteiras europeias. Por um lado, o mundo em que vivemos é caracterizado pela globalização e transporte rápido, o que traz todos os continentes ao alcance, como se fossem uma extensão dos meios de comunicação, gerando uma cooperação cada vez mais intensa entre as nações; por outro lado, problemas em escala global são mais difíceis de resolver, como superpopulação em mais e maiores áreas, iminente exaustão de materiais essenciais, poluição, crescente acidez, desidratação, falta de água em certas localidades e outros possíveis desastres ambientais. Alguns desses problemas podem ser resolvidos pela pressão do próprio mercado. Quando isso não é possível, contudo, eles devem ser combatidos por governos cooperando em nível internacional. O Direito Tributário poderia exercer um papel nisso, já que, por exemplo, alguns sistemas fiscais oferecem ao governo melhores bases para perseguir uma política ambiental do que outros.

É duvidosa a possibilidade de existência de um sistema tributário ideal. Tempo e lugar – especialmente a economia, a infraestrutura da sociedade, a educação e, até mesmo, a atitude da população, bem como vários outros parâmetros – têm uma influência decisiva no modelo escolhido ou desenvolvido no curso dos anos. Como quase todos os sistemas existentes foram implementados ao longo de extenso período de tempo e não perquiriram os objetivos, implícitos ou não, que os precederam, eles se desenvolveram na maioria dos países como uma complexa colcha de retalhos, repletos de contradições em seus fins e efeitos. A escolha de palavras foi aqui feita sob medida para a compreensão do jurista, podendo ser incômoda para os economistas que pensam que as forças do mercado e a transferência natural do ônus fiscal são capazes de eliminar, *per se*, as dificuldades pertinentes à adequada distribuição da carga tributária, assegurando o êxito de sua implementação em diferentes sistemas tributários. Tal premissa, em que pese ser verdadeira para as diferenças verticais na capacidade contributiva, é, todavia, inaplicável para as horizontais.

Demonstramos nesta obra que o princípio da capacidade contributiva não foi concebido no século XIX. Afinal, a ideia de que diferenças na capacidade de pagar a Fazenda Pública devem determinar a forma de cobrança dos tributos

EPÍLOGO

existe há centenas de anos. No passado, apenas as distinções verticais[192] na capacidade financeira eram consideradas na tributação. Foi apenas muito depois que se observou que diferenças horizontais[193] na capacidade econômica também deveriam ser levadas em conta. Até o momento em que tais dessemelhanças não se baseavam em escolhas voluntárias, restringindo-se, por exemplo, a casos de calamidade externa que afetassem a economia, os defensores da ideia definitivamente tinham um bom argumento. O imposto de renda prussiano de 1891 foi ótimo exemplo nesse sentido. No entanto, desigualdades horizontais na capacidade contributiva baseadas em escolhas voluntárias do legislador não se harmonizam com um imposto de renda. Despesas dedutíveis concebidas para guiar o comportamento dos cidadãos nessa ou naquela direção são, portanto, equivocadas do ponto de vista tributário.[194]

Exemplo atual de tributação presumida pode ser encontrado no programa tributário do recém-formado governo holandês, que se baseia em estudo sobre um novo sistema de tributação da renda para o século XXI. Um dos seus pontos de partida é reconhecer o fato de que a introdução da moeda comum forçou a maioria dos países da União Europeia a uniformizar suas políticas econômica e monetária. Como resultado, essas nações perderam as armas dos juros e do câmbio, restando-lhes apenas a tributação para atrair o investimento estrangeiro. Mesmo tendo havido promessa em sentido contrário, deve ser esperada, no futuro, tributação menos gravosa da propriedade e da renda nesses países, particularmente nos que possuem alíquotas elevadas

---

[192] Nota do tradutor: como exposto linhas atrás, o autor denomina diferença *vertical* na capacidade contributiva a situação em que duas pessoas, A e B, possuindo as mesmas circunstâncias subjetivas (ex.: profissionais liberais, solteiros, sem filhos), auferem rendas desiguais (A percebe 10, e B, a seu turno, 30). Nessa situação, como B ganha mais, a conclusão de acordo com o princípio da capacidade contributiva é a de que ele deve se sujeitar a alíquotas mais elevadas do imposto de renda.

[193] Nota do tradutor: as denominadas diferenças *horizontais* na capacidade contributiva referem-se a circunstâncias subjetivas. Tomando-se o exemplo da nota de rodapé anterior, em que A e B exercem profissões regulamentadas, sendo que A ganha 10, e B, 30, se A fosse solteiro e sem filhos, e B, casado, com quatro filhos, sua capacidade de contribuir para o Fisco certamente seria bastante mitigada – eventualmente o nivelando ao patamar de A, após as deduções que seriam autorizadas pela legislação, considerando a sua situação peculiar.

[194] Nota do tradutor: exemplo que aclara o pensamento do autor neste ponto seria o de uma lei do imposto de renda que não admitisse certas deduções para os que tivessem um único filho – incentivando, portanto, os casais a terem dois ou mais filhos. Como essa escolha voluntária do legislador afeta a liberdade individual das pessoas, imiscuindo-se no direito de constituir família da forma que melhor desejem, ela é imprópria do ponto de vista das distinções *horizontais* na capacidade contributiva.

EPÍLOGO

atualmente, como é o caso da Holanda. Por essa razão, mas também porque os contribuintes holandeses frequentemente conseguem converter a renda de aluguéis imobiliários (normalmente tributada com alíquotas de até 60%) em ganhos de capital isentos, o governo holandês planeja submeter a renda oriunda da propriedade – exceto aquela advinda da casa própria – à alíquota especial de 30% e fixar o retorno sobre a propriedade em 4% do seu valor venal; tal alíquota não se aplicaria apenas aos aluguéis, mas também aos ganhos de capital, que ainda são isentos; com tais mudanças, o imposto sobre grandes fortunas, de 0,7%, poderia, então, ser eliminado.

Esse exemplo traz a ideia de que, nos países europeus, a tributação presumida exercerá, em futuro próximo, papel mais relevante. Pensando sobre esse tema, podemos conceber um novo (e diferente) sistema tributário. Nele, os tributos sobre o excedente desapareceriam, cedendo lugar ao imposto sobre atração de trabalho e capital dos empreendimentos produtores de mercadorias e serviços, que denominaríamos *tributo empresarial sobre trabalho e capital*. Empreendimento é noção mais ampla que "negócio". Negócios são empreendimentos voltados para a geração de lucro. Mas há vários tipos de empreendimentos que não têm esse objetivo, como, por exemplo, serviços públicos, bibliotecas, hospitais, universidades, etc. Mesmo assim, eles utilizam trabalho e capital e, consequentemente, devem ser alcançados pela exação ora proposta. Apenas o governo, no sentido mais estrito da palavra, não deverá ser tributado. Um imposto como esse deve ser baseado nos salários médios – tudo que o empreendimento paga aos seus empregados em dinheiro ou *in natura* – e no patrimônio líquido do empreendimento, equivalente à soma de todo o seu capital, inclusive o que tiver sido emprestado e estiver rendendo juros, com dedução das participações em outras empresas e dos empréstimos contraídos, para evitar dupla tributação.

No que se refere ao imposto de renda, nota-se que quase todos os ingressos de pessoas físicas – deixaremos de lado as distribuições de lucros e dividendos neste momento – advêm de empreendimentos. Quando se consegue substituir despesas dedutíveis por alíquotas reduzidas – como feito exitosamente em alguns países e já tentado na Alemanha, sem sucesso até o momento – e quando uma tributação específica para as rendas decorrentes de aluguéis, como vários países têm, encontrar maior aceitação, um tributo empresarial sobre trabalho e capital será viável. Ele poderá ser introduzido sem ruptura da economia quando pagamentos brutos pelo trabalho e pelo capital forem simultaneamente reduzidos a pagamentos líquidos.

Quanto aos lucros e dividendos percebidos por pessoas físicas, estes devem ser agregados à tributação do lucro das pessoas jurídicas, como já acontece em vários países. No longo prazo, um imposto sobre trabalho e capital originado dentro da União Europeia e individualmente cobrado pelos seus Estados-membros – que poderiam, inclusive, exigir para si uma alíquota adicional – seria passível de substituir os impostos sobre o lucro das pessoas jurídicas cobrados individualmente pelos países.

Além da simplificação – milhões de indivíduos não teriam mais que pagar imposto de renda, e, com isso, o Tesouro poderia exercer a fiscalização de forma direcionada, sem precisar empregar mais pessoas e verbas – esse imposto empresarial sobre trabalho e capital facilitaria o controle global da economia (especialmente se também substituísse os atuais impostos sobre lucros). Ademais, ele poderia ser empregado para estimular a preservação do meio ambiente e evitar o desperdício de trabalho e capital – escassos meios de produção – ao contrário do sistema atual, que, na verdade, encoraja tal prodigalidade. Embora um cenário como esse, aqui descrito sucintamente, ainda pareça distante, tomamos a liberdade de apresentá-lo ao leitor. Com isso, queremos deixar claro que o especialista fiscal deve também considerar uma de suas tarefas repensar o papel que a tributação pode exercer em questões relativas à estrutura da sociedade. Diante desse tema, perdem importância problemas atinentes à técnica, à forma dos tributos e à sua influência sobre o comportamento dos indivíduos.

REFERÊNCIAS

OBRAS DE REFERÊNCIA GERAL

Adams, Charles, *For good and evil, The Impact of Taxes on the Course of Civilisation* (Londres, Nova York, 1993)

Ardant, Gabriel, *Théorie sociologique de l'impôt*, 2 vol. (Paris, 1965)

Ardant, Gabriel, *Histoire de l'impôt*, 2 vol. (Paris, 1971/1972)

Eisenstein, L., *The Ideologies of Taxation* (Nova York, 1961)

Grapperhaus, Ferdinand H.M., *Taxes, Liberty and Property; the role of taxation in democratization and national unity 511-1787* (Amsterdã, 1989)

Schmölders, Günther, *Allgemeine Steuerlehre*, 5th ed. (Berlim, 1980)

Schultz, Uwe (ed.), *Mit dem Zehnten fing es an. Eine Kulturgeschichte der Steuer* (Munique, 1986)

Webber, Carolyn and Wildavsky, Aaron, *A History of Taxation and Expenditure in the Western World* (Nova York, 1986)

TRIBUTAÇÃO NA EUROPA (1000-2000)

Adams, George Burton, *Constitutional history of England*, revisada por Robert L. Schuyler (Londres, 1971)

Behrens, Betty, *Nobles, Privileges and Taxes in France at the End of the Ancien Régime, Economic History Review*, 2ª série, vol. X (1963), nº 3, 451-475

Bonney, Richard (ed.), *Economic Systems and State Finance* (Tema B da série: The origin of the Modern State in Europe 13th to 18th Centuries), 1995

Bosky, William M., *The Finance of the Commune of Siena, 1287-1355* (Oxford, 1970)

Braddick, Michael J., *Parliamentary Taxation in Seventeenth-Century England* (Suffolk, 1994)

Braun, Rudolph, *Taxation, Sociopolitical Structure and State-Building: Great Britain and Brandenburg-Prussia*, in: *The Formation of National States in Western Europe* (Nova Jersey, 1975), 243-327

Clamageran, J.J., *L'histoire de l'impôt en France*, 3 vol. (1867-1876)

Dietz, Frederick C., *English public finance 1558-1641* (Nova York, Londres 1932, reimpressão 1964)

Dowell, Stephen, *History of taxation and taxes in England*, Vol. I-IV (Londres, 1884)

Droege, Georg, *Landrecht und Lehnrecht im hohen Mittelalter* (Bonn, 1969)

Favier, Jean, *Philippe Le Bel* (Paris, 1978, reimpressão 1998)

Fuhrmann, Horst, *Germany in the High Middle Ages 1050-1200* (Cambridge, 1987)

Grapperhaus, Ferdinand H.M., *Changing the Tax Base. Moving from a tax on yields to a tax on the use of the factors of production*, 50 Bulletin for Fiscal Documentation, 11/12 (1996), at 490

Grapperhaus, Ferdinand H.M., *De pelgrimstocht naar het draagkrachtbeginsel. Belastingheffing in West-Europa tussen 800 en 1800* (Zutphen, 1993)

Henning, J.G.A., *Geschichte der Steuer in Köln bis 1370* (Leipzig, 1895)

Herlihy, David, *Medieval and Renaissance Pistoia: A Social History of an Italian Town, 1200-1430* (New Haven, 1967)

Hlawitska, Eduard, *Vom Frankenreich zur Formierung der europäischen Staaten- und Völkergemeinschaft 840-1046* (Darmstadtio, 1986)

Holt, J.C., *Magna Carta, second edition* (Cambridge, 1992, reimpressão 1995)

Jones, J., *King John and Magna Carta* (Harlow, 1983)

Machiavelli, Niccolo, *History of Florence and of the Affairs of Italy from the earliest times to the death of Lorenzo the Magnificent* (ed. Felix Gilbert, Nova York, 1960)

Mann, Fritz Karl, *Steuerpolitische Ideale. Vergleichende Studien zur Geschichte der* ökonomischen *und politischen Ideen und ihresWirkens in den* öffentlichen *Meinung 1600-1935* (Jena, 1937, reimpressão 1977)

REFERÊNCIAS

Martines, Lauro, *Power and Imagination: City States in Renaissance Italy* (Nova York, 1979)

Mathias, P. and O'Brien, P., *Taxation in Britain and in France, 1715-1810. A comparison of the social and economic incidence of taxes collected for the central governments. Journal of European Economic History*, vol. 5, n. 3, 1976, 601-650

Mayer, Theodor, *Geschichte der Finanzwissenschaft vom Mittelalter bis zum Ende des 18. Jahrhunderts, Handbuch der Finanzwissenschaft*, vol. 1, 1952, 236 *et seq.*

Mousnier, Roland, *Les Institutions de la France sous la Monarchie Absolue*, 2 vol. (Paris, 1980)

Rees, J.F., *A short fiscal and financial history of England 1815-1918* (Londres, 1921)

Rowen, H.H., *The Low Countries in Early Modern Times* (Londres, Nova York, 1972)

Schama, Simon, *Citizens; a chronicle of the French Revolution* (Nova York 1989) Schomburg, Walter, *Lexicon der deutschen Steuer- und Zollgeschichte von den Anfängen bis 1806* (Munique, 1992)

Seligman, Edwin R.A., *The Theory of Progressive Taxation*, American Economic Association Quarterly, April 1908, 129-301

Seligman, Edwin R.A., *The income tax. A study of the history, theory and practice of the income tax at home and abroad* (Nova York, 1911)

Strayer, Joseph R. and Taylor, Charles H., *Studies in early French Taxation* (Cambridge, Massachusetts, 1939)

Wolfe, Martin, *The Fiscal System of Renaissance France* (New Haven, 1972)

Ydema, O.I.M., *Hoofdstukken uit de geschiedenis van het Belastingrecht* (Groningen, 1997)

Tributação nos EUA (1765-1801)

Beloff, Man (ed.), *The debate on the American revolution 1761-1783. A sourcebook* (Nova York, 1965)

Cunliffe, Marcus, *The Nation Takes Shape* (Chicago, 1959)

REFERÊNCIAS

Dickerson, Oliver M., *The Navigation Acts and the American Revolution* (Filadélfia, 1951)

Jensen Merill, *The Founding of a Nation. A history of the American Revolution 1763-1776* (Nova York, 1968)

Jensen, Merill, *The Articles of Confederation. An interpretation of the socioconstitutional history of the American Revolution 1774-1781* (8th ed., Wisconsin, 1976)

Lewis, John D., *Anti-federalists versus Federalists. Selected documents* (Scranton, 1967)

Miller, John C., *The federalist Era 1789-1801* (Londres, 1960)

Morris, Richard B., *The Peacemakers. The Great Powers and American Independence* (Nova York, 1961)

McDowell, Bart, *The Revolutionary War* (2nd ed. Washington, 1970)

Pole, J.R., *The gift of government. Political responsibility from the English restoration to American Independence* (Atenas, Georgia 1983)

Pole, J.R., *Foundations of American Independence 1763-1815* (Collins, 1973)

Solberg, Winston U. (ed.), *The federal convention and the formation of the Union of the American states* (Indianápolis, Nova York, 1958)

Thomas, P.D.G., *British Politics and the Stamp Act Crisis. The first phase of the American Revolution 1763-1767* (Oxford, 1975)

White, Morton, *The Philosophy of the American Revolution* (Oxford, 1981)

Woods, Labaree, *The Boston Tea Party* (Londres, Oxford, Nova York, 1968)

TRIBUTAÇÃO NA ÍNDIA (1526-1707)

Abu L-Fazl Allami, *The A-in-i Akbari*, traduzido por H. Blochmann, Vol. I-III (edição revisada Calcutta, 1939, Delhi reimpressão 1997)

Behr, Hans-Georg, *Die Moguln* (1979, reimpressão Basel, 1990)

Bernier, François, *Travels in the Mogul Empire ad 1656-1668* (traduzido por Archibald Constable, Westminster 1891, Delhi 1968, reimpressão 1997)

REFERÊNCIAS

Day, U.N., *The Mughal Government* (Nova Delhi, 1970)

Eraly, Abraham, *The last spring. The Lives and Times of the Great Mughals* (1997)

Gascoigne, Bamber, *The Great Moghuls* (Londres, 1971, reimpressão 1973)

Habib, Irfan, *The agrarian system of Mughal India 1556-1707* (Mumbai, 1963)

Neeru, Misra, *Succession and Imperial Leadership Among the Mughals* (Nova Delhi, 1993)

Saiyid Athar Abbas Rizvi, *Religious and Intellectual History of the Muslims in Akbar's Reign*

Lane-Poole, Stanley, *Babar* (1890-1930, reimpressão em Delhi 1993)

Lane-Poole, Stanley, *Aurangzeb and the decay of the Mughal Empire* (1890-1930, Delhi, reimpressão 1995)

Malleson G.B., *Akbar and the rise of the Mughal Empire* (1890-1930, Deli, reimpressão 1994)

Moosvi, Shireen, *The economy of the Mughal Empire c.1595. A statistical study*, (Oxford, 1987)

Moreland, W.H., *India at the death of Akbar* (1920, Delhi, reimpressão 1994)

Moreland, W.H., *A Study in Indian Economic History* (1923, Delhi, reimpressão 1994)

Richards, John F., *Power, Administration and Finance in Mughal India*, Collected studies (Aldershot, Hampshire, 1993)

Tillotson, G.H.R., *Mughal India* (1990)

EPÍLOGO

Grapperhaus, Ferdinand H.M., *Changing the Tax Base. Moving from a tax on yields to a tax on the use of the factors of production*, 50 Bulletin for Fiscal Documentation, 11/12 (1996), at 490

DISTRIBUINDO A CARGA TRIBUTÁRIA

A distribuição da carga tributária continua sendo tema central no debate político-fiscal do século XXI. Até recentemente, essa discussão era baseada nos princípios da capacidade contributiva e do benefício direto, com o propósito de identificar a medida exata de balanceamento entre esses dois pesos. No entanto, há algumas décadas, um terceiro vetor surgiu e passou a fazer parte dessa equação: o princípio dos danos causados, segundo o qual, se uma pessoa causa prejuízos à sociedade por suas ações, o governo está autorizado a recuperar ao menos parcialmente o valor dessas perdas por meio da tributação, independentemente da legalidade das ações do contribuinte.[30]

O uso extrafiscal da tributação, para atingir objetivos políticos além da geração de receitas para o governo, pode inviabilizar a distribuição supostamente ideal da carga tributária. Essa violação do equilíbrio deve ser analisada em face da importância dos objetivos extrafiscais pretendidos, bem como em razão da probabilidade de serem alcançados a contento por meio da tributação.

....

[30] Nota do tradutor: esse princípio, em dessuetude nos dias atuais, nunca integrou o ordenamento jurídico brasileiro, já que não se admite, em nossas plagas, a utilização do tributo como medida sancionatória. Vale apenas registrar que o uso da tributação como sanção premial indutora de comportamento já foi referendada pelo Supremo Tribunal Federal, em precedente relativo ao IPVA do Estado do Rio Grande do Sul. Os motoristas que não possuíam infrações de trânsito recebiam desconto no momento de pagar o tributo, abatimento esse que foi considerado legítimo pela Suprema Corte (STF, Pleno. ADI nº 2.301-MC. Rel. Min. Marco Aurélio. *DJ*, 21 nov. 2003. p. 7). Lado outro, quando o município de São Paulo majorou o IPTU sobre imóveis cujo cadastro imobiliário não estivesse regularizado, o STF afastou a pretendida tributação, ao correto fundamento de que, no direito brasileiro, é inadmissível a utilização de tributo para penalizar comportamentos ilegais (STF, Pleno. RE nº 94.001/SP. Rel. Min. Moreira Alves. *DJ*, 11 jun. 1983. p. 5.680).

os interesses fiscais contrapostos quase sempre resultam em batalha aberta pelo poder, que, às vezes, é decidida pela violência. Existiram muitos exemplos assim no final da Idade Média. Como a batalha de interesses em torno do sistema tributário, na maioria das vezes, favorecia as classes dominantes, o nível de justiça da tributação era frequentemente baixo. Adicionalmente a essa desbalanceada distribuição da carga fiscal, prevaleciam ainda a extorsão e a corrupção. Não é surpreendente a existência, ao longo da história, de inúmeros levantes contra a tributação.

Nomes ilustres integram o rol de autores que discutiram o tema entre os séculos XVI e XVIII, como Jean Bodin, Hugo de Groot, Thomas Hobbes, John Locke, David Hume, Jean-Jacques Rousseau, Montesquieu e, inevitavelmente, Adam Smith. Eles trataram não apenas das teorias que justificariam a tributação, mas também da forma correta de se distribuir a carga fiscal. Os esforços de John Locke (1632-1704) foram dignos de nota. Ele defendeu a população contra as exigências financeiras do Estado Absolutista, cujo exemplo modelar era a França, e advogou a proteção legal para o contribuinte.

As lastimáveis condições do sistema tributário francês, com seus privilégios tanto pessoais como territoriais, sua profusão de alíquotas e tributos locais, assim como os lucros exorbitantes dos particulares que coletavam tributos, contribuíram em grande medida para o início e a brutalidade da Revolução Francesa. Vale aqui registrar, contudo, que o governo francês estava trabalhando em prol da modernização do sistema de governo há algumas décadas. Essa modernização, entretanto, nunca foi concluída, pois em 1789 o governo se viu obrigado a convocar os Estados Gerais pela primeira vez desde 1614, já que a falência batia à sua porta. Ao fazê-lo, os governantes chamaram a revolução para cima de si mesmos.

Entretanto, seria errôneo imaginar que, ao final do século XVIII, a distribuição injusta da carga tributária ocorria exclusivamente na França. A situação na Inglaterra não era muito melhor. Mais de 80% da arrecadação do país advinha de tributos aduaneiros e outras exações que afetavam principalmente os pobres. Do que remanescia, que eram os tributos diretos, 75% provinham de exações sobre a propriedade das terras, que os grandes latifundiários conseguiam evitar em razão de sua influência local. Logo, o imposto de renda de 1799 veio no momento certo para o governo inglês.

CAPÍTULO 25

Distribuindo a carga tributária

Durante o *Ancien Régime* na França, a talha – que incidia sobre a propriedade imobiliária – era tributo direto pago anualmente sobre o patrimônio. A primeira classe (o clero) e a segunda classe (a nobreza) eram isentas do pagamento por força de uma justificativa que remontava à Idade Média. Segundo essa premissa, a isenção tributária dessas classes devia-se ao fato de que os religiosos serviam ao país com suas orações e trabalhos de caridade; já os nobres cavaleiros defendiam a nação com seu sangue. Entretanto, essa suposta realidade era anacrônica há séculos. A charge ilustra a opinião da terceira classe (agricultores e cidadãos).

Durante muitos séculos e até os dias atuais, a tributação e, especialmente, a repartição da carga tributária entre os membros da sociedade, tem sido um joguete para os lobistas. Em uma democracia representativa, existe uma certa canalização das distintas ideias sobre o sistema tributário desejável. No entanto, quando essa plataforma política inexiste ou não funciona a contento, feroz oposição e do boicote, mas também porque alguns de seus políticos, como William Pitt, o Velho, passaram a defender a razoabilidade do ponto de vista norte-americano. A revolução que se seguiu foi apenas questão de tempo.

IMPOSTO DO SELO

Apesar de o imposto do selo sobre jornais não constituir e nem pretender ser forma disfarçada de censura,[28] ele efetivamente dificultou o surgimento de uma imprensa livre e, ao mesmo tempo, financeiramente acessível, devido à sua elevada carga, que, por vezes, montava a um amplo percentual do valor de assinatura do jornal. Os movimentos para libertação econômica da imprensa resultaram em redução na alíquota do imposto do selo ao longo do século XIX e, ao cabo, em sua eventual abolição, ocorrida em diversos países no ano revolucionário de 1848.[29] Na Holanda, o imposto somente foi abolido em 1869, após décadas de perturbação social. Nessa época, o imposto do selo sobre jornais montava a um terço ou até metade do valor da assinatura do próprio periódico.

Ao fim da Guerra dos Sete Anos (1756-1763) – na qual o Reino Unido lutou parcialmente em prol dos interesses das suas Treze Colônias da América do Norte – os cofres britânicos estavam virtualmente vazios. Parecia justo, então, que os americanos contribuíssem para recolocar nos trilhos as finanças dos governantes britânicos. Para esse fim, o Parlamento em Westminster adotou a Lei do Selo, em 1765. Segundo essa norma, os colonos americanos seriam obrigados a comprar selos cujo preço variava entre 50 centavos e 10 libras esterlinas, para afixação em contratos, documentos judiciários, atos de nomeação do governo, conhecimentos de embarque e de carga, apólices de seguro, cartas de baralho, calendários, licenças para venda de álcool e outros documentos legais, bem como em jornais, anúncios e panfletos.

O rebuliço nas colônias ocorreu quase imediatamente. O direito de o Parlamento britânico tributar os americanos sem o consentimento destes passou a ser contestado aos quatro ventos (*no taxation without representation*). Essas queixas verbais foram acompanhadas por numerosos protestos, que normalmente resultavam em violência contra os oficiais britânicos do selo. As indignações foram formalmente apresentadas durante uma conferência sobre a nova legislação, na qual estavam reunidos representantes de nove colônias. Adicionalmente, foi instigado um boicote às mercadorias da metrópole. O governo inglês foi forçado a revogar a lei, não apenas em razão da

....

[28] Nota do tradutor: aqui a referência é à forma ampliada do imposto, que passou a abarcar todos os jornais, independentemente de classificação governamental.

[29] Nota do tradutor: o ano de 1848 foi marcado por diversas revoluções anti-monárquicas levadas a cabo inicialmente na França e, posteriormente, em outros países da Europa (tais como Alemanha, Áustria, Dinamarca e Itália). Tais levantes ficaram conhecidos como Primavera dos Povos e baseavam-se em ideais democráticos.

83

ano na província da Holanda, seguida pela República da Holanda (1635), Espanha (1636), França (1673), Áustria (1686), Inglaterra (1694), Eslésvico-Holsácia[24] e Rússia.

O novo tributo sofreu rapidamente uma série de modificações: o selo passou a ser estampilhado no papel e, posteriormente, tornou-se parte deste, de modo que as pessoas comprassem o papel já selado. O ano passou a ser indicado no selo para atestar a data do documento. O valor do imposto tornou-se variável conforme o tamanho do papel ou o conteúdo do contrato. Essa última variação surgiu quando certos acordos passaram a demandar documentos escritos, tais como a locação de imóveis, tendo o imposto se tornado proporcional ao valor envolvido no contrato, expresso em dinheiro. Após algum tempo, não apenas os contratos, mas também autorizações governamentais foram sujeitas à exação. Na Inglaterra, por exemplo, o alvará para venda de bebidas em bares[25] precisava conter selos proporcionais à quantidade de bebida alcoólica vendida, o que acabou transformando o imposto do selo em tributo sobre o consumo de álcool.

Tais evoluções fizeram com que o imposto do selo se tornasse um tributo sobre o consumo e, também, sobre o comércio. Ele passou a incidir, por exemplo, sobre baralhos, dados, luvas, chapéus, pó de cabelo,[26] fósforos, meias, almanaques, etc.

Na Inglaterra, a incidência sobre jornais foi introduzida em 1712, com o objetivo de controlar a imprensa. A "Lei do Selo sobre papeis impressos, panfletos e publicidade" exigia o selo em todo papel que o governo inglês considerasse ser um jornal.[27] A exigência foi estendida a todos os jornais em 1757. O mesmo sistema foi adotado na França, em 1797, e alcançou outros países no continente europeu, incluindo a República Batava, que posteriormente se tornaria a Holanda.

....

[24] Nota do tradutor: no original, Schleswig-Holstein, que hoje integra a República Federal da Alemanha, sendo o Estado situado mais ao norte do país.

[25] Nota do tradutor: em inglês, *public houses*, informal e comumente conhecidas como *pubs*.

[26] Nota do tradutor: o pó branco para cabelos era comum na Europa do século XVIII, especialmente na Inglaterra, onde lei exigia que fosse feito de amido, embora muitas vezes fosse efetivamente à base de farinha.

[27] Nota do tradutor: a discricionariedade conferida ao governo de estipular que uma publicação se qualificava como jornal para fins de incidência do imposto do selo denota o seu cariz controlador da mídia impressa.

CAPÍTULO 24

Imposto do selo

Soldados britânicos abrindo caminho à força para o transporte de pacotes de selos em Nova York, no ano de 1765.

Em 1624, Johannes van den Broeck – oficial de finanças holandês – concebeu um novo tributo, incidente sobre documentos escritos, tais como contratos, títulos de dívida, etc. Para possuírem valor legal, esses papéis deveriam conter um selo, obtido mediante pagamento ao governo, que seria neles afixado. Apesar dos duvidosos alicerces jurídicos, a ideia foi um estrondoso sucesso. O imposto do selo foi introduzido naquele mesmo

de tributos,[23] com aproximadamente 30.000 membros, era o terceiro maior grupo de trabalhadores da França, atrás apenas do Exército e da Marinha. O tratamento humano conferido pelos coletores fiscais aos seus próprios empregados discrepava fortemente daquele que era por eles dispensado aos contribuintes. Tendo em vista as práticas escusas desses agentes, o Estado conseguia recuperar deles alguma quantia por meio de fiscalizações regulares em seus livros e pela imposição de multas elevadas quando eram provadas irregularidades ou malversações.

---

[23] Nota do tradutor: em inglês, *tax farmer*.

crédito, a transferência para terceiros da impopularidade que se cria com tal conduta pode ser igualmente um motivo. Também pode ocorrer de o governo precisar de dinheiro rapidamente e, ao receber o pagamento antecipado do particular que passa a deter o poder de tributar, assegurar a obtenção da receita necessária naquele momento específico. O fato de a tributação consistir em possível garantia a ser ofertada na contração de empréstimos governamentais (que, se não pagos, permitiriam ao credor assumir a arrecadação) é outra razão que justifica esse fato (a privatização do poder de tributar).[22]

Existem diversas referências à arrecadação tributária privada em escritos muito antigos. A Bíblia relata a história de Mateus, nela referido como coletor de impostos. Por volta de 1300, quando as cidades do Norte da Itália passaram a instituir cada vez mais tributos, o direito de cobrá-los era, em regra, transferido a particulares. Em resumo, tratava-se de prática comum que poderia, no entanto, andar de mãos dadas com a corrupção e outras irregularidades consideráveis. O sistema de privatização de tributos francês, em particular, ganhou má fama devido a essas práticas escusas.

No início do século XVI, o Estado Francês tinha suas finanças tão controladas que sequer fazia uso do sistema bancário internacional. Contudo, na segunda metade daquele século, o débito do Estado atingiu níveis bastante elevados em decorrência do padrão de gastos do Rei Francisco I e seus sucessores, que ingressaram em guerras dispendiosas, mantiveram estilo de vida extravagante e adquiriram inúmeras obras de arte, destruindo o equilíbrio das finanças francesas. Para a concessão de novos empréstimos ao Estado, os banqueiros exigiram receber, como garantia, a renda de determinados tributos em certas regiões. Visando a assegurar o recebimento das dívidas da Coroa, os financiadores passaram a estipular certos requisitos para a tributação, interferindo na instituição e cobrança das exações. O passo seguinte foi a expansão considerável da privatização de tributos – algo que já ocorria incidentalmente – que, portanto, ingressou silenciosamente nas finanças francesas.

O método desenvolveu-se mais adiante, nos séculos XVII e XVIII, até que aproximadamente 1/3 das rendas estatais passou a ser arrecadada por particulares. Eles se organizavam em sindicatos, responsáveis tanto pela tributação de determinados produtos como sal, tabaco, couro, ferragens, sabão e outros, bem como por certas regiões do país. A profissão de coletor privado

....

[22] Parênteses inseridos pelo tradutor.

CAPÍTULO 23

Privatizando a arrecadação tributária

Os anos de 1747 e 1748 assistiram a revoltas contra os particulares que coletavam tributos na República da Holanda. O resultado foi a abolição da prática de privatizar a arrecadação. A charge mostra uma multidão raivosa pilhando a casa do prefeito de Amsterdã considerado responsável pela alienação do mister a particulares.

Há várias razões pelas quais um governo opta por não instituir e cobrar tributos por si mesmo, cedendo esse direito a terceiro que assume a tarefa por sua conta e risco em troca do pagamento antecipado de soma determinada aos cofres públicos. Uma das razões para tal opção pode ser a insuficiência de funcionários públicos, razão pela qual se opta por deixar a tarefa para particulares que se dedicam apenas a ela. Considerando ainda que tributar, sob qualquer prisma que se olhe, nunca é algo pelo que o governo recebe muito

SAL

de forma ainda mais vigorosa. Os protestos e levantes resultantes da gabela demonstraram que muitos franceses ainda não haviam perdido a sua essência, a despeito da opressão à qual estavam sujeitos por parte da monarquia absolutista e seus apoiadores: a Igreja e a aristocracia. O governo conseguiu vencer essas manifestações em todas as oportunidades, exceto uma única vez, em 1789. Essa derrota, todavia, foi consideravelmente significativa.

Por qual motivo o governo manteve, por tão longo período, tributo que era distribuído pelo país de modo sobremaneira injusto e que exigia esforços massivos para limitar a sonegação e manter os cidadãos sob controle? A resposta é: o País havia se tornado prisioneiro do sal. Sob Francisco I, a gabela respondia por um quarto das receitas tributárias e, mesmo alguns séculos depois, continuava sendo a mais importante fonte de renda do Estado. Um tributo sobre o sal, distribuído de modo uniforme pelo país e propiciador de uma arrecadação equânime, teria feito com que províncias privilegiadas (do ponto de vista da não incidência ou cobrança módica da exação) tivessem que se sacrificar para beneficiar as outras províncias que pagavam a gabela em montantes elevados, o que violaria antigos acordos. Isso seria tão inconcebível quanto abolir o tributo e substituí-lo por outra exação, algo impensável em razão das elevadas receitas por ele geradas.

SAL

controle do rei francês. A arrecadação se destinava ao pagamento do resgate do Rei João, o Bom,[21] que estava sendo feito prisioneiro na Inglaterra. Não demorou muito para que o tributo se tornasse permanente. Ele era cobrado na forma de consumação compulsória. Como cada lar tinha que comprar certa quantidade de sal, tratava-se, em verdade, de capitação ou tributo *per capita*.

Com o fim da Guerra dos Cem Anos, houve tentativas frustradas de (re)introduzir esse tributo – com suas diversas obrigações e restrições e sua elevada alíquota – nas partes do país que estiveram sob controle inglês por anos, às vezes décadas, e, por isso, muitas vezes sequer haviam conhecido a gabela. Frequentemente, as autoridades tinham que se contentar com um acordo pelo qual apenas 1/4 da gabela deveria ser paga – ou menos que isso, em algumas regiões. A esse cenário se seguiu um aumento na sonegação, que piorou quando a Bretanha se tornou isenta da gabela ao ser colocada sob controle da Coroa francesa, em 1491. O contrabando entre as regiões de alta e baixa tributação continuou a espargir-se como praga endêmica.

O Rei Francisco I (1515-1547) precisava de vultosas somas de dinheiro para financiar suas dispendiosas guerras e seu não menos custoso estilo de vida, repleto de artistas italianos, belas amantes e palácios renascentistas. Quando decidiu aumentar substancialmente a alíquota da gabela, um perigoso levante explodiu em 1548 no Sudoeste, região na qual a tributação do sal havia sido feita sempre de modo bastante favorável aos contribuintes. Apesar de a manifestação ter sido violentamente esmagada, a região conseguiu assegurar completa isenção do tributo sobre o sal pelo pagamento do montante único de 1,2 milhão de libras francesas ao Rei Henrique II (1547-1559), que precisava desesperadamente de dinheiro.

O problema da evasão fiscal relativa ao sal tornou-se difícil de resolver. A situação piorou quando, séculos depois, outras regiões que já possuíam módicos tributos sobre essa mercadoria foram incorporadas à França e autorizadas a manter seus próprios sistemas tributários. Tais áreas incluíam Franco-Condado (1678) e Lorena (1766), assim como Artésia, que havia comprado sua isenção. Quando a gabela passou a ser cobrada pelos particulares que coletavam tributos (veja o Capítulo 23), o contrabando foi combatido

....

[21] Nota do tradutor: João II, conhecido como João, o Bom, governou a França de 1350 até seu falecimento, em 1364. No ano de 1356, foi feito prisioneiro pelos ingleses na Batalha de Poitiers, sendo libertado somente em 1360, com a celebração do Tratado de Brétigny, que impôs largas perdas territoriais e financeiras à França, a título de resgate do monarca.

SAL

O sal era produzido em todo o mundo, às vezes por meio de evaporação da água do mar em bacias, outras pela mineração e, eventualmente, pelo direcionamento da água para camadas de sal subterrâneas. Contudo, era baixo o número de locais em que havia produção. Além da produção, o refino, o comércio e o transporte dessa *commodity* rara e cara – em regra por navios, mas eventualmente por dutos – tornaram-se atividades econômicas importantes. O papel do sal, naquela época, assemelhava-se ao do petróleo hoje.

O governo deveria assegurar que o sal estivesse disponível em todos os locais a preços aceitáveis, mas o fato de que o produto era escasso e, ao mesmo tempo, essencial, tornava-o ideal para a incidência de tributos ou mesmo para a obtenção de lucros com a criação de monopólio governamental sobre a produção, refino, transporte ou venda ao consumidor final. Havia também outra razão pela qual os governos preferiam instituir tributos sobre o consumo de sal. Os agricultores precisavam deste tanto quanto outras pessoas e, por vezes, até em maior grau, pois era usado na fabricação de manteiga e queijo. Ao mesmo tempo, era o único alimento que os fazendeiros não conseguiam produzir por si mesmos. A incidência sobre o sal era, portanto, excelente forma de tributar os agricultores, que consumiam o que produziam e, com isso, dificultavam a sua inserção no sistema de tributação, na qualidade de contribuintes.

Enquanto a tributação do sal nunca foi um *impôt unique* (imposto único), exceto na China, onde representou 80% da renda do país em 700 a.C., os lucros derivados desse produto contribuíram de forma significativa para a renda estatal de diversos países em momentos distintos. Vamos limitar nossa exposição à França, que foi, durante tempos, a maior produtora do mundo e, também, a maior exportadora de sal marinho.

Filipe, o Justo, rei da França (1285-1314), conseguiu o controle da extração e do transporte de sal. O primeiro, pela aquisição dos locais de produção, e o segundo, ao assegurar locais estratégicos para cobrança do pedágio sobre o produto quando de seu transporte fluvial. Filipe, inclusive, conquistou uma espécie de monopólio sobre a distribuição da mercadoria ao construir armazéns que eram o único meio pelo qual as pessoas poderiam comprá-la para consumo próprio.

Meio século depois, durante a Guerra dos Cem Anos com a Inglaterra (1350-1453), um tributo de incidência única chamado *gabelle* (gabela), ou imposto sobre o sal, foi instituído nas áreas da França que estavam sob

CAPÍTULO 22

Sal

O famoso saleiro de ouro com a imagem de Netuno e Anfitrite, encomendado pelo Rei Francisco I ao ourives italiano Benvenuto Cellini (1500-1571).
(Museu do Palácio Imperial de Hofburg, Viena).

A descoberta do sal pelos homens pré-históricos foi quase tão importante quanto a do fogo. Afinal, a metamorfose por que passaram os alimentos com a introdução da agricultura e da pecuária acarretou a elevação do nível de carboidratos na dieta. Como consequência, o corpo humano passou a consumir e a demandar mais sal. A procura pelo produto aumentou consideravelmente com a sua utilização como conservante – sendo que muitos outros usos se lhe seguiram.

Com isso, mais e mais bens passaram a se sujeitar aos impostos especiais de consumo. Todavia, o momento de se instituir um imposto geral sobre o consumo ainda não havia chegado. Este surgiu apenas no século XX, como um imposto plurifásico cumulativo, inicialmente apenas sobre bens e, em um segundo momento, sobre serviços. Nessa época, os impostos especiais de consumo sobre itens essenciais à vida já haviam sido abolidos, tendo sido substituídos por tributos sobre fontes de energia, como óleo e gás, bem como sobre meios de transporte, como carros e outros veículos motorizados.

IMPOSTOS ESPECIAIS SOBRE O CONSUMO

determinado, e o soberano exigia parcela do produto da arrecadação. Mas, se o governante eventualmente precisasse de recursos, os administradores da cidade poderiam comprar a permissão, tornando-a definitiva e eliminando a necessária repartição das receitas com o soberano. Foi desse modo que a cidade se tornou proprietária de bens de produção, como o alambique, o abatedouro e as balanças.

Os impostos especiais de consumo eram importantes para a cidade medieval, sendo possivelmente a mais relevante fonte de renda para fazer face às suas despesas e às exigências feitas pelo soberano para a defesa do país, que, a despeito de terem sido inicialmente esporádicas, haviam se tornado regulares. Como as cidades estavam crescendo em tamanho e riqueza, e as despesas aumentavam proporcionalmente, os dirigentes tinham que pensar continuamente em novas exações para atender aos anseios dos cidadãos e do soberano. Uma localidade como Siena, na Itália, tinha 38 tributos em 1297, e outra menor, como Den Bosch, na Holanda, já possuía 30 em 1441.

Como os impostos especiais de consumo incidiam frequentemente sobre produtos essenciais, seu impacto relativo era maior sobre os pobres, o que tornou esse tipo de tributação um obstáculo para a vida em sociedade. De modo geral, os ricos eram favoráveis a essas exações, ao passo que as classes média e baixa preferiam tributos sobre o patrimônio. A batalha ocorria em todas as frentes, regularmente desaguando em revolução e, até mesmo, em guerras civis locais.

Os impostos especiais de consumo constituíram instrumento de financiamento que, durante séculos, esteve ao alcance apenas das autoridades das cidades, até que, ao final do século XVI, foram elevados ao nível provincial na região da Holanda. Outras províncias na República da Holanda rapidamente seguiram esse movimento. Pouco depois, Brandemburgo (Prússia), Kurpflaz, Saxônia, Brunswick, Áustria e Inglaterra fizeram o mesmo. A charge deste capítulo ilustra como a repulsa popular em relação aos impostos especiais de consumo se mantinha *pari passu* com a popularidade dessas exações entre acadêmicos e políticos. Afinal, para as autoridades, tratava-se de fonte estável de renda, que vinha disfarçada no preço dos bens e serviços e, ademais, não requeria aprovação dos representantes das sociedades em países onde tais assembleias existiam. O título do livro de Christian Tetzel, de 1685, *Entdeckte Goldgrube in der Akzise (Encontrada mina de ouro nos impostos especiais de consumo)*, já diz o suficiente.

71

esses, estavam inclusos o direito de cidade, ou seja, de construir um muro ao seu redor, mas também outros direitos que poderiam ser economicamente explorados. Os soberanos criavam novas regalias e as atribuíam a si próprios, para então vendê-las às cidades.

O direito ao uso do vento é apenas um exemplo. Os advogados medievais sustentavam que apenas o soberano poderia se valer de meios mecânicos para gerar energia, utilizada, *v.g.*, na moenda de grãos ou em sistemas de gerenciamento de água. Se uma cidade obtivesse essa regalia em troca de pagamento anual, ela poderia arrendar esse direito para um ou mais proprietários de moinhos locais, geralmente situados nos muros da cidade, onde os ventos eram mais fortes. Com isso, o custo de arrendamento da regalia era incorporado ao preço que se cobrava para moer grãos. Portanto, o arrendamento era, de fato, uma retribuição, pagamento por um serviço prestado pela cidade, conforme estipulado por suas autoridades constituídas. Entretanto, para atender às demandas de seus cidadãos por segurança e infraestrutura urbana, a cidade precisava cada vez mais de recursos. Após algum tempo, surgiu a ideia de aumentar o valor do arrendamento devido pelos moleiros. A constante demanda por produtos à base de farinha assegurava aos proprietários de moinhos a possibilidade de repassar o custo do arrendamento aos preços dos serviços que prestavam. Isso fez com que a retribuição se tornasse tributo, o imposto especial de consumo sobre a moagem, que continuou existindo ao longo do século XIX e, em alguns países, até mesmo durante o século XX. Entretanto, a cidade não podia decretar esses aumentos de carga tributária de modo indefinido, pois isso geraria perturbação e revolta.

Paralelamente a isso, foram criados impostos sobre a cerveja – bebida popular à época –, pois o soberano exigiu seus direitos sobre o alambique ou envolveu-se (pretensamente) na própria fabricação. Foi também criado um imposto sobre a carne, já que era necessária a permissão do soberano para transportar o gado até o abatedouro de sua propriedade, o único no qual o abate poderia ocorrer. Havia ainda bens que deveriam ser pesados ou medidos na balança ou metro pertencentes ao soberano. E, assim, os impostos especiais de consumo foram introduzidos sobre manteiga, turfa, lã, roupas, etc. Os responsáveis pelas finanças das cidades tinham muita imaginação e, cada vez mais, criavam novas exações (muitas vezes análogas a outras já existentes). Sempre que isso ocorria, era preciso obter permissão do soberano e pagar por ela. Inicialmente, as permissões eram concedidas por tempo

CAPÍTULO 21

Impostos especiais sobre o consumo

Uma vez que os governantes em Londres descobriram que os impostos especiais de consumo eram excelente fonte para o financiamento estatal, não se intimidaram em criar novas exações a todo momento. Essa charge, de 9 de abril de 1790, mostra a frustração sentida pelo público inglês quando o Ministro das Finanças da Inglaterra, William Pitt, o Novo, introduziu exações sobre a sidra, farinha, cerâmicas, tecidos e carvão.

Durante a Dieta de Roncaglia (1158), o Imperador germânico Frederico Barbarossa (1153-1190) elaborou uma lista de regalias – direitos e prerrogativas reais – de natureza financeira. Esse rol foi amplamente utilizado, inclusive fora do Sacro Império Romano-Germânico. Os soberanos, que eram titulares das regalias em suas áreas e precisavam permanentemente de dinheiro – já que seus domínios não lhes propiciavam fundos suficientes – conseguiram melhorar sua situação financeira com o renascimento das cidades, outorgando-lhes certos direitos em troca de pagamento. Dentre

LIVRE COMÉRCIO *VERSUS* PROTECIONISMO

um novo modelo de tributação do consumo foi introduzido em todos os países do grupo: o Imposto sobre Valor Acrescido (IVA), que inviabilizou a manutenção dos subsídios ocultos para a exportação.

LIVRE COMÉRCIO *VERSUS* PROTECIONISMO

a carga tributária. Foi somente muito tempo depois, já no século XX, que os tributos de importação e exportação passaram a ser usados para regular o fluxo de comércio em ambos os sentidos. No mercantilismo – chave para a proteção da riqueza, comércio e indústria nacionais contra a competição estrangeira – havia também uso de impostos de importação protecionistas. Guerras comerciais, mas, ao mesmo tempo, acordos prevendo tributação isonômica valendo-se da cláusula da nação mais favorecida, tornaram-se um padrão no comércio entre países. O protecionismo resultou em aumento do contrabando –[18] ilustrado pela charge –, mas também despertou o desejo pelo livre comércio. Protecionistas e defensores do livre comércio têm discutido há séculos.

Em 1947, chegou-se a um consenso para criar uma espécie de ordem no caos das tarifas de importação globais, com especial atenção ao princípio da não discriminação (que pressupõe tributação equânime entre bens nacionais e importados, exceção feita ao imposto de importação).[19] Esse acordo resultou no GATT[20] (Acordo Geral sobre Tarifas e Comércio), cujos membros têm buscado, em bases regulares, alcançar uma redução geral das cobranças na importação.

Em 1955, seis nações europeias instituíram uma comunidade econômica baseada no Tratado de Roma. Hoje, a União Europeia conta com 28 Estados-membros, entre os quais é assegurado o livre trânsito de pessoas, bens e serviços. Os impostos de importação, que eram um dos obstáculos, foram rapidamente reduzidos a zero no comércio intracomunitário, e os Estados-membros concordaram em adotar uma tarifa comum nas relações extracomunitárias. Como o sistema de tributação plurifásico cumulativo então vigente permitia a concessão de subsídios disfarçados para a exportação,

---

[18] Nota do tradutor: em inglês, *smuggling*. Em português, tem-se a distinção entre o contrabando (tráfico de bens cujo comércio é proibido) e o descaminho (ingresso clandestino no país de bens cuja importação é autorizada, todavia sem o pagamento dos tributos aduaneiros devidos). A opção pelo termo contrabando na tradução foi feita por razões estilísticas, tão-somente.

[19] Parênteses inseridos pelo tradutor.

[20] Nota do tradutor: o GATT (*General Agreement on Tariffs and Trade*) foi concebido para ser um acordo temporário enquanto não fosse criada uma organização internacional para regular o comércio multilateral de bens e serviços no mundo. Contudo, por diversas razões políticas, vigorou por muito anos. Em 1994, sofreu uma considerável reformulação (conhecida como GATT 1994), que pavimentou o caminho para o surgimento da Organização Mundial do Comércio, no ano subsequente.

CAPÍTULO 20

Livre comércio versus *protecionismo*

Em sua batalha econômica contra a Holanda, o governo britânico aboliu todas as exportações de lã para aquele país. Em face disso, a mercadoria passou a ser contrabandeada para a Holanda, "retornando" ilegalmente para a Inglaterra na forma de bens manufaturados. O contrabando era crime. A imagem acima mostra como os contrabandistas britânicos, conhecidos como "corujas" por trabalharem à noite, usavam a luz de uma lanterna para carregar a lã em um pequeno navio, que então transferia a carga para uma grande embarcação, que aguardava fora da costa.

O imposto de exportação foi, por muito tempo, o principal tributo aduaneiro em uma sociedade que sofria com a escassez de bens. A filosofia por trás dessa cobrança era a de que o consumidor estrangeiro deveria suportar

TRIBUTOS DE IMPORTAÇÃO, EXPORTAÇÃO E PASSAGEM

uma *Zollverein* (união aduaneira) com vistas a abolir os obstáculos ao comércio interno. Isso talvez tenha contribuído para o desenvolvimento da Alemanha no século XIX tanto quanto a unificação política do país, ocorrida em 1871. Em verdade, pode-se dizer que a união aduaneira tornou a unificação possível.

TRIBUTOS DE IMPORTAÇÃO, EXPORTAÇÃO E PASSAGEM

O pedágio (em alemão, *Zoll*) é um local por onde somente se pode passar mediante pagamento. Durante o período Merovíngio-Carolíngio, os pedágios continuaram existindo, mas tornaram-se menos importantes devido à redução do comércio. O conceito básico, entretanto, continuou o mesmo: oferecer ao comerciante em trânsito proteção na região pela qual estivesse passando. Com a fragmentação da autoridade governamental no período feudal, abriu-se caminho para o surgimento de governantes com poderes soberanos sobre determinados territórios, onde eram responsáveis pela lei e ordem. Isso fez com que o pedágio perdesse sua concepção legal originária e se tornasse, com o tempo, fonte de renda independente para o soberano – inclusive porque as alíquotas tornaram-se maiores e mais sofisticadas. O governante podia explorar esse direito diretamente, bem como vendê-lo ou arrendá-lo para exploração por terceiro, caso precisasse de fundos imediatos, ou mesmo entregá-lo como recompensa a uma pessoa especial por relevantes serviços prestados.

Na Alemanha, com os seus *Kleinstaaterei*,[17] os inúmeros pedágios nas fronteiras dos vários Estados eram verdadeiras pedras no caminho do livre comércio. O custo do frete dobrava e até mesmo triplicava, pois, em cada um dos pedágios, os bens precisavam ser descarregados para fiscalização e pagamento de tributos e, novamente, carregados. A situação não era muito melhor na França. Mesmo após os reis franceses terem anexado os condados e ducados relativamente independentes, as aduanas continuaram a existir como forma de tributação regional. Os postos alfandegários somente foram transferidos para as fronteiras das províncias em 1581. E foi apenas muito depois, em 1787 – às vésperas da Revolução Francesa –, que o confuso arranjo de pedágios domésticos foi substituído por uma cobrança única. Por outro lado, na Inglaterra, a vitória de Guilherme, o Conquistador, em 1066, tornou possível o estabelecimento de uma forte autoridade central em todos os rincões do reino. Isso incluía um sistema de impostos de importação, exportação e de trânsito aplicado em todo o país. Depois da união com a Escócia (1707), formou-se uma única área alfandegária que abarcava a integralidade do Reino Unido.

Apesar de o número de Estados alemães ter sido drasticamente reduzido na Era Napoleônica – de 1800 para 60 – ainda assim havia muitos. Após 1815, eles se uniram em várias alianças de pedágios até que, em 1833, tornaram-se

....

[17] Nota do tradutor: em alemão, *Kleinstaaterei* é o termo utilizado para fazer referência à fragmentação geopolítica do Sacro Império Romano da Nação Germânica.

CAPÍTULO 19

Tributos de importação, exportação e passagem

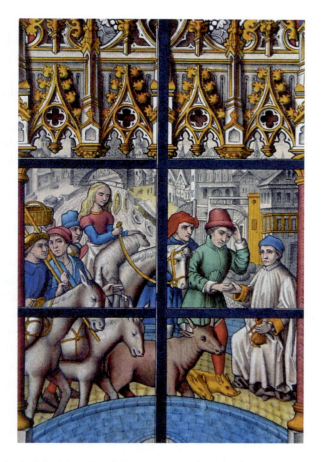

Nos primórdios da Idade Média, o Bispo de Tournai, governante da cidade e das áreas adjacentes, detinha várias regalias (para explicação desse conceito, veja-se o Capítulo 21). Ele as explorava com sucesso, instituindo tributos de importação e exportação e impostos especiais sobre o consumo. Dois artistas do século XVI ilustraram essa realidade em cinco vitrais, com cores vibrantes e alto grau de detalhamento. Os vitrais foram afixados na Catedral de Tournai, Bélgica, onde ainda podem ser vistos. A imagem reflete a regalia de importação e exportação. O bispo se valia de leigos e padres para coletar os tributos.

61

A consciência de que algo precisava ser feito em relação à injusta distribuição da carga tributária também chegou aos Estados Unidos. Houve fortes emoções quando, em 1894, foi proposta a instituição de um tributo com alíquota de 2% sobre rendimentos superiores a 4.000 dólares – o que alcançaria apenas 2% da população norte-americana. O Senador John Sherman descreveu a ideia como *socialismo, comunismo, diabrura*. Aprovada a lei, a Suprema Corte declarou-a inconstitucional, pois discriminava os ricos. Conforme a Constituição norte-americana, os tributos diretos somente poderiam ser cobrados sobre parcela considerável da população, o que não estava ocorrendo, uma vez que o imposto de renda recém-criado alcançava apenas os abastados. Já os apoiadores do tributo argumentavam ser justo que os mais afluentes suportassem parcela maior da carga tributária. Contudo, foi apenas em 1913, após a aprovação de emenda constitucional, que a instituição do imposto de renda tornou-se possível nos Estados Unidos.

No curto período de tempo em que o tributo vigorou, houve resistência não apenas perante os tribunais, mas também diretamente por parte dos ricos, que o sonegavam. A charge ilustra esse fato.

CAPÍTULO 18

O drama do imposto de renda norte-americano de 1894

Essa charge de 1895 mostra três dentre os mais ricos cidadãos americanos levados diante da Receita Federal daquele país, todos com dinheiro sonegado em seus bolsos. Hetty Green era considerada a mulher mais rica do mundo e tinha um assento na bolsa de valores de Nova York. Russell Sage e George Gould (filho de Jay Gould) eram magnatas das ferrovias, bem como investidores na bolsa de valores.

liderou o tema, introduzindo em 1891 um imposto de renda típico dos dias de hoje, seguida pela Holanda em 1892/93, pelos EUA em 1894 – o que será analisado com vagar adiante –, pela França em 1914 e, posteriormente, por outros países.

O século XX foi caracterizado por uma rápida ascensão da prosperidade, mas também por um aumento da carga tributária e, particularmente, dos impostos diretos. Tal fato se deu pelo crescimento da preocupação social entre as classes mais altas e, ao mesmo tempo, por uma organização mais aperfeiçoada do proletariado, pelo surgimento do sufrágio universal e pelas duas guerras mundiais. Os aumentos de alíquotas implementados no imposto de renda seriam considerados impossíveis à época em que o tributo fora originariamente concebido.

Praticamente todos os países que tinham imposto de renda da pessoa física também adicionaram uma tributação "irmã" sobre as pessoas jurídicas, bem como retenções do imposto na fonte quando do pagamento de salários e dividendos. Parece, contudo, que o potencial dessas "irmãs" em termos de alíquotas progressivas foi perdido nas últimas décadas.

CAPÍTULO 17

A "Marcha da Vitória" do imposto sobre a renda

Esta charge, de autoria de Punch (1896), mostra o peso do imposto sobre a renda, mas também a enorme arrecadação por ele gerada. Essa foi a razão pela qual o Primeiro-Ministro britânico William Gladstone, forte opositor da exação, nunca tentou aboli-la.

O século XIX vivenciou consideráveis debates sobre questões tributárias. Uma delas era se deveria existir um imposto de renda geral e, caso positivo: se seria analítico ou sintético; se a alíquota seria progressiva ou proporcional; e, ainda, se a posição relativa de cada membro da sociedade deveria ser (ou não) mantida. As discussões científicas se refletiam no Parlamento, mas demoraria até o fim do século antes que houvesse algum movimento efetivo. A Prússia

O imposto sobre a renda dos salários viria muito mais tarde, pois os assalariados eram raros em uma sociedade na qual a maioria das pessoas trabalhava de modo autônomo. Ademais, habitação e refeições estavam quase sempre incluídas na remuneração dos empregados domésticos e servos, tornando complexa a sua quantificação, até mesmo porque as autoridades fiscais à época ainda não compreendiam esses benefícios como espécie de renda. Outrossim, o empregador frequentemente pagava os tributos devidos por seus empregados.

Uma vez que a tributação na Europa Ocidental ganhou terreno novamente, somada ao fato de que mercadores e artesãos autoconfiantes cresceram em importância do século XIV em diante, ficou claro que a cobrança de tributos sobre os seus estoques, ferramentas, produtos semiacabados e finais não seria fácil, já que a entrada de fiscais em suas casas era considerada invasão de privacidade à época. Isso fazia com que, frequentemente, se chegasse a um acordo com os coletores para pagamento de um valor fixo, o que era particularmente interessante para os comerciantes mais prósperos, já que impedia cobranças periódicas baseadas em seus lucros cada vez maiores.

Na sociedade, que se desenvolvia economicamente, os comerciantes estavam auferindo enormes valores, que não conseguiam mais esconder do olhar público ou privado, devido ao crescente padrão de gastos que acompanhava essa evolução. Mas a sua sujeição à tributação se provou difícil. Primeiramente, tardariam séculos até que se tornasse eticamente aceitável a busca do lucro. Adicionalmente, os métodos de contabilidade não estavam suficientemente desenvolvidos para permitir inspeções detalhadas dos livros do comerciante. Ademais, havia a questão da própria qualidade dos registros contábeis (quando existentes) e da difícil aceitação social das inspeções fiscais. Como se não bastasse, o conceito de lucro precisava ser amadurecido. De fato, até a era do Iluminismo, o senso comum não fazia distinção entre receita, lucro e renda.

Diante desse cenário, o governo precisava lançar mão de instrumentos paliativos para aferir a rentabilidade dos negócios dos artesãos, industriais, lojistas, etc. Consequentemente, foi criada uma tributação presumida baseada em variáveis distintas para cada setor de negócios, diretamente relacionadas ao tamanho do setor. A cobrança dos lojistas, por exemplo, baseava-se em suas compras; a do produtor de bebidas, no número de barris de sua propriedade; a dos transportadores, na capacidade dos navios. Outros fatores também eram considerados, como o número de trabalhadores, o tipo e a quantidade de ferramentas, o valor de arrendamento do moinho, etc.

Era muito mais difícil, contudo, submeter o comerciante abastado a essa tributação. Naquele tempo, o que se conseguia fazer era cobrar tributo sobre o consumo baseado em sinais exteriores de riqueza. As autoridades fiscais tentavam estimar a renda auferida a partir dos padrões de gastos visíveis, com espeque em vasto número de itens que pudessem ser fácil e fisicamente monitorados. Isso incluía o valor do aluguel, o número de servos, lareiras, janelas, relógios, carruagens, cavalos, cachorros, etc. A charge deste capítulo simula essa forma patética de tentar tributar os ricos.

CAPÍTULO 16

Problemas com a tributação dos lucros

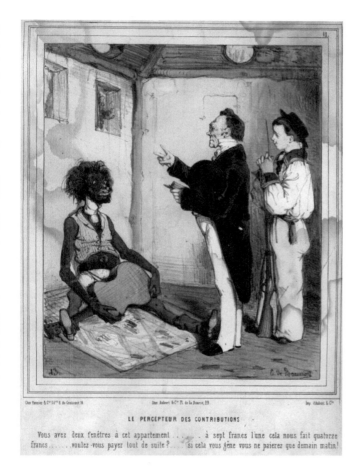

Esta charge, do artista francês Beaumont, simula a tributação baseada em sinais exteriores de riqueza, como o valor do aluguel ou o número de janelas na residência.

A natureza irregular da requisição de auxílio financeiro, em regra para financiamento de guerras, significava que esse (então) raro evento, a guerra, era custeado por uma piscina de águas paradas: o patrimônio. Foi somente quando as guerras se tornaram mais frequentes – sendo a paz a exceção – e os governos assumiram mais responsabilidades para com a sociedade que a necessidade de auxílio financeiro anual surgiu. Quando esse momento chegou, a cobrança do imposto sobre o patrimônio, sob variadas nomenclaturas, tornou-se regular e até mesmo anual. Lentamente, mas de modo decisivo, compreendeu-se que as receitas podiam ser comparadas à água que jorra de um poço e, assim, que a tributação baseada na capacidade contributiva deveria ser feita anualmente.

Foi somente no final do século XVIII que o conceito de tributo direto se desenvolveu a contento. Chegara, então, o momento de substituir o imposto sobre o patrimônio por um imposto de renda geral. O debate público sobre a distribuição da carga tributária de modo justo, que começara no século XVI, atuou como catalisador desse processo. Havia crescente entendimento de que as circunstâncias pessoais do contribuinte, como sua estrutura familiar, deveriam ser levadas em consideração no cálculo do *quantum debeatur*. O tributo de guerra de William Pitt, instituído em 1799,[15] era um imposto geral sobre a renda, que, em seu cálculo, levava em consideração os custos de aquisição dos bens, permitia deduções de dependentes e de juros pagos (tratados como renda negativa), bem como possuía leve alíquota progressiva. A exação não teve êxito pela falta de controle sobre o seu cálculo e recolhimento. Foi abolida em 1802, em razão da Paz de Amiens,[16] mas reintroduzida no ano seguinte como um imposto de renda analítico, retido na fonte sempre que possível. Após o Congresso de Viena, em 1815, o tributo foi novamente extinto, com a promessa de que nunca mais retornaria. Para enfatizar o compromisso, todos os livros fiscais e papéis de controle foram queimados. No entanto, a exação foi novamente instituída em 1842.

....

[15] Nota do tradutor: nesse ano a Inglaterra iniciou uma empreitada bélica contra a França, objetivando findar a guerra que já se arrastava há muito.
[16] Nota do tradutor: o Tratado de Amiens, firmado na cidade francesa de mesmo nome, cessou as hostilidades entre Inglaterra e França. Contudo, a paz durou apenas um ano, com o reinício das agressões em 1803.

CAPÍTULO 15

A caminho do imposto sobre a renda

Esta charge de Thomas Rowlandson, de 1809, uma das primeiras sobre o imposto de renda inglês de 1779, mostra Charles James Fox e seus colegas *whigs* sendo repreendidos por terem aceito a tributação que haviam anteriormente rejeitado quando o governo conservador de William Pitt a introduzira.

O refinamento do imposto sobre a propriedade – cuja evolução viabilizaria a tributação da renda – começou, em princípio, de forma tímida, quando se tornou possível, ao avaliar a terra, deduzir os valores relativos a eventuais direitos de terceiros existentes sobre ela, assim como abater da renda gerada os custos incorridos na construção de diques. O conceito de valor líquido também pode ser encontrado na estipulação de que os juros incidentes sobre as dívidas poderiam ser deduzidos do valor da propriedade. Posteriormente, os honorários cobrados pelo notário para registro da venda do imóvel foram sujeitos à tributação. Isso significou que o imposto sobre a propriedade estava basicamente evoluindo para um imposto de renda disfarçado.

COMO OS TRIBUTOS RETORNARAM PARA A EUROPA OCIDENTAL?

Esta última palavra, que ainda existe em forma um pouco distinta em alemão e holandês, possui dois significados: o primeiro é "capacidade"; o outro é "o saldo da propriedade menos as dívidas". O segundo originou-se do primeiro.

Na sociedade quase que inteiramente rural dos séculos XII e XIII, as terras eram o mais importante ativo. Havia poucas dívidas nessa época. Isso fazia com que a tributação baseada na capacidade econômica incidisse sobre a propriedade imobiliária do contribuinte. O preço da propriedade, contudo, não podia ser o de venda, já que esta raramente ocorria, inexistindo, portanto, parâmetros para seu arbitramento. O arrendamento de terras e o aluguel de casas, a seu turno, eram mais comuns. Assim, o valor do patrimônio para fins de tributação passou a ser calculado mediante a capitalização dos pagamentos feitos a título de arrendamento ou aluguel. Se a alíquota do imposto fosse de 1% sobre o valor do patrimônio, e este fosse fixado em 20 vezes o valor do arrendamento ou 16 vezes a soma do aluguel das casas, então a incidência seria, ao cabo, de 20% ou 16% do valor do arrendamento ou da locação, respectivamente. Isso significava que tanto as pessoas que trabalhavam a terra e viviam nas casas como aquelas que arrendavam suas propriedades e locavam suas residências se sujeitavam à tributação. Portanto, a incidência sobre a parte mais importante do capital – a propriedade –, que aparecia em diversos locais sob nomes variados, estava ligada à receita gerada pelo próprio imóvel. Esse foi o primeiro passo em direção ao imposto de renda.

Com o desenvolvimento econômico, a importância da propriedade aumentou. Ela passou a ser representada por joias, roupas caras, armas, mobília; em resumo, bens que não geravam receita, mas possuíam valor de revenda. Os estoques de artesãos e vendedores também podiam ser tributados. Essas questões serão discutidas mais adiante, no Capítulo 16.

proteção que recebiam. Tal obrigação era, na maioria dos casos, limitada a 40 dias de luta. Quando as guerras começaram a expandir-se, deixando de lado seu caráter regional e passando a durar mais tempo, criou-se uma divisão entre os vassalos. Alguns desejavam servir além do tempo obrigatório e se tornavam mercenários de guerra, remunerados. Outros deixavam as batalhas, mas eram compelidos a prover alimentos para os combatentes empenhados nas delongadas campanhas. Essa realidade plantou as sementes da tributação.

Na Inglaterra, o momento da mudança pode ser identificado com precisão. Em 1159, o Rei Henrique II (1154-1189) queria lançar um ataque em larga escala contra o condado de Toulouse, ao qual acreditava fazer jus em decorrência de seu casamento com Leonor da Aquitânia. Contudo, os cavaleiros ingleses demonstraram pouco interesse para a luta em um ponto remoto do continente. O rei, então, permitiu que ficassem em casa desde que pagassem a escudagem (do latim medieval *scutagium*, significando escudo). A escudagem era, em realidade, uma espécie de tributo sobre a propriedade de terras. A cada 480 ou 600 acres[14] – o montante exato dependia da qualidade do solo – um cavaleiro deveria ser enviado ao exército.

Durante o tempo dos senhores feudais, competia ao rei solicitar apoio militar aos vassalos, que, a seu turno, tinham seus próprios colaboradores. Todavia, com o fortalecimento do poder dos soberanos dentro dos seus territórios, ficou cada vez mais claro que os vassalos – que até então governavam uma região em nome do senhor feudal – não prestavam o auxílio militar pessoalmente, mas sim por meio dos habitantes da área governada. Desse modo, as requisições de soldados e/ou numerário feitas pelo soberano passaram a ser dirigidas aos condados, ducados e vilas, até se chegar às freguesias locais, quando eram finalmente divididas entre os cidadãos. Esse método foi chamado de *repartição*.

A tributação era evento que ocorria uma única vez. A requisição feita pelo soberano alcançava os contribuintes, que eram tributados na proporção do que podiam pagar, logo, com base em sua capacidade contributiva. Em antigos textos germânicos, essa conduta era intitulada *na sinen vermuegen*.

....

[14] Nota do tradutor: a medida do acre surgiu na Idade Média, sendo correspondente à quantidade de terra que poderia ser arada em um só dia, por uma única junta de bois. Equivale a 4.046 metros quadrados. No texto original, em inglês, faz-se referência à unidade de medida *hide*, que equivalia a 120 acres. Para cada 4 ou 5 *hides* de terra, um cavaleiro deveria ser enviado ao combate.

CAPÍTULO 14

Como os tributos retornaram para a Europa Ocidental?

À mesa de pagamentos, vê-se o coletor de impostos com o livro de rendas e, ao lado, o seu assistente. Sobre a mesa, há materiais para escrita, moedas e ábaco. (Afresco de Niccolò Gerini, 1395, na Igreja de São Francisco em Prato, Itália).

A tributação para fins de financiamento do Estado retornou à Europa Ocidental por meio de impostos diretos, ligados à pessoa do contribuinte e cobrados de modo irregular.

Se, em tempos de guerra, um soberano recorria aos seus vassalos por apoio militar, estes eram obrigados a ingressar no combate como compensação pela

POR QUE OS TRIBUTOS RETORNARAM PARA A EUROPA OCIDENTAL?

O retorno ao Estado Tributário não ocorreu sem luta. Por séculos, a indagação do "como" em relação à tributação foi ofuscada pelo questionamento do "por quê?". Para solucionar essa questão, um sem-número de teorias foi desenvolvido, todas elas derivadas de uma raiz comum, baseada na ideia de equivalência, noção medieval de que o soberano e seus súditos estavam ligados um ao outro em relação de direito quase privado, mantida em equilíbrio por um sistema no qual as duas partes exerciam suas respectivas funções. O soberano resguardava a lei, a ordem e a defesa da terra, enquanto os súditos pagavam tributos como o preço por essa proteção. O teólogo Tomás de Aquino (1225-1274) indagou se o roubo sem pecado seria possível e respondeu afirmativamente: assim seria enquanto o soberano cobrasse tributos em linha com os princípios de justiça e isonomia e em benefício do bem-estar comum. Tudo o que fosse exigido para além do necessário seria completamente injustificado.

O proprietário de terras não podia instituir exações ilimitadas sobre os seus súditos. Essa é a principal mensagem da *Magna Carta*, acordada pelo Rei João da Inglaterra, também conhecido como "João Sem-Terra", com seus barões e prelados em 1215. O documento estipula os casos nos quais os súditos não podiam se recusar a apoiar o rei. Isso incluía o pagamento de resgate se o rei fosse feito prisioneiro de guerra ou outros acontecimentos tipicamente feudais. O mais importante deles – e a razão pela qual eventualmente foi o único remanescente – era se o país estivesse diante de necessidade premente, por exemplo, com o inimigo presente na fronteira. Para determinar se esse era o caso e quanto dinheiro seria necessário, as discussões e negociações entre o soberano e seus súditos evoluíram e assentaram as bases para a democracia.

ao mesmo tempo em que outras tantas eram fundadas. Esse crescimento aumentou a busca por liberdade e permitiu aos agricultores tornarem-se menos sujeitos aos proprietários de terras, já que podiam, agora, buscar abrigo nas cidades (*Stadtluft macht frei*).[12]

Havia grandes diferenças na divisão de poder entre os centros e as periferias dos Estados que hoje conhecemos como França, Inglaterra e Alemanha. Entretanto, do outro lado da Europa Ocidental, o sistema jurídico germânico de exercício do poder, baseado nas entrelaçadas relações pessoais do pequeno número de indivíduos que conduzia a sociedade, foi, de forma lenta, mas firme, modificado e, eventualmente, substituído pelo modelo jurídico romano de estado territorial. Na concepção de Roma, o território era o foco primário e as pessoas que nele residiam, o secundário. Outrossim, os ministeriais (subordinados que eram de fato funcionários públicos)[13] tinham com o rei uma relação diferente daquela que possuíam os vassalos dos tempos antigos. Os ministeriais não possuíam direitos hereditários e podiam ser exonerados dos seus cargos com facilidade.

A transição da era dos senhores feudais para a da propriedade da terra exigiu largas somas de dinheiro. Esse era utilizado para impor a ordem na sociedade, organizá-la em cidades, assegurar a tranquilidade nas áreas rurais e permitir aos governantes manter exércitos, ajudando-os a financiar suas guerras cada vez mais onerosas. Os proprietários de terras também precisavam do dinheiro para comprar vizinhos que não podiam subjugar ou mesmo para formar alianças por meio de casamentos – afinal, o dote podia ser bastante dispendioso. Em resumo, havia necessidade crescente de financiamento para assuntos públicos, após séculos de restrições a essas despesas, e a tributação era o método mais óbvio para se atender à demanda.

---

[12] Nota do tradutor: ditado popular alemão, dos tempos da Idade Média, que significa "o ar da cidade confere liberdade". Deriva da regra jurídica *Stadtluft macht frei nach Jahr und Tag*, segundo a qual "o ar da cidade confere liberdade após um ano e um dia", sendo esta última medida de tempo bastante usual à época, que buscava retratar o decurso de prazo considerável. Conforme o direito consuetudinário então vigente, se um servo em fuga do senhor feudal conseguisse chegar à cidade, ele era considerado livre após um ano e um dia. Dessa forma, a chegada à cidade e a respectiva permanência em seu território efetivamente conferiam liberdade às pessoas, que, a partir de então, permaneciam ligadas a essa nova organização social.

[13] Nota do tradutor: em latim, os *ministeriales* eram os funcionários do senhor feudal encarregados da administração e da arrecadação de impostos.

CAPÍTULO 13

Por que os tributos retornaram para a Europa Ocidental?

Pagamento de tributos ao governo da cidade. À esquerda, o prefeito, indicado como auditor-fiscal da localidade pelo Conselho, com dois coletores de tributos. À direita, um cidadão que argumenta, perante as autoridades, ter prestado as informações corretas.

Durante séculos, o sistema feudal funcionou adequadamente para atender às reduzidas necessidades políticas da Europa Ocidental. Entretanto, essa situação mudou após o primeiro milênio, quando, em intervalo de apenas duzentos anos, uma estrutura política e econômica completamente distinta se desenvolveu. Assim, a tributação, uma vez mais, passou a ocupar posição de destaque. A prosperidade aumentou, auxiliada pelo incremento na safra de grãos, resultado de técnicas agrícolas mais avançadas e da descoberta do arado de ferro. Este último elevou a produção e o beneficiamento do ferro a um novo patamar, aumentando, inclusive, a demanda por artesãos. A maior prosperidade permitiu que, após séculos de estagnação, o comércio e a circulação de dinheiro fossem reativados, e as cidades, em sua maioria localizadas nos cruzamentos das estradas e ao longo dos rios, despertassem novamente,

Durante a Dinastia Carolíngia, nome derivado de *Carolus* (Carlos, em latim),[11] à qual o Rei Carlos Magno pertenceu (768-814), não houve mudanças dramáticas na organização do Estado, já fortemente expandido, que então cobria larga parte da Europa Ocidental. A proteção da lei e da ordem e a defesa contra inimigos externos eram baseadas no sistema feudal, com sua estrutura piramidal. O rei confiava em seus vassalos, que ofereciam tanto apoio prático como aconselhamento para compensar a proteção que o monarca lhes propiciava. Os vassalos, a seu turno, tinham seus próprios apoiadores, com os quais possuíam a mesma relação contratual, o que basicamente significava que a sociedade era mantida coesa por meio de um sistema ramificado de laços pessoais.

....

[11] Parênteses inseridos pelo tradutor.

fora reduzida, e, com isso, o dinheiro raramente estava sendo utilizado. Um fator adicional foi o de que a instituição e cobrança de tributos sobre a propriedade de terras em certas áreas – um direito público – haviam sido transferidas para particulares em troca de pagamento único ou àqueles concedidas como recompensa por serviços prestados. Esses indivíduos, que conquistaram como direito privado o que até então era de todos, começaram a agir como *Grundherr* ou senhorios nessas áreas. Esse intercâmbio de direitos públicos e particulares não era incomum para os povos da Idade Média. A autoridade para governar sobre os que viviam em certas áreas, inclusive, estava imbricada a essa troca, já que, frequentemente, era tratada como recompensa outorgada a funcionários do governo. Posteriormente, tais direitos se tornariam hereditários, o que levaria a ainda maior desintegração da autoridade central.

Essa nova realidade modificou a natureza do tributo sobre a propriedade da terra. A cobrança, que era feita em valor fixo desde o fim do *census*, evoluiu para se tornar uma contraprestação pelo uso do solo. Posteriormente, foi absorvida por contribuições feitas ao *Grundherr*, ou senhorio, na qualidade de governante local. Isso modificou o sentido da palavra *census*, que passou a significar aluguel. Ainda se pode identificar a expressão no holandês medieval *cijns* e na palavra alemã *Zins*.

O Estado franco assistiu a uma transição voluntária e em larga escala de agricultores livres para servos, especialmente em tempos de desordem durante as migrações temporárias de pessoas. Muitos camponeses optaram por uma vida como servos perante um lorde, sob cuja proteção ficavam e que podia inclusive pagar por eles o tributo *per capita* (capitação). O fato de que a capitação havia sido convertida em valor fixo, sendo devida apenas pelos não-proprietários ou, em outras palavras, pelos que não pagavam tributos sobre a propriedade de terras, serviu apenas para enfatizar as divisões de classe inerentes à sociedade feudal.

Os francos, que no século VI viviam na região hoje conhecida como França, com aproximadamente 150.000 a 200.000 pessoas – entre 5% e 10% da população europeia – não pagavam a capitação. Eles se viam como protetores da sociedade e, apesar de suas atividades compreenderem esforços regulares de guerra e a conquista de outros povos, não conseguiam vislumbrar nada mais humilhante que pagar tributos como parte do seu dever social. Afinal, isso seria *nota captivitatis*, sinal de aprisionamento.

CAPÍTULO 12

A tributação na Europa Ocidental está desaparecendo

Três agricultores levam salmões como tributos *in natura* ao *Grundherr* (senhorio). (A imagem foi extraída de um livro de 1410 que registra todas as rendas e propriedades da cidade de Rheinfelden – Haus-Hof und Staatsarchiv,[10] Viena).

Após os francos – nome coletivo para as tribos germânicas – conquistarem a província romana da Gália (ou o que é agora a França) por volta de 500 d.C., seus reis, os merovíngios, mantiveram o sistema tributário romano intacto. Entretanto, a arrecadação decresceu progressivamente no reino franco. Afinal, as informações para as autoridades fiscais deixaram de ser prestadas adequadamente, o *census* (resenha quinquenal dos ganhos) cessara, a riqueza

---

[13] Nota do tradutor: arquivo da Casa Real, da Corte e do Estado da Áustria.

tanto a demanda da Cidade Eterna por alimentos como o tamanho das Forças Armadas. Visando a facilitar a obtenção de grãos e azeite, o governo foi forçado a substituir os tributos em pecúnia, cobrados nas regiões exploradas, por pagamentos *in natura*, usualmente grãos, mas, também, vinho e azeite. Isso levou ao desenvolvimento de um sistema tributário inteiramente novo. Foi introduzido um tributo sobre a propriedade de terras, para o qual a renda agrícola era estipulada utilizando-se uma medida fixa (a área que um pequeno agricultor com um rebanho bovino poderia cultivar para sua subsistência), assim como uma cobrança *per capita*, também em quantia predeterminada, estipulada conforme a profissão, cidade e região dos artesãos e congêneres. Tudo isso gerou centenas de resoluções do Poder Executivo, que regulamentou cada mudança até o mínimo detalhe. Essa reforma tributária, feita em nome do Imperador Diocleciano (284-305), acabou criando imensa burocracia.

O poder das autoridades fiscais aumentou fortemente, e o Império, que até então tinha sido governado de modo razoavelmente desleixado, adotou estilo autocrático, com o imperador atuando tal qual um monarca absolutista. Como os tributos fixos eram cobrados sem método, os contribuintes que não conseguiam pagar as altas somas fugiam para outras regiões. Eventualmente, eles também se ofereciam para trabalhar em prol de algum lorde – tornando-se, portanto, servos em propriedade alheia. A presunção era a de que os lordes saberiam como evitar os agentes fiscais. Os grilhões do Estado foram ainda mais apertados quando se tornou impossível viajar livremente pelo Império a fim de fugir da tributação e os filhos foram forçados a assumir os ofícios de seus pais.

Com esse quadro fático, as receitas tributárias erodiram, e, ao fim, Roma estava tão fragilizada internamente que não era mais capaz de manter o massivo Império unido e protegido dos ataques das tribos germânicas e de outros povos.

CAPÍTULO 11

A reforma tributária marca o início da queda do Império Romano

Supervisores do Império checam as entregas da anona, tributo devido *in natura*, na forma de grãos. Eles usam balanças com alavancas para pesagem. Grandes balanças permitiam a conferência das entregas pelo peso da carroça (fragmento de baixo-relevo de origem desconhecida, de aproximadamente 300 d.C. – Instituto Arqueológico Alemão, Berlim).

No século III d.C., Roma entrou em espiral econômica descendente, causada pela inflação extremamente elevada, à qual se seguiu o colapso da economia monetária. Ao mesmo tempo, haviam crescido consideravelmente

A isenção tributária dos cidadãos romanos durou até 212 d.C.[9] Naquele momento, o imperador não conseguiu mais postergar a concessão de direitos civis a todos os residentes do Império, o que efetivamente pôs termo à situação peculiar em que se encontravam os cidadãos de Roma e do resto da Itália.

....

[9] Nota do tradutor: é interessante notar que a isenção fiscal dos cidadãos perdurou por todo período histórico denominado *Pax Romana*, que corresponde ao auge do Império, ocorrido entre 28 a.C. e 180 d.C.

pela sua organização militar de ferro. Em resumo, uma sociedade que poderia ser comparada aos mais avançados Estados contemporâneos, a despeito da ausência de informática e televisão. No entanto, havia uma mácula nesse modelo: a violência utilizada tanto para a construção do Império como para mantê-lo unido, visível na ganância com a qual as províncias conquistadas eram governadas.

Havia um tributo devido pelos cidadãos romanos, o *tributum civium romanorum* – incidente sobre a propriedade de terras e demais ativos do contribuinte – cujas receitas eram utilizadas primariamente para o pagamento dos soldados. Entretanto, com os extraordinários resultados da pilhagem e das cobranças impostas sobre os povos conquistados ao fim da Terceira Guerra Macedônica em 167 a.C., os valores amealhados revelaram-se suficientes para cobrir o orçamento integral do Império Romano. A partir de então, os cidadãos romanos foram dispensados do pagamento de tributos, salvo pequenas exações locais. Posteriormente, quando da outorga coletiva de direitos civis feita por Roma 80 anos depois, essa isenção fiscal foi estendida a todos os residentes da península itálica.

As províncias conquistadas, que circundavam o Mar Mediterrâneo tal como um colar de pérolas brilhantes, tinham que dar apoio à ocupação de suas terras – e aos funcionários públicos ali colocados pelo Estado –, fornir as burras do governador romano e também entregar ao Império um décimo de suas safras, eminentemente em grãos. O governo valia-se de companhias de navegação privadas para o frete dessas enormes quantidades de alimentos até a cidade. Calcula-se algo em torno de 270.000 toneladas por ano para 750.000 pessoas. Isso permitiu que Roma evoluísse de uma cidade de calcário para uma cidade de mármore e pacificasse os seus cidadãos com pão e circo (*panem et circenses*).

A figura acima ilustra a ambiguidade do Império Romano no que se refere à tributação, mostrando o outro lado da história: em Trier, na província da Germânia, a conta era paga pelos habitantes por meio de tributos, como era a praxe. Os romanos foram inteligentes o suficiente para, tanto quanto possível, deixar intacto o sistema tributário local quando uma nova província era conquistada, desde que os valores fossem efetivamente repassados ao Império. Era um método de roubo refinado, como vimos na charge do Capítulo 2.

CAPÍTULO 10

Roma, um Estado civilizado de ladrões

O baixo-relevo acima, escavado em Neumagen (perto de Trier, a mais velha cidade romana na Alemanha), data de aproximadamente 250 d.C. Podem ser vistos três agentes fiscais e quatro contribuintes, sendo que um deles olha para o lado. O segundo recebe uma moeda, talvez como troco, enquanto o terceiro sussurra para o quarto com seus dedos sobre a boca, talvez em razão da quantidade de dinheiro ali presente. A cesta na qual o dinheiro dos tributos deveria ser depositado está sobre a mesa. Em latim, ela se chama *fiscus*, palavra que, posteriormente, se tornaria símbolo do Tesouro dos imperadores romanos. Hoje, "o Fisco"[8] é a referência popular ao órgão de arrecadação de tributos em qualquer lugar do mundo. Na extrema esquerda, há tabuleiros de cera e canetas usadas para neles escrever notas ou cálculos (Rheinisches Landesmuseum, Trier, Alemanha).

No curso dos séculos, a partir da lendária fundação da cidade de Roma em 753 a.C., os romanos construíram um Império global que primava pela sua civilização refinada, pelo elevado nível de consciência cultural, por um sistema jurídico sofisticado e uma forma de governo muito bem concebida, por uma elite educada, versada em literatura, matemática e filosofia, bem como

....

[8] Nota do tradutor: em inglês, *the Exchequer*.

residentes. Havia pouca diferença entre auxílio e roubo, particularmente quando os habitantes locais demandavam elevadas contribuições dos viajantes pelo uso da infraestrutura que haviam construído, tais como uma ponte suspensa feita de cipós sobre um rio selvagem ou uma rota demarcada em trilha montanhosa.

Com o surgimento dos primeiros Estados, que consistentemente ampliavam seu monopólio da violência para manter a lei e a ordem, a proteção dos mercadores viajantes foi assumida como função estatal. Entretanto, a forma de pagamento por essa proteção – entrega de bens pelos comerciantes "protegidos" – continuou a mesma. O rei precisava desses produtos para o sustento dos servos que cuidavam da segurança.

Um bom momento para pedir ao viajante uma "contribuição" pela proteção recebida era quando da importação ou exportação dos bens. Assim, a tributação era transferida para o ponto em que o mercador entrava ou saía do território do Estado. Uma vez que os produtos começaram a ser transportados em comboios, tanto estes como as feiras que se desenvolveram ao longo das rotas das caravanas passaram a demandar proteção. Como os comerciantes precisavam de algum grau de previsibilidade, a proporção dos bens estocados que deveria ser entregue na fronteira foi fixada de modo consuetudinário.[7] Esses costumes tornaram-se regras posteriormente. Muitos séculos depois, quando o dinheiro já ganhava espaço na sociedade, as diferentes espécies de mercadorias puderam ser avaliadas monetariamente, fazendo com que o montante passasse a ser calculado em dinheiro.

A contribuição do mercador viajante evoluiu para tributo ao tempo em que os Estados atingiram a maturidade, ocasião em que a garantia da segurança de todos os cidadãos se tornou função estatal ordinária. Isso fez com que a conexão entre a proteção do viajante e o pagamento por ele feito se tornasse menos evidente. Entretanto, ainda demoraria muito, em alguns casos dezenas de séculos, até que a população passasse a considerar que as cobranças feitas sobre as importações e exportações tinham natureza tributária.

....

[7] Nota do tradutor: em inglês, *customary*, o que posteriormente gerou a expressão inglesa *customs*, que designa alfândega e tem origem exatamente nessa definição trazida pela prática (ou seja, pelos costumes) da quantidade de bens a ser entregue às autoridades aduaneiras.

CAPÍTULO 9

Roubo ou auxílio para o mercador viajante

Agricultores romanos recebendo o *portorium*, uma cobrança sobre importações. A palavra é derivada de *portus* ou porto, eis que todo o comércio romano era virtualmente realizado por meio de navios.

Enquanto os estivadores levam a carga para o armazém, os oficiais da alfândega calculam quanto deve ser pago. À esquerda estão balanças, nas quais os sacos são inicialmente pesados.

Mesmo em tempos pré-históricos, havia permuta de bens entre pessoas situadas em localidades distantes. Mercadores – que viajavam sozinhos ou em pequenos grupos – entregavam parte de suas mercadorias aos residentes locais em troca do auxílio que destes recebiam durante seus deslocamentos ou, então, faziam-no porque eram efetivamente roubados por esses mesmos

TRABALHO FORÇADO

Situações similares ocorreram no passado, mas a diferença residia em que os tributos devidos pelos servos eram eventualmente pagos pelos próprios lordes. Exemplo disso ocorreu no Império Franco (entre 500 e 1000 d.C.), no qual um proprietário de terras deveria pagar pelos seus servos a capitação, tributo *per capita*, devido em valor fixo predeterminado (exação que, hoje, seria intitulada contribuição sobre folha de pagamento).

cidades, os trabalhadores construíam estradas e pontes, permitindo aos líderes aumentar o controle sobre os residentes e facilitar o seu deslocamento. Com o incremento no tamanho e na estabilidade interna do Estado, as obras de infraestrutura tornaram-se mais importantes, sendo as pirâmides egípcias provavelmente o exemplo mais conhecido. No Egito, a palavra usada para conotar tributação e trabalho era a mesma.

Foi assim que se construíram estradas, canais, palácios e muros de cidades; que se recuperaram pântanos com a contenção das águas por muros marítimos ou diques fluviais; e que áreas secas foram tornadas férteis por meio da canalização. Importante notar que a diferença entre a escravidão e os tributos pagos com trabalho forçado do cidadão livre nem sempre era clara.

O trabalho obrigatório não era apenas de natureza física, podendo também consistir em obrigar os membros da tribo a participar da administração da justiça ou do governo, como era o caso das Assembleias Germânicas[6] ou de representantes que falavam em nome do povo. O Tribunal do Júri, existente hoje em diversos países, é remanescente desse vetusto sistema.

Com o passar do tempo, as pessoas foram autorizadas a substituir a obrigação de trabalhar pelo pagamento de quantia em dinheiro, ilustrando claramente ser aquela, de fato, espécie de tributo. Em séculos mais recentes, a importância do trabalho forçado diminuiu consideravelmente e – salvo o que será visto a seguir – atualmente ocorre apenas em situações marginais, nas quais as pessoas devem prover assistência à sociedade, como o dever de reforçar diques se um rio ameaça transbordar ou o de limpar a neve após forte tempestade.

Hodiernamente, contudo, muitos países impõem às pessoas jurídicas o dever de recolher tributos devidos por terceiros. O exemplo mais usual é a obrigação do empregador de reter na fonte o imposto de renda incidente sobre os salários pagos aos seus empregados. Esse é, sem dúvida, um caso no qual a tributação ocorre por meio da exigência de trabalho forçado (provimento de serviços) do empregador.

....

[6] Nota do tradutor: as Assembleias Germânicas – também referidas como Assembleias de Homens (a sociedade era patriarcal) ou Assembleias de Guerreiros – eram os órgãos máximos de deliberação das tribos germânicas por volta do ano 1000 a.C.

CAPÍTULO 8

Trabalho forçado

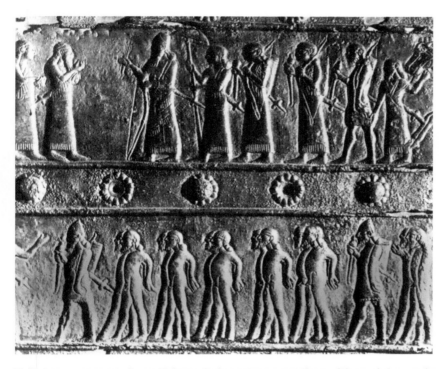

Na fila do topo, representantes de uma cidade conquistada apresentam os seus tributos ao líder armado (com guardas pessoais) enquanto, na fila de baixo, trabalhadores são levados a outro local. (Relevo em bronze da porta do palácio de Salmanasar III, 859 a.C., Museu Britânico, Londres).

Nos primeiros Estados, o trabalho forçado – *corvée*, em francês e em inglês; *frondienst*, em alemão – era um dos pilares sobre os quais se assentava a própria existência do Estado. Inicialmente, havia o trabalho forçado para a defesa propriamente dita, empregado tanto na ação dos guerreiros, como na construção de fortes e infraestrutura nas aldeias, tais como o altar para sacrifícios e a lavanderia coletiva. Com a transformação das aldeias em

No curso de sua história, que se estende por milhares de anos, o fértil – graças às cheias anuais do Nilo –, intensamente cultivado e próspero Egito desenvolveu sofisticado sistema de tributos que incidiam sobre vendas, uso de escravos, estrangeiros, importações e exportações, atividades empresariais e, sobretudo, safras agrícolas.

Os escribas ocupavam posição privilegiada, descrita em texto da época do Médio Império Egípcio que compara as vantagens dessa profissão com as desventuras de outros ofícios. Ei-lo:

> Não se lembra você das dificuldades que o agricultor enfrentou ao recolher o imposto sobre a safra, quando a cobra levou a metade e o hipopótamo devorou o resto? Os ratos abundam nos campos. Os gafanhotos infestam-nos. O gado devora-os. Os pardais trazem desastre para o agricultor. O restante que fica na eira desaparece, pois cabe aos ladrões. O valor do gado arrendado está perdido. A junta de bois morreu enquanto debulhava e arava. E, agora, o escriba chega nas margens do rio para recolher o imposto sobre a safra. Seus guardas portam lanças e varas de palma núbias e dizem "entregue o milho", embora não haja nenhum. O agricultor é espancado por todo o corpo, amarrado e jogado dentro do poço, encharcado e mergulhado de cabeça para baixo. Sua esposa foi amarrada em sua presença; seus filhos, agrilhoados. Seus vizinhos os abandonam e fogem. Então, o milho deles se vai. Mas o escriba está à frente de todos. Quem trabalha com a escrita não é tributado, não tem débitos a pagar. Lembre-se bem disso.

Esse retrato vívido dos problemas dos agricultores era extremamente popular nas escolas em que os escribas estudavam. O uso de grande brutalidade na arrecadação do tributo sobre o milho condiz com tudo o que se sabe sobre os modos egípcios de tributar, que foram empregados até o século XIX. Os leões de chácara que acompanhavam o escriba eram evidentemente homens vigorosos, capazes de usar a força sempre que requisitada.

Texto diverso – doutrina para altos oficiais – aborda, dentre outras coisas, questões práticas tais como o modo de lidar com os agricultores: "se você o despoja, ele se torna vagabundo, porque foge; acomode-o e ele estará lá novamente no próximo ano". Um conselho de mais de 3.000 anos ao Fisco, sugerindo que se comporte com moderação.

CAPÍTULO 7

Tributação compulsiva no Egito[5]

Ação violenta por parte de escribas – funcionários públicos cuja função principal era fiscalizar e arrecadar tributos – contra os contribuintes. Um agricultor que havia esquecido suas obrigações é segurado pelos ombros e sacudido violentamente; outro recebe uma surra como punição, e um terceiro se ajoelha pedindo perdão. (Pintura da tumba de Menna, Sheij Abd el-Qurna, Tebas, 18ª dinastia, 1567-1320 a.C.).

....

[5] Os dados deste capítulo foram obtidos com o Prof. Dr. J. F. Borghouts, Professor Emérito de Egiptologia na Universidade de Leiden (Holanda).

montante arrecadado, vale registrar que os excedentes eram estocados em armazéns, sendo utilizados pelo governo em caso de carestia ou para fins de exportação, como podemos ler na história de José, no Velho Testamento.[4]

---

[4] Nota do tradutor: a história de José é contada no livro do Gênesis. Nomeado governador do Egito pelo Faraó, José determinou a construção de celeiros para armazenar grãos nas épocas de fartura. Sobrevindo sete anos de seca, ele conseguiu subsistir e, ao mesmo tempo, vender grãos para toda a região, auferindo lucros que possibilitaram a aquisição, pelo Faraó, de quase todas as terras do Alto Egito.

se o solo era fértil ou infértil, se a terra era seca ou úmida, bem como se era próxima ou distante da cidade. O passo seguinte foi dado quando o conceito abstrato de *valor*, com o qual os especialistas tributários lutam até os dias de hoje, tornou-se uma das principais ferramentas do legislador. Muitos séculos depois, após o ingresso do dinheiro na sociedade, ele foi obviamente acompanhado do conceito de *preço*.

A história da pecuária, todavia, é distinta. O tributo incidia sobre o tamanho do rebanho e consistia em entregar cordeiros e bezerros, bem como ovos. Enquanto houvesse pastagem suficiente, o rebanho podia manter-se intacto – constituindo-se, desse modo, em capital – ou mesmo expandir-se, ainda que cordeiros e novilhos fossem sacrificados para consumo próprio ou entregues a título de pagamento de tributos. Uma informação interessante: na Mesopotâmia e no Egito, uma única palavra significava aluguel e cordeiros; e o vocábulo *pecunia*, dinheiro em latim, deriva de *pecus*, gado.

O tributo baseado no tamanho do campo (substituto da repartição da colheita efetiva, que até então se fazia) relaciona-se com o imposto sobre a propriedade imobiliária, ao passo que a tributação do rebanho remete ao imposto sobre bens móveis. Com o tempo, outra abstração foi elaborada: o conceito de *capital*, que permitiu a tributação dos comerciantes e artesãos com base nos seus estoques. Nessa época ainda não existia o conceito de lucro, cuja descoberta somente se daria séculos depois.

O cenário descrito acima é baseado em tributos tais como os encontrados após o surgimento dos primeiros Estados, como o Egito. Nesse local, a tributação do agricultor era baseada na área da superfície por ele cultivada. A tal critério foi, ainda, adicionado um elemento variável: o volume de água do Rio Nilo, que se modificava anualmente. Isso porque a experiência demonstrou existir correlação razoavelmente regular entre o nível da água, o volume das cheias anuais do rio e o tamanho da safra. Posteriormente, nova distinção foi feita entre os campos irrigados natural e artificialmente. Em um terceiro momento, mais um elemento foi adicionado: as variações na fertilidade do solo.

Com tais medidas, o sistema tributário acabou criando um incentivo para que os agricultores empreendessem seus melhores esforços e cuidassem mais dos seus campos, de modo a colher a maior safra possível – afinal, os resultados eventualmente positivos não seriam adicionalmente tributados. Quanto ao controles fiscais mais abrangentes, que, todavia, revelaram-se caros, demorados e de difícil operacionalização, tanto para fins de determinação da parcela que cabia ao Estado, como para o próprio recebimento do montante devido pelo agricultor, já que o pagamento era feito *in natura*.

Os problemas com a repartição da colheita (entre o Fisco e o contribuinte) enfrentados nesse passado distante redundaram em esforços para substituir o método de cobrança – deixando de lado a tributação sobre a safra efetivamente colhida em prol de outro critério mais fácil de estabelecer e controlar, que tivesse razoável aproximação com a realidade. Hoje, esse sistema é denominado *tributação presumida*, sendo atualmente técnica popular entre os legisladores tributários de diversos países, auxiliando-os a atender aos postulados de economia, eficácia e eficiência na arrecadação. A economia impõe que os métodos arrecadatórios tenham custos mínimos e qualidade suficiente para que os objetivos estabelecidos sejam alcançados. A eficácia é padrão normativo para o alcance de resultados por meio de esforços que efetivamente possibilitem a consecução dos objetivos, enquanto a eficiência orienta o uso dos melhores métodos na busca dos resultados. O legislador fiscal contemporâneo tem procurado atuar em linha com esses postulados, a despeito da pressão política em sentido contrário. Séculos atrás, o legislador já agia de acordo com essas premissas sempre que possível, apesar de à época inexistir formulação tão inteligente como a que temos hoje.

De fato, ficou claro que seria mais fácil calcular a produção das safras de grãos – que, em todas as suas variedades e tamanhos, formavam o mais importante produto da agricultura – a partir da sua relação com o tamanho do campo cultivado. Não é improvável, portanto, que a tributação tenha estado no centro da descoberta de conceitos abstratos como as medidas de comprimento, largura e superfície – essenciais, inclusive, para a futura construção das pirâmides!

A conexão entre a produção da safra e o tamanho do campo cultivado efetivamente introduziu um novo elemento na tributação. Afinal, isso significou o surgimento de um tributo no qual o número de acres cultivados pelo agricultor exercia importante papel, independentemente de a terra ser própria ou arrendada.

Posteriormente, fatores de multiplicação passaram a ser utilizados para levar em conta a situação do campo na quantificação do tributo, tais como

CAPÍTULO 6

Tributação presumida

No Egito, o metro do Nilo era usado em uma mesma data todos os anos para medir o nível de água do rio e, com base nele, prever as prováveis cheias. Com isso, eram estabelecidos os critérios objetivos para cálculo dos tributos anuais sobre a terra.

Exceto pelo *trabalho forçado*, que será discutido no Capítulo 8, a tributação inicialmente compreendia a entrega dos frutos da agricultura e da pecuária ao líder da aldeia e seus servos (pagamento *in natura*).

Nessa fase inicial, os bens arrecadados eram consumidos, distribuídos aos necessitados – tais como viúvas e órfãos – ou estocados. Outrossim, ainda não havia conexão entre a exigência fiscal e a propriedade ou posse da terra. A divisão da colheita era relativamente simples, já que nas vilas agrícolas primitivas todos se conheciam. Entretanto, a tarefa tornou-se mais árdua quando a sociedade cresceu e as atividades profissionais se diversificaram.

Com o aumento da sociedade em tamanho e complexidade, tornou-se bastante difícil a arrecadação de tributos sobre as colheitas das safras. Essas, afinal, eram consumidas em grande parte pelos agricultores, e o conceito de *produção para consumo próprio* (que deve ser excluída da tributação) ainda não havia sido introduzido no dicionário do Fisco. Isso tornou necessários

OS PRIMEIROS ESTADOS

pilhagem de guerra ou ao pagamento de tributos. (O painel original está no Museu Britânico, em Londres).

A partir do terceiro milênio antes de Cristo, a Suméria assistiu à transformação de suas cidades em Estados Nacionais precoces. As estruturas de poder informais das aldeias, baseadas em laços de parentesco e amizade com o líder, tinham há muito desaparecido. Em seu lugar, emergira uma estratificação social claramente definida – tanto dentro dos muros da cidade como fora, na área rural – na qual havia cidadãos e camponeses livres, semilivres e escravizados. A mudança estrutural caminhou de mãos dadas com o fortalecimento da posição do líder: ao mesmo tempo em que conquistou mais e mais poderes, seu cargo tornou-se hereditário, e ele passou a exercer inequívoco monopólio na execução da violência.

Apesar de o conceito de *tributação*, no sentido de *sacrifício individual por um objetivo comum*, preexistir há milhares de anos, a dupla formada pelo contribuinte e pelo Fisco somente ingressou na sociedade como abstração claramente definível quando os primeiros Estados Nacionais se organizaram e a pressão das autoridades fiscais sobre o povo se tornou parte essencial da tributação. Isso aconteceu primeiramente na Suméria e, não muito depois, no Egito.

Após o nascimento dos primeiros Estados na Suméria e no Egito, a tributação percorreu longo caminho até alcançar a maturidade, pois conceitos como justiça, segurança jurídica, proteção da lei, efetividade, regulação, participação e distribuição da carga tributária ainda seriam descobertos e desenvolvidos. O Rei Urakagina (2350 a.C.) anunciou um combate às injustiças com as quais se deparou após sua ascensão ao trono do microestado de Lagash, tais como: tributação não autorizada, corrupção no templo e uso indevido da força pelos ricos. Essas são claras evidências de que havia iniquidades acometendo a população e, também, de que o soberano compreendeu ser seu papel lutar contra elas. Ao fazê-lo, foram assentadas as bases das, possivelmente, mais importantes tarefas de todos os futuros governos.

CAPÍTULO 5

Os primeiros Estados

Frente de uma caixa retangular com 45 centímetros de comprimento, decorada com figuras compostas de conchas e pedaços de calcário contra fundo de lápis-lazúli e afixadas à madeira com betume. A caixa foi encontrada em uma tumba de pedra, um dos mais antigos túmulos reais de Ur,[3] e data por volta de 2600 a 2400 a.C. O fundo de madeira estava deteriorado. Sir Leonard Wooley, que a encontrou, cuidadosamente coletou os pedaços soltos, que foram reunidos com mínimo trabalho de restauração.

O longo painel, que não é visível na foto, traz imagens de guerra, enquanto a parte aqui mostrada reflete a paz. A história deve ser lida de baixo para cima. Abaixo é possível ver servos pastoreando burros. Outros estão entregando cargas pesadas, amarradas às suas cabeças com cintos. A cena ao meio mostra bois, ovelhas e peixes, bem como a criação do gado. O rei – figura grande à esquerda – senta no topo, bebendo vinho com seus cortesãos e escutando a música do harpista à direita. A lira com cabeça de touro é a mesma de outros instrumentos encontrados nos demais túmulos de Ur. Parece-nos indiferente saber se essa história de 5.000 anos se refere à

....

[3] Nota do tradutor: Ur, tal como Uruk, foi uma importante cidade da Suméria, situando-se ao sul desta última, na foz do Rio Eufrates, no Golfo Pérsico. Atualmente, contudo, a cidade de Ur está situada na parte interior do Iraque.

As únicas matérias-primas que as terras baixas tinham para oferecer eram junco e argila. A carência de recursos naturais forçou os seus habitantes a comerciar com regiões distantes os produtos que manufaturavam, tais como ferramentas de pedra, estatuetas de barro e ferragens. Essa troca permitiu o atendimento às necessidades de matéria-prima da região, que passou a receber madeira, pedra-sabão, metais, gemas preciosas e semipreciosas. Suas aldeias rapidamente transformaram-se em cidades, que se tornaram centros comerciais, profissionais e industriais, nas quais o templo local, com os seus sacerdotes, formava o centro do poder juntamente – e às vezes em competição – com o palácio onde residiam o soberano e seus servos.

Por volta de 3500 a.C., o templo – considerado a casa da divindade local – passou a controlar progressivamente a vida social, tornando-se ainda um grande proprietário de terras. Os sacerdotes recebiam tributos e aluguéis em grãos, óleo, palha, ovelhas e novilhos, que, além de alocados para sua equipe e para os pobres, eram também estocados. Ao mesmo tempo, controlavam os dias de trabalho compulsório e voluntário dos habitantes. Tudo isso era feito em diferentes sistemas numéricos, decimal e sexagesimal, tornando precípua uma administração bastante meticulosa. Após despenderem séculos desenvolvendo mecanismos auxiliares para manutenção de sua contabilidade, os sacerdotes finalmente conseguiram, ao final do milênio, conceber a escrita como meio de comunicação. Ela foi incrementada e refinada nos séculos subsequentes, mas, por muito tempo, foi utilizada exclusivamente para fins administrativos. É provável que os primeiros escritos tenham sido feitos em Uruk – local em que foram encontradas as mais antigas placas de argila com manuscritos.

Interessante notar, assim, que a tributação – vista por muitos como assunto entediante e complexo – esteve presente no berço da descoberta mais interessante já feita pelo homem.

CAPÍTULO 4

Tributação e o início da escrita

Frente e verso de uma placa de argila de Uruk,[1] datada de 3200 a.C., um dos primeiros registros de existência da escrita. A frente (à esquerda na imagem) mostra nomes de pessoas, números e gado. Não há explicação do contexto. Seriam pagamentos de tributos, entregas para o palácio, para a cozinha do templo ou o inventário de um estábulo? O verso mostra a soma total dos bens (gado) listados na frente, nesse caso, cinco vacas e quatro touros.

O Oriente Médio é considerado o berço de nossa civilização. Mais precisamente a Mesopotâmia, que é o nome grego para a área fértil entre os rios Eufrates e Tigre – o Sul do que hoje é o Iraque.[2] O nome se refere à área para onde os rios convergem, formando um delta pantanoso. Nesse local, por volta de 4000 a.C., os sumérios criaram com sucesso uma sociedade rica em agricultura, no período relativamente curto de alguns séculos. Eles cultivaram campos existentes e adicionaram novas culturas, tais como cevada e trigo, desenvolveram produtos de horticultura e frutas, como a tâmara, bem como domesticaram animais. Os sumérios ainda trabalharam com o gerenciamento da água, criando sistemas de drenagem, canais para irrigação e técnicas para remoção contínua do lodo que se formava na terra agricultável.

....

[1] Nota do tradutor: Uruk foi uma das mais importantes cidades da Suméria, situando-se a aproximadamente 200 quilômetros ao sudoeste de onde hoje fica Bagdá. O nome Iraque, inclusive, deriva de Uruk.
[2] Nota do tradutor: a área abarcava também o que hoje se conhece como Kuwait.

soberanos uma sociedade protetora e protegida, isso constituía verdadeira tributação.

A história revela muitos exemplos desse jaez, com inúmeras variações em âmbitos local, regional e nacional – portanto, é razoável supor que o modelo acima descrito também ocorria regularmente em tempos pré-históricos. Achados arqueológicos sustentam essa conclusão. Tais exemplos são conhecidos não apenas nos estágios iniciais da civilização – antes, portanto, que as sociedades evoluíssem para Estados maduros – mas também muitos séculos após o início do calendário cristão. Ecos tardios dos modos pelos quais diversos povos e nações lidaram entre si dessa forma podem ser encontrados na cobiça com a qual alguns países europeus trataram suas colônias ou na forma pela qual os índios nativos da América do Norte tiveram suas terras conquistadas. Talvez esses métodos tenham sido menos sangrentos, mas exibiram a mesma ganância das ações espanholas de alguns séculos antes nas Américas Central e do Sul.

CAPÍTULO 3

Tributação que começa como roubo

Essa charge retrata ataque imaginário a uma aldeia agrícola pré-histórica, com os ladrões fugindo com o butim. O líder do bando grita: "No próximo ano, nós vamos adicionar o IVA". (A publicação ocorreu no jornal holandês *The Telegraaf*, em novembro de 2002, para ilustrar a conexão entre roubo e tributação. A charge foi feita por Bert Witte).

A origem da tributação não foi sempre idílica, como vimos no Capítulo 2. Há um outro cenário possível para as origens do tributo. Se um bando de nômades saqueasse uma aldeia rural e agisse de modo inteligente, eles a deixariam intacta para posteriormente voltar a pilhá-la. Nesse caso, a facção passaria a proteger a aldeia contra outros grupos de saqueadores rivais. Feito com regularidade, o saque evoluiria para tributo periódico, com raízes na relação duradoura entre conquistadores e conquistados – que, em estágio posterior, sujeitar-se-iam a regras e acordos. O passo seguinte para os bandidos era se estabelecer na aldeia. Isso criava uma sociedade com soberanos e súditos, cujo interesse comum era o adequado funcionamento da aldeia, cidade ou região. Desde que os súditos, em troca de bens e trabalho, recebessem dos superior para tal fim. A execução dessas imagens requeria sacrifícios individuais, como o trabalho das pessoas que faziam os desenhos – algumas vezes, por semanas a fio –, e demandava alimentação e materiais fornecidos pelos demais membros da tribo.

A tributação, em essência, é *um sacrifício individual em prol de um objetivo coletivo*. Os custos incorridos para executar desenhos em cavernas, encontrados na França, Espanha, Norte da África e em diversos outros locais, podem ser definidos como a forma mais embrionária de tributação.

Exemplo mais claro da noção de sacrifício individual por uma meta coletiva adveio após a transição gradual da economia extrativista para a agrária (iniciada entre 10.000 e 12.000 anos atrás, no Oriente Médio), quando os residentes das novas aldeias agrícolas construíram cercas ao seu redor para se proteger de animais selvagens e tribos predatórias. Além disso, as pessoas passaram a sustentar o chefe da aldeia, provendo-lhe alimentos, roupas e artigos de uso diário, e cuidando da manutenção do local onde os cultos religiosos eram realizados. Essas atividades e as oferendas de bens – das quais nenhum aldeão conseguia escapar – eram lideradas pelo chefe eleito e, posteriormente, com o crescimento das vilas, pelos seus auxiliares. Nesse ponto, o estágio no qual os aldeões eram mais ou menos iguais e colhiam em seus campos aproximadamente as mesmas quantidades – de modo que a contribuição de todos para a coletividade na forma de bens e serviços fosse também a mesma – já havia sido há muito superado. Em razão disso, os assistentes do chefe determinavam as contribuições de cada agricultor proporcionalmente às suas estimativas de colheita, distribuindo o produto da arrecadação entre os líderes e os necessitados. Com o tempo, artesãos como oleiros, pedreiros, carpinteiros, sapateiros, alfaiates e coureiros surgiram, e, consequentemente, os moradores das vilas passaram a comerciar entre si.

CAPÍTULO 2

Tributação seminal

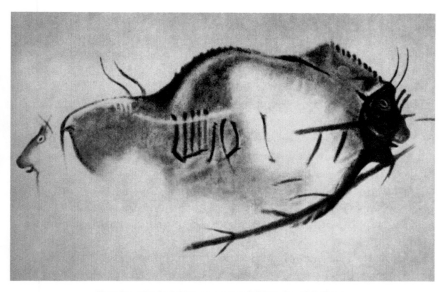

Desenho estilizado de bisão nas cavernas de Marsoulas, sul da França
(15.000 a 20.000 anos atrás).

Há dezenas ou, talvez, centenas de milhares de anos, quando os seres humanos lentamente começaram a compreender que havia um mundo além de si mesmos, do qual, inclusive, faziam parte, as noções de interesses gerais e individuais, assim como de objetivos pessoais e coletivos, começaram a ser formadas. Entretanto, tardaria muito até que esses conceitos se tornassem parte do patrimônio intelectual da sociedade e *leitmotiv* para ações conscientes.

Esses propósitos coletivos são percebidos em desenhos primitivos retratando caçadas, feitos em cavernas há 15.000 ou 20.000 anos. A maior parte dos estudiosos acredita que a razão de ser das pinturas era motivar o sucesso da empreitada, talvez até mesmo invocando entidade a história por meio de desenhos propiciou a esses artistas a oportunidade perfeita para criar obras representando sentimentos de aversão, autopiedade, desdém e indignação, assim como de desprezo e, ocasionalmente, até mesmo de surpresa em relação à tributação.

Com a ajuda de 25 imagens que serão posteriormente explicadas, faremos um excurso pela história da tributação, valendo-nos de múltiplas visões, como em um caleidoscópio. Eventualmente, nossa digressão incluirá alguma advertência para o legislador tributário, bem como uma combinação entre fatos históricos e questões incidentais que, pessoalmente, inserimos.

CAPÍTULO 1

O contribuinte e o Fisco: um estranho casal

Há milhares de anos, o contribuinte e o Fisco ingressaram conjuntamente na sociedade. Suas vidas conectavam-se de modo indissociável, em "parceria" na qual um não podia existir sem o outro. Repletos de desconfiança mútua, avançaram juntos pelos séculos seguintes. E mesmo estando, um ou outro, ocasionalmente ausentes ou pouco visíveis, ambos escreveram o que hoje se leciona nas universidades como "História da Tributação".

Essa história também pode ser retratada em imagens, algumas sérias e educativas, outras satíricas, como fizeram cartunistas políticos que viam o contribuinte e o Fisco como um dueto cômico. A possibilidade de contar

PREFÁCIO

consultor tributário, Secretário de Estado de Finanças, professor de Direito Tributário e de História da Tributação, membro do Museum of Taxes and Customs e, claro, inevitavelmente, membro do Conselho do International Bureau of Fiscal Documentation. Seu trabalho na história da tributação consiste em livros como *Alva en de Tiende Penning*, que chamou a atenção dos historiadores, e *Taxation, Freedom and Property (511-1787)*.

Neste livro, o Professor Grapperhaus nos dá as informações mais leves, a cobertura do bolo. Ele tem selecionado as cerejas da história da tributação para mostrar como os eventos tributários têm impacto decisivo no curso da história. É uma leitura deliciosa para qualquer um que deseje relaxar após um dia estressante de atividades tributárias.

Frans Vanistendael
Ex-Presidente Acadêmico do IBFD.

PREFÁCIO

Contar histórias tributárias é, ao mesmo tempo, engenho, ciência e arte. *Prima facie*, parece paradoxal que existam tantas publicações na área tributária, em todo o mundo, e tão poucos livros sobre a história da tributação. Mas a explicação desse paradoxo é bastante simples e direta: escrever sobre a história da tributação requer um tipo muito específico de especialista tributário. Contadores e advogados tributaristas estão usualmente interessados em obter o melhor resultado para seus clientes. Já a maior parte dos historiadores despreza a tributação – e geralmente tem grande receio dela. Até mesmo a parcela de historiadores interessada em economia não tem conhecimento técnico suficiente do Direito Tributário para investigar como a tributação afeta a vida diária dos contribuintes e os impele a mudar o curso da história.

Contar histórias tributárias requer um tipo híbrido muito raro. Requer uma pessoa com conhecimento amplo das regras tributárias básicas e forte interesse na humanidade. Uma pessoa questionadora, que realmente queira mergulhar em cada norma tributária para descobrir a história humana por trás dela, uma pessoa que não esteja aprisionada em seu próprio sistema tributário nacional, mas que tenha interesse em sistemas de todo o mundo, convencida de que as distintas realidades são sempre respostas para desafios similares. Requer um sólido historiador, alguém disposto a agachar-se em sótãos velhos e esgueirar-se por arquivos empoeirados, que possa ler diversos idiomas ininteligíveis para consultores tributários comuns, especialmente o latim, em variedade de estilos caligráficos. Também requer um historiador com visão, que possa ligar eventos tributários com o curso geral da história e, acima de tudo, que possa demonstrar os efeitos políticos, econômicos e sociais de regras e sistemas tributários específicos. Finalmente, o autor precisa ser escritor com senso especial para anedotas que cativam, alguém com ironia tributária, que consiga colocar a cobertura fiscal no bolo econômico para fazer contadores renitentes ansiarem por história e historiadores distraídos concentrarem-se em regras tributárias básicas.

Ferdinand H.M. Grapperhaus é esse raro híbrido. Sua vida profissional foi uma preparação impressionante para o que ele se tornou hoje: um grande historiador tributário. Ele tem sido homem de diversas experiências na vida:

O trabalho empreendido buscou preservar o estilo de redação original, embora com vários ajustes a bem da fluidez do texto em nosso idioma. Como diz o prefaciador da edição em inglês, o livro é a cobertura do bolo da história da tributação, permitindo ao leitor uma agradável incursão pelos meandros do tema – sensação que se procurou manter com a versão que ora se oferta em língua portuguesa.

André Mendes Moreira

Livre-Docente, Pós-Doutorado e Doutor em Direito Tributário pela USP. Professor Associado de Direito Tributário dos cursos de graduação, mestrado e doutorado em Direito da UFMG. Diretor da Abradt e Conselheiro da ABDF.

PREFÁCIO À EDIÇÃO BRASILEIRA

A ideia de verter este livro para o português surgiu em meio a um curso de curta duração – cuja temática era o Imposto sobre Valor Agregado (IVA) – realizado no International Bureau of Fiscal Documentation – IBFD, em Amsterdã, no já longínquo ano de 2011.

Naquela oportunidade, ao aprofundar meus estudos no Direito Tributário do Velho Mundo, deparei com a interessante obra em questão.

Ferdinand Grapperhaus, nascido na Holanda em 1926 e falecido em 2010, na Itália, foi um dos maiores estudiosos da história da tributação em nível global. Em sua longa e exitosa carreira, Grapperhaus dedicou-se à atividade de consultor tributário, exerceu o cargo de Secretário das Finanças da Holanda e lecionou, por décadas, História da Tributação na Universidade de Leiden. Suas obras são reconhecidas em toda a Europa.

Por esse motivo é que, com a gentil anuência da Diretoria do IBFD, iniciei – anos após minha primeira leitura – a tradução desta que, a meu ver, é a mais simpática obra de Grapperhaus. Corolário de uma vida de estudos sobre a história da tributação, ele reuniu algumas pérolas em um livro que se subdivide em dois. O primeiro utiliza 25 imagens que retratam charges, desenhos, esculturas e assemelhados para contar a história da tributação, desde os seus primórdios. O segundo foca na tributação entre os anos 1000 e 2000, especialmente na Europa, América do Norte e Sudeste da Ásia.

A importância do estudo do tema reside no singelo fato de que o presente costuma ser uma reprodução do passado. Como reza a frase atribuída a Mark Twain, "o passado não se repete, mas decerto rima". Logo, aqueles que conhecem a história podem ter uma melhor – embora nunca certeira – noção do porvir. É que os erros e acertos usualmente se reiteram, porém com atores diferentes. Compreender a história, dessarte, é entender o momento em que se vive e saber o que esperar do amanhã.

Capítulo 17	A "Marcha da Vitória" do imposto sobre a renda	57
Capítulo 18	O drama do imposto de renda norte-americano de 1894	59
Capítulo 19	Tributos de importação, exportação e passagem	61
Capítulo 20	Livre comércio versus protecionismo	65
Capítulo 21	Impostos especiais sobre o consumo	69
Capítulo 22	Sal	73
Capítulo 23	Privatizando a arrecadação tributária	77
Capítulo 24	Imposto do selo	81
Capítulo 25	Distribuindo a carga tributária	85

SUMÁRIO

Prefácio à edição brasileira ANDRÉ MENDES MOREIRA		7
Prefácio FRANS VANISTENDAEL		9
Capítulo 1	O contribuinte e o Fisco: um estranho casal	11
Capítulo 2	Tributação seminal	13
Capítulo 3	Tributação que começa como roubo	15
Capítulo 4	Tributação e o início da escrita	17
Capítulo 5	Os primeiros Estados	19
Capítulo 6	Tributação presumida	21
Capítulo 7	Tributação compulsiva no Egito	25
Capítulo 8	Trabalho forçado	27
Capítulo 9	Roubo ou auxílio para o mercador viajante	31
Capítulo 10	Roma, um Estado civilizado de ladrões	33
Capítulo 11	A reforma tributária marca o início da queda do Império Romano	37
Capítulo 12	A tributação na Europa Ocidental está desaparecendo	39
Capítulo 13	Por que os tributos retornaram para a Europa Ocidental?	43
Capítulo 14	Como os tributos retornaram para a Europa Ocidental?	47
Capítulo 15	A caminho do imposto sobre a renda	51
Capítulo 16	Problemas com a tributação dos lucros	53

© 2009 Ferdinand H.M. Grapperhaus
© 2019 Editora Fórum Ltda.

É proibida a reprodução total ou parcial desta obra, por qualquer meio eletrônico, inclusive por processos xerográficos, sem autorização expressa do Editor.

Conselho Editorial

Adilson Abreu Dallari
Alécia Paolucci Nogueira Bicalho
Alexandre Coutinho Pagliarini
André Ramos Tavares
Carlos Ayres Britto
Carlos Mário da Silva Velloso
Cármen Lúcia Antunes Rocha
Cesar Augusto Guimarães Pereira
Clovis Beznos
Cristiana Fortini
Dinorá Adelaide Musetti Grotti
Diogo de Figueiredo Moreira Neto
Egon Bockmann Moreira
Emerson Gabardo
Fabrício Motta
Fernando Rossi
Flávio Henrique Unes Pereira

Floriano de Azevedo Marques Neto
Gustavo Justino de Oliveira
Inês Virgínia Prado Soares
Jorge Ulisses Jacoby Fernandes
Juarez Freitas
Luciano Ferraz
Lúcio Delfino
Marcia Carla Pereira Ribeiro
Márcio Cammarosano
Marcos Ehrhardt Jr.
Maria Sylvia Zanella Di Pietro
Ney José de Freitas
Oswaldo Othon de Pontes Saraiva Filho
Paulo Modesto
Romeu Felipe Bacellar Filho
Sérgio Guerra
Walber de Moura Agra

Luís Cláudio Rodrigues Ferreira
Presidente e Editor

Coordenação editorial: Leonardo Eustáquio Siqueira Araújo
Aline Sobreira de Oliveira

Av. Afonso Pena, 2770 – 15º andar – Savassi – CEP 30130-012 0150 – Belo Horizonte – Minas Gerais – Tel.: (31) 2121.4900 / 2121.4949
www.editoraforum.com.br – editoraforum@editoraforum.com.br

Técnica. Empenho. Zelo. Esses foram alguns dos cuidados aplicados na edição desta obra. No entanto, podem ocorrer erros de impressão, digitação ou mesmo restar alguma dúvida conceitual. Caso se constate algo assim, solicitamos a gentileza de nos comunicar através do *e-mail* editorial@editoraforum.com.br para que possamos esclarecer, no que couber. A sua contribuição é muito importante para mantermos a excelência editorial. A Editora Fórum agradece a sua contribuição.

Dados Internacionais de Catalogação na Publicação (CIP) de acordo com ISBD

G766t   Grapperhaus, Ferdinand H. M.
            O tributo ao longo dos tempos: uma história em imagens - Histórias tributárias do segundo milênio: tributação na Europa (1000 a 2000), nos Estados Unidos da América (1765 a 1801) e na Índia (1526 a 1709) / Ferdinand H. M. Grapperhaus ; traduzido por André Mendes Moreira. Belo Horizonte: Fórum; Amsterdã: IBFD, 2019.
            87p. ; 15,0cm x 23,0cm.
            ISBN: 978-85-450-0536-0

            1. Direito. 2. Tributos. 3. História. 4. Estados Unidos da América. 5. Índia. I. Moreira, André Mendes. II. Título.

CDD 341.39
CDU 34:336.2

Elaborado por Vagner Rodolfo da Silva - CRB-8/9410

Informação bibliográfica deste livro, conforme a NBR 6023:2002 da Associação Brasileira de Normas Técnicas (ABNT):

GRAPPERHAUS, Ferdinand H. M. *O tributo ao longo dos tempos*: uma história em imagens - *Histórias tributárias do segundo milênio*: tributação na Europa (1000 a 2000), nos Estados Unidos da América (1765 a 1801) e na Índia (1526 a 1709). Belo Horizonte: Fórum; Amsterdã: IBFD, 2019. 87p. ISBN 978-85-450-0536-0.

FERDINAND H.M. GRAPPERHAUS

Tradução

André Mendes Moreira

Prefácio

Frans Vanistendael

O TRIBUTO AO LONGO DOS TEMPOS
Uma História em Imagens

Belo Horizonte

2019